MEDIATION

Einblicke in Theorie und Praxis
professioneller Konfliktregelung

Impressum

ISBN 3-85439-235-4
© 1999 Falter Verlagsgesellschaft m.b.H.
1011 Wien, Marc-Aurel-Straße 9
Telefon 01/536 60-0, Fax 01/536 60-35
E-Mail/Verlag: bv@falter.co.at
E-Mail/Bestellungen: service10@falter.co.at
Homepage: http://www.falter.at

Lektorat: Kirstin Breitenfellner
Illustrationen und Typografie: Dragana Kalaus
Produktion: Susanne Schwameis
Satz: Falter Satz, Wien
Druck: Süddruck, Tribuswinkel

Gerda Klammer, Peter Geißler (Hg.)

MEDIATION

Einblicke in Theorie und Praxis
professioneller Konfliktregelung

Falter Verlag

Inhalt

Vorwort

Mediation ist derzeit ein sich dynamisch entwickelndes professionelles Feld. Neben Psychotherapie hat Mediation sich in Österreich innerhalb der letzten Jahre zu einer anerkannten Methode, ja zu einem eigenen Beruf entwickelt. Mediatoren berichten immer wieder über gute Erfolge der Anwendung von Mediation in verschiedenen Feldern: im Sozialbereich, bei gerichtlichen Angelegenheiten und behördlichen Stellen, in der Wirtschaft, im Schul- und Bildungsbereich, in Politik und Verwaltung, bei Nachbarschafts- und Umweltkonflikten. Nichtsdestoweniger ist bislang ein Mißverhältnis zwischen Ausbildung und praktischer Ausübung zu verzeichnen: Die Ausbildungsebene überwiegt im Moment noch eindeutig die konkrete Anwendung von Mediation.

Auf der Grundlage dieser Erfahrung schien es uns gerechtfertigt, mit der vorliegenden Publikation noch konkreter als bisher Einblick in Mediationsprozesse zu gewähren und auf diese Weise potentielle Intereressenten der Methode der Mediation sowohl im privaten als auch im öffentlichen Bereich noch direkter als bisher anzusprechen. Ziel dieses Buches ist es, den Mediationsprozeß in seinen verschiedenen Anwendungsgebieten vorzustellen und Aufklärungshilfe zu geben, wie mediative Interventionen dazu beitragen können, aus anscheinend unlösbaren, verstrickten Situationen im Sinne fairer Lösungen herauszufinden. Wichtig ist uns dabei zu vermitteln, daß in der Mediation Ideen wie Verantwortlichkeit, Konfliktbewußtsein, Fairneß und Förderung von sozialem Wachstum richtungsweisend sind.

Im ersten Teil dieser Publikation werden das Wesen der Mediation, ihre Prinzipien sowie die Abgrenzung zu anderen professionellen Möglichkeiten der Konfliktbewältigung dargestellt. Dabei wird auf die Dynamik von Konflikten, das der Mediation zugrundeliegende Menschenbild sowie ihre erkenntnistheoretischen Grundlagen eingegangen. Der zweite Teil führt anhand von Berichten von Praktikern in die vielfältigen Anwendungsgebiete der Mediation ein und läßt die Bandbreite der methodischen Ansätze erkennen.

Die Herausgeberin Gerda Klammer arbeitet seit 1979 als Psychologin im Amt für Jugend und Familie. In den achtziger Jahren absolvierte sie Ausbildungen in Mediation und Familientherapie; heute unterrichtet sie Mediation in der ARGE Sozialpädagogik, einem der Mediationsausbildner in Österreich. Aus Erfahrung weiß sie, daß Mediation eine wertvolle Hilfe für ein qualitätsvolles Miteinander ist – aus dieser Überzeugung ist auch das Konzept zu diesem Buch entstanden.

Peter Geißler arbeitet seit 20 Jahren als Psychotherapeut in Wien und Niederösterreich in freier Praxis. Neben der rein klinischen Arbeit „in den vier Wänden" seiner psychotherapeutischen Praxis sind ihm die Schnittstellen zwischen psychotherapeutischen oder psychotherapienahen Zugängen und alltäglichen Lebensbereichen immer wichtiger geworden. – Das Leben spielt sich eben draußen ab und nicht in der Psychotherapie. Sein zunehmendes „Nachaußengehen" findet in der Mitherausgabe des vorliegenden Buches einen Niederschlag.

Danken möchten wir den Mentoren dieser Produktion, Klaus Rückert, Iris Rückert-Possél und Harald Picker. Unser Respekt gilt all jenen, die uns erlaubt haben, Einblick zu nehmen in die Dynamik ihrer Konflikte. Die fachkundige Hilfe von Susanne Schwameis und Kirstin Breitenfellner ermöglichten es uns, dieses Buchvorhaben zu realisieren und in eine professionelle Form zu gießen.

Menschen sind verschieden, Konflikte daher vorprogrammiert. Konflikte sind ein Teil des Lebens, müssen es sein, sollen es sein. Wenn sich die Fronten zwischen Konfliktpartnern verhärten und erstarren, sind außenstehende Dritte gefragt, die die Verzahnungen entwirren helfen. Falls es uns mit der Herausgabe dieses Buches gelungen ist, zu einem gesunden und humanen Konfliktverständnis und -verhalten einen kleinen Puzzlestein beizusteuern, haben wir unser Ziel erreicht. Denn Konfliktfähigkeit hat viel mit Lebendigkeit zu tun.

Wien, im Juli 1999
Gerda Klammer, Peter Geißler

Gerda Klammer

Was ist Mediation?

Mediation, nicht Meditation!!

Noch vor vier Jahren sagte ein Teilnehmer eines Seminars zur Einführung in Mediationsverfahren, wir hätten sehr viel geredet und es sei um viele Emotionen und Konflikte gegangen – was er nicht erwartet habe. Offensichtlich hatte er zwei – zugegebenermaßen sehr ähnliche – Wörter verwechselt und geglaubt, sich für ein Meditationsseminar angemeldet zu haben ...

Der Begriff „Mediation" geht auf die lateinische Wurzel „mediare" (= „vermitteln") zurück. Er wurde in den USA als Terminus 1970 eingeführt und ist als feststehender Fachbegriff aus dem Englischen ins Deutsche übernommen worden. Wörtlich übersetzt, bedeutet Mediation also „Vermittlung". Gemeint ist die Vermittlung in Konflikten durch unparteiische, neutrale Dritte, die von allen Seiten akzeptiert werden. Die Mediatorinnen und Mediatoren führen die Konfliktparteien durch einen Klärungsprozeß, in dem die Kontrahenten ihre Interessen, Gefühle und Anliegen äußern und diejenigen der anderen Seite anzuhören und zu verstehen versuchen, um gemeinsam eine Konfliktbereinigung auf Basis aller relevanten Aspekte zu suchen.

Die Mediation auf dem Weg von den USA nach Europa

Mediation ist ein Verfahren für konstruktive Konfliktlösung, das in den sechziger Jahren in den USA entwickelt wurde. Unmittelbare Modelle waren die von den Quäkern und jüdischen Vereinigungen (Jewish Conciliation Board) angewandten Interventionen im Rahmen unterschiedlicher Konfliktarten, wie für Streitfälle in Erbschafts-, Besitz-, und Familienrechtsangelegenheiten, die wiederum Bezug nahmen auf althebräische Traditionen (Wolf & Klar 1993). 1982 wurden in den USA bereits mehr als 300 Personen bzw. Organisationen gezählt, die Mediation bei Familienproblemen praktizierten (Bastard & Cardia-Voneche 1992).

Besonders hilfreich erschien die Methode im Bereich der Scheidung, nachdem in der zweiten Hälfte dieses Jahrhunderts die häufige Trennung von Eltern ein neues gesellschaftliches Phänomen wurde und Unterstützung für die Bewältigung dieses Trennungsprozesses gesucht wurde, damit den Kindern die Kontaktmöglichkeit zu beiden Elternteilen erhalten bliebe. In diesem bereits klassischen Anwendungsbereich der Mediation gibt es mittlerweile viel Erfahrung. Die Methode hat sich aber auch bei Konflikten in vielen anderen Lebensbereichen bewährt: in der Schule, der sozialen Arbeit, bei Nachbarschaftskonflikten, bei Umweltfragen, in der Wirtschaft, in der Politik und dem Außergerichtlichen Tatausgleich – um nur einige zu nennen.

Inzwischen hat sich die Mediation in vielen professionellen Kontexten bewährt (Privatpraxen, Einbindung in die Abwicklung gerichtlich anhängiger Verfahren, Vertragsvereinbarungen etc.). Als alternative Methode der Konfliktlösung ist Mediation in vielen Ländern adaptiert und verbreitet worden, so z.B. in Neuseeland, Kanada, Australien, Großbritannien, Frankreich, Italien, Spanien, Belgien.

Auch in den deutschsprachigen Ländern wurde die Methode seit den achtziger Jahren von Institutionsvertretern und freischaffenden Professionisten zur Konfliktbearbeitung angeboten. 1988 befaßte sich der sogenannte „Kleine Familiengerichtstag" der evangelischen Akademie Arnoldshain mit der Mediation. Im Anschluß an die Tagung wurden von unterschiedlichen Berufen und Institutionen Zentren und Arbeitskreise für Mediation gegründet (Friedman 1996, 337). 1989 hatten bereits 500 Personen mit verschiedenen Quellenberufen an Mediationsseminaren teilgenommen (Mähler & Georg 1992), und im Mai 1991 veranstaltete die Deutsche Arbeitsgemeinschaft für Jugend- und Eheberatung in Bonn den ersten Kongreß für Mediation.

In der Schweiz hat vor allem Duss von Werdt zur Verbreitung der Mediation beigetragen. 1992 widmete er ein Heft der „Familiendynamik", einer weitverbreiteten interdisziplinären Zeitschrift für systemorientierte Praxis und Forschung, dem Thema Mediation. Diese Zeitschrift wird vor allem von Experten im psychosozialen Feld (Therapeuten, Organisationsberatern, Psychologen etc.) gelesen, sodaß damit eine weite Verbreitung des inzwischen schon beachtlich angewachsenen Know-hows in Gang gesetzt wurde. Gegen Ende der achtziger Jahre wurden die ersten Ausbildungskurse in Deutschland organisiert.

In Österreich veranstalteten Roland Proksch und Stanley Cohen im März 1992 ein Seminar über Mediation, an dem viele Experten in Familienfragen teilnahmen. In der Folge haben die Seminarbesucher vermehrt Mediation bei Anfragen bezüglich Konflikten in ihren Arbeitsstellen angewandt. Wolf und Klar beschrieben 1993 ihre ersten Erfahrungen in der Berufsverbandszeitung der Psychologen „Psychologie in Österreich". Bald darauf wurden auch die ersten Ausbildungen für Mediation organisiert. 1997 fand in Klagenfurt der erste Kongreß für Mediation in Österreich statt. Im September 1999 gab es die erste internationale Wiener Konferenz für Mediation. Beide Ereignisse trugen zur Vernetzung der Mediatorinnen und Mediatoren, zur Verbreitung der neuen Disziplin, der Identität und zum Fortschritt der Profession wesentlich bei.

Als Hilfe für in Scheidung Befindliche wurde Mediation in Österreich vom Justizministerium immer wieder ins Gespräch gebracht. Projekte – etwa in Salzburg und Floridsdorf – wurden durchgeführt und institutionelle Verankerungen – im Verein Co-Mediation – gefunden. In der österreichischen Scheidungsreform (Rechtsgültigkeit mit Anfang 2000) wurde eine verfahrensrechtliche Vorkehrung für die Nutzbarmachung der Mediation in Scheidungskonflikten sowie die Gewährleistung der allenfalls erforderlichen Beratung unvertretener Parteien im Scheidungsverfahren über die Scheidungsfolgen getroffen. Vorgesehen ist eine Verschwiegenheitspflicht der Mediatoren, von der nur Inhalt und Auslegung einer im Zuge der Gespräche erzielten Scheidungsvereinbarung ausgenommen sind.

Im Außergerichtlichen Tatausgleich (ATA) fand Mediation als Konfliktlösungshilfe nach erfolgten Delikten große Verbreitung. 1985 wurde ein Modellversuch für jugendliche Straftäter installiert. 1989 ist der ATA im Jugendgerichtsgesetz verankert worden. Seit 1992 gibt es ATA auch für Erwachsene, zunächst im Modellversuch und dann auch flächendeckend. Die gesetzliche Grundlage dafür tritt am 1. Januar 2000 in Kraft. Seit 1999 bieten bereits 80 Mitarbeiter des ATA Mediation an (Genaueres in den Beiträgen von Martina Mössmer, Ed Watzke und Siegfried Suppan in diesem Band).

Wichtig waren die regen Diskussionen in und mit Berufsgruppen, die für Konfliktangelegenheiten zuständig oder kompetent sind. Berufsverbände organisierten sich, und die Idee der Mediation als Konfliktlösungshilfe wurde mehr und mehr auch der breiten Bevölkerung bekannt gemacht. Der Beitrag von Eva Ribarits in diesem Band gibt Einblick in die Aktivitäten der Mediatoren in Österreich: Heute wird fast jede Woche in Presse, Rundfunk und Fernsehen über Mediation berichtet. Institutionelle Verankerungen finden zunehmend statt. Eine neue Berufsidentität erhält Profil: in der Fachwelt, im institutionellen Kontext, in den gesetzlichen Verankerungen und in der Öffentlichkeit allgemein.

Innerhalb dieser neuen Profession wird inzwischen darüber diskutiert, ob sich nur die inzwischen klassische Form der Mediation als solche bezeichnen darf. Erste Abgrenzungen zeichnen sich ab. In dem Buch „Mediation in der Praxis, Erfahrungen aus den USA" hat Christoff Besemer seine Eindrücke der 20- bis 30jährigen Entwicklung der Mediationslandschaft in den USA anschaulich dargestellt. Mediation hat demnach Einzug gehalten in:
- Gerichte (z.B. bei „small claims", d.h. Anzeigen über geringfügige Summen, und Scheidungs- und Trennungsfragen);
- lokale unabhängige gemeinwesenorientierte Zentren, die sich – oft mit ehrenamtlichen Mitarbeitern – kommunaler Konflikte und solcher zwischen den Bürgern einer Gemeinde annehmen (und mit regionalen Gerichten, Polizeistationen und kirchlichen Institutionen zusammenarbeiten);
- in Privatpraxen und als zusätzliches Angebot in Familienberatungsstellen, Jugendämter und dgl., die sich Konflikten zwischen Familienmitgliedern annehmen;
- in die Lösung von Arbeits- und Wirtschaftskonflikten (oft bereits vertraglich festgelegt) und

- in den politischen Bereich (siehe dazu den Artikel von Andrea Jakober in diesem Band).

Historische Wurzeln der Mediation

Der Versuch der Intervention durch einen Dritten in einem Streit, um eine einvernehmliche Lösung zu erreichen, ist nichts Neues. Als Konfliktlösungsmodell hat Mediation eine lange Tradition. Unter anderem wurden solche Verfahren bei den alten Hebräern, in Afrika, Japan und China zur Lösung verschiedenster Konflikte herangezogen (Carnevale & Pruitt 1992). In China und Japan etwa werden mediative Strategien seit langem bei der Regelung von sozialen Interaktionen herangezogen (Bastard & Cardia-Voneche 1992). Auch im antiken Griechenland wurden Konflikte zwischen Stadtstaaten durch Vermittlung Dritter beizulegen versucht, und in vielen Stämmen Afrikas gibt es bis heute die Einrichtung der Volksversammlung, bei der eine von allen geachtete Person mediativ tätig ist. Diese Aufzählung ließe sich fortsetzen.

In der Friedensforschung wird Mediation u.a. in der völkerübergreifenden Diplomatie für interkulturelle Konflikte schon lange angewandt (z.B. durch die Organisation für Sicherheit und Kooperation in Europa, die Vereinten Nationen), wenn die dort praktizierten Methoden auch nicht immer so genannt werden. Im Bereich der Wirtschaft, in Familien, am Arbeitsplatz, in Organisationen, Interessengruppen etc. werden vielfältige Konfliktlösungsstrategien verwendet, die mediativ sind, obwohl die Beteiligten sie nicht als solche identifizieren, sondern etwa als „Verhandlungstechnik" bezeichnen würden.

Auch in Gyppendynamik, Organisationsberatung, Coaching u.a. gibt es verwandte Ansätze. So beschrieben Lutz Schwäbisch und Martin Siems bereits 1974 den Verlauf eines Konfliktgesprächs mit den Stadien der Anmeldung der Störung, Herausarbeitung der Grundbedürfnisse, Umformulierung der Störungen in Wünsche, Brainstorming für mögliche Lösungen und Einigung auf die beste Lösung. Das ist auch die Grundstruktur für mediative Prozeßsteuerung.

Neu an der Mediation ist allerdings die konsequente Anwendung von Techniken und daß die dritte Partei sich ausschließlich um das Setting, das Verfahren und die Fairneß während des Schlichtungsprozesses kümmert, damit die Betroffenen selbst ihre Inhalte in entsprechender Form diskutieren und Lösungen erarbeiten können, die für alle Beteiligten „passen". Neu ist aber auch die Akzentsetzung bei der Konfliktbearbeitung. Die emotionalen und Beziehungsaspekte etwa werden zwar berücksichtigt, aber nicht explizit behandelt, sondern lediglich so moduliert, daß sie das Zustandekommen der Vereinbarungen nicht beeinträchtigen. Die inhaltlichen, sachlichen Aspekte des Konflikts hingegen werden ganz in der Verantwortung der beteiligten Personen belassen. In der Regel bleiben die Gespräche vertraulich.

Die eigentliche Innovation aber besteht darin, daß vermittelnde und schlichtende Funktionen zwischen Menschen professionalisiert werden. Die auf individuelle Rechte bedachte Entwicklung der westlichen Gesellschaften läßt die bisherigen sozialen Netze der gegenseitigen Unterstützung und Kontrolle, aber auch die Vermittlung bei Störungen immer brüchiger werden. Hier müssen neue Formen entstehen, damit individuelle Interessen, Rechte und Bemühungen sozial verhandelbar und sozial verträglich bleiben. Beziehungsstörungen, schlechtes Benehmen und soziale Entgleisungen bedürfen in einer auf die persönliche Autonomie ausgerichteten Gesellschaft anderer Antworten; darauf weist der amerikanische Sozialpsychologe Kenneth Gergen hin, der die Notwendigkeit der Überwindung des Individualismus immer wieder aufzuzeigen und im Dialog mit unterschiedlichen Disziplinen zu vermitteln versucht hat. Die Schlichtung von Konflikten durch unser Rechtssystem hat sich in vielerlei Hinsicht als nicht effizient, bisweilen sogar als kontraproduktiv erwiesen. Christa Pelikan zeigt in ihrem Artikel in diesem Band, daß Hilfe ohne Aneignung des Konflikts durch den Konfliktregler ein wesentliches Kriterium dieses neuen Zugangs ist.

Ziele der Mediation

1. Das vorrangige Ziel einer Mediation ist, daß die Sachlage, die verschiedenen Sicht- und inkompatibel erscheinenden Vorgangsweisen oder Entscheidungen zur Sprache kommen. Das Ergebnis einer erfolgreichen Mediation ist eine im Konsens erfolgte konkrete Vereinbarung. Das Prinzip der Selbstbestimmung der Beteiligten bleibt während des ganzen Prozesses Leitlinie. Lösungen sind nur dann Lösungen, wenn sie von jedem einzelnen Beteiligten als solche angenommen werden können.
2. In Konflikten sind oft die Gesprächsbereitschaft und die Möglichkeit, miteinander konstruktiv zu kommunizieren, beeinträchtigt. Durch den Aushandlungsprozeß, während dem die Mediatorin bzw. der Mediator darauf achtet, daß alle Beteiligten gehört, respektiert und ihre Anliegen ernst genommen werden, entsteht meist auch eine emotionale Konfliktbewältigung, die die oft negativen Gefühle gegenüber anderen Personen überwinden läßt. Werte und Interessen werden ebenso zur Sprache gebracht wie sachliche Inhalte. Idealerweise sollten die Dissonanzen zwischen den Konfliktparteien nach Abschluß der Mediation auch auf der emotionalen Ebene aufgelöst sein und der überwundene Konflikt die Beziehung zueinander nicht mehr stören. Dies bedeutet nicht notwendigerweise Harmonisierung oder Versöhnung, sondern vielmehr eine Klärung und manchmal auch nur das Handhabenkönnen der vielleicht nach wie vor bestehenden Differenzen.
3. Durch eine faire Aushandlung und Erörterung der Interessen und Werte aller Beteiligten ist die Wahrscheinlichkeit höher, daß die getroffenen Vereinbarungen auch eingehalten werden. Oft ist sogar eine Nachadju-

stierung in der Vereinbarung im nachhinein zu erzielen, wenn die Beteiligten im Prozeß erfahren haben, daß ihre Interessen genauso ernst genommen werden wie die Interessen der „Gegenpartei".

Daraus ergibt sich:

- Mediation ermöglicht, Vereinbarungen und Absprachen in gegenseitiger Achtung zu erarbeiten.
- Mediation hilft, praktische Lösungen zu finden, mit denen alle Beteiligten einverstanden sind.
- Mediation erspart den Betroffenen zermürbende Auseinandersetzungen, lange Gerichtsverfahren und hohe Kosten.
- Mediation respektiert und bestärkt die Autonomie der Konfliktpartner.

Annäherungen aus verschiedenen Blickwinkeln

Jemand, der bereits Erfahrungen mit Mediation gemacht hat, könnte sie so beschreiben: „Es ist ein freiwillig eingeschlagener, vertraulicher Weg zur Konfliktlösung, in dem derjenige, mit dem ich in einer wichtigen Sache nicht einig werde, und ich durch einen neutralen Dritten in die Lage versetzt werden, zu einer eigenverantwortlichen Lösung zu kommen. Dabei kann ich während des ganzen Prozesses meine Anliegen und mein Interesse an der Sache äußern und die Interessen des anderen anhören, und alle werden ernst genommen. Ich werde nicht überredet, über den Tisch gezogen oder soll klein beigeben oder auch siegen und den anderen überlisten; dafür sorgt die Mediatorin oder der Mediator. Solange mir an der Lösung etwas nicht paßt, kann ich das äußern, und es wird behandelt. Ich werde auch nicht verpflichtet weiterzumachen, wenn ich keinen Sinn mehr darin sehe und die Hoffnung auf ein Zustandekommen einer Vereinbarung aufgebe."

Wenn ein Berater über Mediation befragt würde, könnte er sagen: „Das Ziel des Mediationsverfahrens ist, eine konstruktive Konfliktlösung zu ermöglichen, diese aber nicht zu garantieren. Mediatorinnen und Mediatoren sind neutrale, allparteiliche Begleiterinnen und Begleiter des Prozesses bis zur Konfliktlösung bzw. zum Zustandekommen einer konkreten Vereinbarung. Mit Mediatoren können Lösungen ohne Verlierer erarbeitet werden. Auch wenn ihr in einer offenkundigen Sackgasse steckt, alleine nicht mehr weiterkommt und anscheinend keine Verständigung mehr möglich ist, kann in einer Mediation noch ein für beide Seiten befriedigendes Ergebnis erarbeitet werden. Die Kommunikationsregeln helfen, daß sich jeder ausdrücken und seine Punkte vorbringen kann. Übergriffe während des Prozesses sind nicht gestattet, dafür sorgen die Mediatoren. Die Lösung in der Sache wird von euch selbst erarbeitet."

Ein pragmatisch denkender guter Freund könnte jemandem, der in einen Konflikt verwickelt ist – sei es ein wirtschaftlicher, dienstlicher oder privater –, der ihn sehr beschäftigt, ja belastet, raten: „Mediation bedeutet, daß jemand auf den Ton während der Aushandlung achtet und euch immer wieder zum Thema zurückführt und alle Diskussionsbeiträge auf ihre Relevanz für die Lösung überprüfen hilft. Praktische und praktikable Lösungen sind dann leichter und schneller in Sicht. Darüber hinaus könnt ihr die Sache bald hinter euch bringen, seid nicht auf Gerichtstermine angewiesen, und möglicherweise ist alles rasch erledigt und überstanden."

Die Botschaft an jemanden, der im Zuge der Trennung von seiner Partnerin, seinem Partner nicht mehr in der Lage ist, mit dieser bzw. diesem wichtige Dinge abzusprechen – sei es die Aufteilung des gemeinsamen Vermögens, die Verpflichtungen füreinander, der Umgang miteinander und mit Verwandten und Freunden, insbesondere mit Kindern –, könnte sein: „Mediatoren sind dazu da, wichtige Anliegen der Reihe nach zu einer Klärung zu bringen, indem sie das Gespräch strukturieren, jeden der Reihe nach zu Wort kommen lassen. Dadurch können die Inhalte tatsächlich besprochen werden. Sie steuern das Gespräch und achten darauf, daß Beleidigungen und nicht zur Lösung gehörende Themen und Bemerkungen ausgeklammert bzw. unterlassen werden. Selbst wenn die Bereitschaft, miteinander zu sprechen, verlorengegangen ist, kann es gelingen, durch den Schutz der Mediatoren in dieser Stunde Wichtiges zur Sprache zu bringen, zu erfahren und miteinander abzusprechen." (Siehe dazu die Beiträge von Eveline Rosenstiel u.a. und Siegfried Suppan in diesem Band.)

Humanistisch orientierte Menschen, die die Eigenverantwortlichkeit und Autonomie des einzelnen als hohes Gut ansehen und basisdemokratische Prinzipien hochhalten, könnten Mediation beschreiben als Möglichkeit, einen akuten Streit aufzulösen und darüber hinaus durch Selbsterfahrung ein Vorgehen für Streitsituationen zu entwickeln, um zukünftigen Auseinandersetzungen nicht hilflos gegenüberzustehen. Die Streitkultur wird verbessert, man lernt, mehrere Möglichkeiten in Betracht zu ziehen, gewinnt Raum, für sich und seine Anliegen einzutreten, ohne vom anderen übervorteilt zu werden. Besonders im Schulbereich wurden diese Ansätze schon vielfach angewendet, wie Katharina Eder & Sabrina Hofer, Barbara Breuss, Helga Hörndler und Claudia Kappacher in ihren Beiträgen zur Schulmediation in diesem Band zeigen. Auch in Betrieben werden bereits sogenannte Peer-Mediatoren ausgebildet.

Jemand, der eine Mediation beobachtet hat, könnte Mediation beschreiben als eine Prozeßsteuerung der Kooperation im Hinblick auf die Lösung eines Konflikts. Die Konfliktparteien engagieren einen unparteilichen Dritten mit besonderer Ausbildung, damit er ihnen hilft, eine „gerechte" und befriedigende Regelung zu finden. Die Art des Konflikts ist dabei irrelevant.

Ein Praktiker, der beruflich viel mit Spannungen und Uneinigkeiten zwischen Menschen, die sich nahestehen, zu tun hat, könnte zu einem Kollegen sagen: „Mediation hat als Hauptmerkmal ein pragmatisches Vorgehen, das einen Dialog zwischen den Konfliktpartnern ermöglichen soll, um in weiterer Folge eine Neustrukturierung des sozialen Gefüges der Konfliktpartner in Gang zu setzen und den Beteiligten die Herrschaft über die

Entscheidungen, die anläßlich der Konfliktlösung zu treffen sind, zurück-zugeben (anschaulich dargestellt in den Beiträgen von Christa Pelikan und Eveline Rosenstiel u.a.).

In einem Überblicksvortrag könnte Mediation vorgestellt werden als mehrstufiges Verfahren der Konfliktlösung, das sowohl in Streitfällen zwischen zwei Personen als auch bei Gruppenkonflikten und politischen Konflikten anwendbar ist (siehe dazu die Beiträge von Eva Ribarits, Andrea Jakober, Christa Pelikan und Ed Watzke.) Selbst nach strafrechtlichen Delikten ist im Außergerichtlichen Tatausgleich schon seit längerem Mediation zwischen dem Geschädigten und dem Täter üblich. Die Bei-träge von Martina Mössmer, Ed Watzke und Siegfried Suppan geben Ein-blick in diese Art des Mediationsprozesses.

Voraussetzungen für Mediation

Nach Friedrich Glasl, einem erfahrenen Konfliktdiagnostiker und Organi-sationsberater, gibt es verschiedene Ausprägungen von Konflikten, je nach Eskalationstufe. Die Formen der Austragung beeinflussen die weitere Be-reitschaft, sich auf einen Mediationsprozeß einzulassen. Wenn Meinungs-verschiedenheiten eher punktuell auftreten – auch wenn sie im Moment belastend erscheinen und ein Ausstieg aus dem Gespräch gesucht wird –, liegt keine „genügend große Störung" und damit auch meist keine Motiva-tion vor, diese mit Hilfe eines Dritten professionell zu bearbeiten. Es geht quasi um zuwenig. Mediation ist vor allem dann indiziert, wenn ein kon-struktiver Dialog nicht ohne fremde Intervention geführt werden kann. Voraussetzungen zur Mediation sind also:
- Motivation zur Mediation von allen Beteiligten (Freiwilligkeit),
- Eigenverantwortung aller Beteiligten (jeder kann für sich sprechen),
- Bereitschaft zur Uneinigkeit (Konflikte, Sachlagen offenlegen),
- prinzipielle Bereitschaft zur Einigung (Interesse an der Überwindung des Konflikts).

Wenn eigene Anliegen von jemandem ernst genommen und berücksichtigt werden sollen und eine direkte Kontaktaufnahme bereits gestört ist, gibt es zusätzliche Aspekte zu berücksichtigen, denn: Man ist dem Gespräch und auch der Begegnung bereits ausgewichen, hat sich jedoch häufig damit be-schäftigt, was man wie sagen könnte. Ängste sind entstanden, daß bei ei-nem Gespräch nicht mehr der richtige Ton und die richtige Art gefunden werden könnte, die Sache „hinüberzubringen", miteinander zu reden. Fall-weise ist man auf Distanz gegangen oder hat eine unerwünschte Bezie-hungsveränderung gefürchtet. In solch einem Fall ist es gut, an Mediation zu denken und diese Möglichkeit, zu Lösungen zu kommen, auch zu dis-kutieren, bevor in medias res gegangen wird. Bei Ausweitung des Konflikts – z.B., wenn bereits diffizile Strategien ersonnen werden, um zum Ziel zu kommen, diese aber nicht ans Ziel führen – hilft es besonders, Mediatoren als „Übersetzer" und Vermittler zu engagieren.

Sind bereits Drohungen ausgesprochen und begrenzte Gewaltanwendungen erfolgt, sind die Konfliktpartner oft nur schwer zu motivieren, sich noch an einen Tisch zu setzen – sei es aus Angst, sei es, daß es nach der „Entgleisung" als Zumutung gesehen wird, noch direkt kommunizieren zu sollen. Wie Siegfried Suppan in seinem Artikel über eine Familienmediation anschaulich zeigt, ist es aber auch dann noch möglich, eine Gesprächsbasis mit Hilfe Dritter zu finden. Dabei ist der Schutz durch vermittelnde Dritte besonders wichtig, der Sicherheit vor neuerlichen Entgleisungen gibt. Mit ihrer Hilfe wird der Weg zu den Ursachen der Entgleisungen gesucht, um andere Lösungsmöglichkeiten zu eröffnen.

Grenzen der Mediation

Ursprünglich galten strikte Voraussetzungen, damit Mediation überhaupt durchgeführt werden konnte:
• Freiwilligkeit aller Beteiligten, Bereitschaft sich auf den Prozeß der Lösungsfindung einzulassen;
• Aussetzung sonstiger Konfliktlösungsarenas wie etwa eines laufenden Verfahrens;
• jeder Konfliktpartner kann seine Interessen wahrnehmen, artikulieren und auch entsprechend vertreten;
• die Eskalation des Konflikts darf noch nicht so weit fortgeschritten sein, daß es zu Gewaltübergriffen kommt, diese angedroht oder befürchtet werden;
• Ehrlichkeit und Offenheit bezüglich der Sachlage, um die es in der Mediation geht.

Wenn man sich nicht mehr darauf verlassen kann, daß Vereinbarungen prinzipiell eingehalten werden, wenn Angriffe „von hinten" und über die Involvierung Außenstehender (Freunde, Familienangehörige, Arbeitskollegen, betraute Institutionen) erfolgen und gekämpft wird, koste es, was es wolle: Dann ist die Voraussetzung für Mediation nicht mehr gegeben. Im Scheidungs- und Trennungsprozeß gibt es manchmal nach dem Versuch der „totalen Vernichtung" des anderen, wenn dies trotz vieler Versuche nicht gelungen ist und die Beteiligten beginnen, die Konsequenzen zu realisieren, wieder Phasen, in denen die Strategie des Vernichtens verlassen wird und neue Gesprächsbereitschaft entsteht. Besonders dann ist es wichtig, Vermittler und Hüter des Prozesses und der Einhaltung der Vereinbarungen zu haben, damit langsam und behutsam wieder Vertrauen aufgebaut werden kann. Die Einbeziehung der vergangenen Erlebnisse und Skepsis gegenüber der Haltbarkeit der Zusagen oder Aussagen ist dabei ein wichtiger Aspekt, der während des ganzen Mediationsprozesses mitzubehandeln ist. Es gilt dann vor allem zu unterscheiden zwischen der Hoffnung, daß Veränderungen in den Haltungen und dem Verhalten der Person tatsächlich stattgefunden haben, und falschem, blindem Optimismus. Die Grenzen des Machbaren werden im Beitrag von Maria Resch & Beatrix Fekete anhand von Beispielen geschildert.

Zu erwähnen ist außerdem, daß alle Beteiligten ein Interesse daran haben müssen, den Streit zu bereinigen. Skepsis ist erlaubt, vielleicht sogar wichtig für das Zustandekommen von haltbaren Lösungen. Wenn eine der Parteien bestreitet, daß es einen Konflikt gibt, werden die Versuche, zu einer Vereinbarung zu gelangen, scheitern. Die Involvierung von institutionell Zuständigen (z.B. Jugendamt, Polizei, Schulen) kann von der Ernsthaftigkeit des Problems überzeugen. Die Gefahr dabei ist, daß die Institution die Angelegenheit mit ihrem Maß mißt und den Konflikt nach den institutionellen Richtlinien zu lösen beginnt, was nicht immer im Sinne der Beteiligten sein muß (siehe dazu auch den Artikel von Christa Pelikan).

Als weitere wichtige Voraussetzung gilt die Fähigkeit, sich und seine Anliegen eigenverantwortlich ausdrücken zu können. Deswegen ist der Mediation manchmal vorgeworfen worden, daß bei ihr der Schwächere – in der Scheidungsmediation also zumeist die Frau – „über den Tisch gezogen" würde. Das stimmt nur bedingt. Eloquente Partner haben zwar gewisse Vorteile in diesem doch sehr auf das Gesagte, die verbale Kommunikation Bezug nehmenden Verfahren. Inzwischen haben sich jedoch die Mediatoren ein breites Methodenrepertoire angeeignet, das nicht allzu krasse diesbezügliche Unterschiede auszugleichen vermag. Ed Watzke beschreibt beispielsweise das „gemischte Doppel", in dem die Mediatoren im Dialog miteinander vor den Konfliktparteien das Vorgebrachte zusammenfassen und wiedergeben, womit ein gewisser Ausgleich hergestellt werden kann. Wenn jemand etwas nicht so leicht und präzise zum Ausdruck bringen kann oder wichtige Aspekte nicht erwähnt hat, kann dies durch die Mediatoren sichtbar gemacht werden, sodaß dafür Raum entsteht. Im Beitrag von Martina Mössmer werden Methoden vorgestellt, die den verbal weniger gewandten Konfliktpartner in seiner Darstellungskompetenz stärker unterstützen als den darin kompetenteren, ohne den Boden der Neutralität in der Sache oder gegenüber den involvierten Personen unter den Füßen zu verlieren.

Wie läuft eine Mediation konkret ab?

Zu einer „klassischen" Mediation wenden sich die um eine Vereinbarung ringenden Beteiligten gemeinsam an eine Mediatorin oder einen Mediator. Sie werden zu einem ersten Termin gemeinsam eingeladen. Niemand hat einen Informationsvorsprung, der Prozeß ist von Anfang an transparent.

Es ist jedoch auch möglich, daß sich ein einzelner Klient an einen Mediator wendet, bevor es zu gemeinsamen Sitzungen kommt. In der Vorphase der Mediation wird darüber gesprochen, wie der Lösungsweg am besten beschritten werden kann, ob die anderen Beteiligten auch Interesse an dieser Vorgangsweise haben und wie sie darüber informiert werden könnten, daß die Person, die sich an den Mediator gewandt hat, Interesse an der Lösung des Konflikts hat und welchen Lösungsweg sie sich vorstellt und beschreiten will. Manche Mediatoren wollen, daß diese Information durch die anfragende Person selber den anderen weitergegeben wird. Informationsmaterial über das Wesen und Bedingungen der Mediation wird allen zur Verfügung gestellt. Manche Mediatoren bieten auch an, von sich aus für ein Informationsgespräch Kontakt mit den anderen Involvierten aufzunehmen. Im ersten gemeinsamen Gespräch wird der Mediationsvertrag festgelegt – die Grundlage der Arbeit der Mediatorin, des Mediators und der Parteien. Dazu gehören:

• Umgangsregeln: keine Beschimpfungen, Verletzungen, Bedrohungen;
• Offenlegung der relevanten Fakten und Bereitstellen der relevanten Unterlagen;
• Einstellen oder Ruhenlassen anderer „Bühnen" (wie Gericht) für die Aushandlung der Angelegenheiten, die zur Sprache kommen sollen.
• Informationen aus der Mediation dürfen vor Gericht nicht verwendet werden, außer der am Ende festgelegten Vereinbarung.
• Aus dem Mediationsprozeß kann jeder Beteiligte aussteigen, wenn er bzw. sie ihn nicht mehr als sinnvoll oder effizient empfindet.
• In der Regel werden fünf bis zehn Sitzungen maximal vereinbart.
• Die Bezahlung wird festgelegt. Meist wird gewünscht, daß die Beteiligten die Mediationskosten anteilig übernehmen.

Mit der Bestandsaufnahme und der Erarbeitung der regelbedürftigen Themenbereiche ist der Prozeß bereits in medias res gelangt, d.h., die Konfliktdefinition ist umrissen. Die Mediatoren achten darauf, daß die Gesprächsregeln eingehalten werden und eine vertrauensvolle Atmosphäre geschaffen und erhalten wird. Der Mediator gibt jedem einzelnen Raum, um seine Anliegen und Sichtweisen darzulegen. Eine direkte Kommunikation mit der anderen Seite findet noch nicht statt, auch wenn alle alles hören, was gesagt wird. Gemeinsamkeiten und Differenzen werden durch den Mediator festgehalten.

In der Phase der Konflikterhellung werden Hintergründe besprochen. Überlegungen zu verschiedenen Punkten können hier ausführlich Raum bekommen. Werte und Interessen, die hinter Ansprüchen und Wünschen liegen, werden sichtbarer und verständlicher, Konfliktfelder im Detail besprochen.

In der Phase der Problemlösung werden gemeinsam verschiedene Lösungs- und Denkvarianten gesammelt. Dabei ist irrelevant, wer welche Idee einbringt. Auch Ungewöhnliches, Unkonventionelles und verrückt Anmutendes ist erlaubt, ja sogar erwünscht. Es kann auch „quer" gedacht werden. Erst im zweiten Schritt werden die Vorschläge als akzeptable und förderliche oder weniger realistische Ideen bewertet. Hilfreich ist es oft, Kriterien für die Bewertung herauszuarbeiten. Zumindest müssen die Vorschläge fair, effizient, klar und sachgerecht sein. Zwischenergebnisse werden festgehalten. Es kann sich allerdings ergeben, daß diese wiederum in anderen Zusammenhängen oder im Rahmen des Gesamtergebnisses als Lösung nicht dienlich erscheinen und wieder verworfen werden.

Die Übereinkunft, die ausformuliert und festgehalten wird, sollte für alle Seiten möglichst keine faulen Kompromisse, jedoch viele Vorteile bringen. Sie sollte in einer klaren, einfachen, unmißverständlichen Sprache abgefaßt werden. Was wer zu tun gedenkt, sollte möglichst deutlich festgehalten werden. Positive Formulierungen erleichtern den Involvierten möglicherweise die Einhaltung und die Umsetzung des Vereinbarten.

Ob die schriftliche Vereinbarung tatsächlich umsetzbar ist und sich als Lösung bewährt, wird in der Umsetzungsphase noch einmal geprüft. Lösungsvorschläge sollen jetzt auch noch einmal rechtlich überprüft und alle gesetzlichen Aspekte noch einmal genau von Experten auf ihre Folgen angesehen werden. Es kann sinnvoll sein, sich in einem angemessenen zeitlichen Abstand zu treffen und die konkrete Umsetzung noch einmal zum Gegenstand von eventuellen Adjustierungen zu machen. Dies ist vor allem zu empfehlen, wenn noch weitere Parteien oder Personen involviert sind oder Entwicklungen von Einschätzungen abhängen. So machen etwa Kinder in Vereinbarungen bei Scheidungsmediationen oft einen „Strich durch die Rechnung".

Die Methode und Technik der Mediatorinnen und Mediatoren enthalten u.a. Elemente des allgemeinen Konfliktmanagements, Verhandlungstechniken der Gruppendynamik, des Kommunikations- und Verhaltenstrainings, der systemischen Theorie und Therapie, der systemischen Lösungstherapie und Kurzzeittherapie, der Konfliktanalyse und der klientenzentrierten Gesprächsführung. Sie stützt sich auf Methoden der Moderation und des Coachings. Die Elemente aus dem Methodenkanon wurden speziell für Mediation adaptiert, teilweise weiterentwickelt und umgestaltet.

Eine Übersicht über häufig verwendete Methoden finden Sie im Artikel von Martina Mössmer. Fallweise arbeiten Mediatoren im Duo, in Co-Mediation, vor allem Scheidungsmediation wird oft mit einer Mediatorin und einem Mediator durchgeführt. Eine spezielle Technik ist das „gemischte Doppel" (siehe dazu den Artikel von Ed Watzke). Fallweise macht es Sinn, den Quellenberuf der Mediatorin, des Mediators und damit eine besondere Kompetenz auf bestimmten Gebieten zusätzlich zu nützen. So kann es sein, daß ein in juristischer Sprache Versierter leichter Anschluß an die Inhalte einer Mediation findet oder jemand in Mietrechts-, Umwelt- oder Familienangelegenheiten etc. seine Feldkompetenz einbringen kann.

Mediation und verwandte Berufsfelder

Im Unterschied zur Psychotherapie oder Paarberatung klärt die Mediatorin bzw. der Mediator nicht die Beziehung zwischen den Partnern, sondern unterstützt sie darin, für konkrete Probleme klare Vereinbarungen bzw. Lösungen zu entwickeln. Es geht nicht um Einsicht oder einen Prozeß der Veränderung der Beziehungsgestaltung, sondern um Konkretes, zu Vereinbarendes, an das sich die Partner halten wollen, damit sich der Konflikt oder das Thema zwischen ihnen nicht mehr einstellt.

Es geht um Geben und Nehmen und nicht primär um Aufarbeitung seelischer Konflikte und gestörter zwischenmenschlicher Beziehungen. Nicht Heilung, Wachstum und Auflösung der Krisen in der Beziehung sind das Ziel, sondern das Aushandeln fest umrissener Inhalte: Wer steht im Grundbuch? Kauft die Familie eine neue Wohnung und zieht aus beruflichen Überlegungen der Frau oder des Mannes in ein anderes Land? Oder werden die Pläne des Partners verwirklicht? Auf dem Weg zur Lösung von Sachfragen wird die Beziehungsdynamik allerdings mitberücksichtigt.

Mediatoren haben keine Rechtsanwaltsfunktion. Sie erteilen keine juristischen Ratschläge und vertreten Parteien auch nicht vor Gericht. Sie unterstützen die Parteien auch nicht bei der Beratung eines juristisch relevanten Sachverhalts.

Parteilichkeit wird vermieden. Mediatoren versuchen allparteilich zu sein. Sie stellen aber auch die Frage, ob die von den Beteiligten angestrebte Lösung im Alltag haltbar ist und mit rechtlichen, verfahrensrechtlichen, ethischen und allgemeinen gesellschaftlichen Usancen verträglich ist (siehe die Artikel von Ruth Krumböck & Gerhart Fürst, Günter Domian, Reinhard Artaker, Max J. Allmayer-Beck & Michael Auer).

Von Richtern wird eine Entscheidung bzw. ein Beschluß erwartet. Sie besitzen autoritative Entscheidungsgewalt, die Urteile ergehen „im Namen des Volkes". Richter haben das Verfahren ordnungsgemäß abzuwickeln und zu einem Ergebnis zu kommen. Die im Verfahren zu erarbeitenden oder zur Verfügung gestellten Grundlagen (Sachverständigengutachten, Zeugenaussagen etc.) dienen der Entscheidungsfindung des Richters, nicht der der Parteien. Betroffene können sich durch Anwälte vertreten lassen, die juristische Argumentationen und die den Anliegen ihrer Partei entsprechenden Rechtsansprüche favorisieren, aber nicht aktiv die Lösung herbeiführen.

In einem Mediationsprozeß treffen die Beteiligten selbst die Entscheidung bzw. vereinbaren die Lösung und können im Dialog mit den Mediatoren auch das Prozedere der Mediation individuell festlegen (dazu bringt Reinhard Artaker ein anschauliches Beispiel). Die persönliche Sichtweise und das Interesse der Parteien sind nach Möglichkeit in vollem Umfang zu wahren. Es besteht außerdem die Möglichkeit, auf die tieferliegenden und auch auf die nicht rechtsrelevanten Aspekte persönlicher Interessen zurückzugreifen, die am Anfang des Prozesses noch nicht ausformuliert, ja nicht einmal bewußt sein müssen. Inhalte und Interessen werden im Laufe des Prozesses einer Mediation deutlicher und auch Folgewirkungen der Vereinbarung mitbedacht. Es ergeben sich dabei mehr Chancen zu gegenseitigem Verständnis und fortlaufender Berücksichtigung relevanter Aspekte.

Schlichter entwickeln meist einen Einigungsvorschlag, der von den Partnern angenommen oder abgelehnt werden kann. In der Mediation kommen die Vorschläge von den Beteiligten selbst, wobei diese von allen abgewogen und auf ihre Umsetzbarkeit und Nützlichkeit überprüft werden.

Ein neutraler Dritter ist bei der Lösungsfindung immer hilfreich

Unter Konfliktbereinigung stellen sich viele das Vorschlagen einer durch viel Nachdenken – vielleicht auch nach Konsultationen – gewonnenen Lösung vor. Dazu hier ein Gegenbeispiel: Der 14jährige Manfred, die 17jährige Manuela und der 5jährige Pierre haben schon lange kein Wochenende mehr mit der ganzen Familie verbracht, mit dem alle zufrieden gewesen wären. Also macht sich der Vater Gedanken und organisiert: „Mama geht gerne ins Café, die Kinder wollen gern radfahren – und deshalb organisieren wir den nächsten Familienausflug folgendermaßen ..." Er wundert sich, daß trotzdem niemand mitfahren möchte.

Daraus lernen wir: Auch die genialste Lösung kann scheitern, wenn sie wie eine Vorschrift präsentiert wird, ohne daß die anderen an ihrem Zustandekommen teilhatten. Die einseitige Direktive (das Darstellen der Lösung) legt nahe, daß der andere nachgeben und sich unterordnen muß, und das, obwohl er vielleicht noch nicht bereit ist, sich mit der Lösung zu beschäftigen, weil so viele Aspekte des Konflikts noch nicht besprochen worden sind.

Partnerschaftliches Konfliktlösen bedeutet, daß beide nicht nur an der Lösung, sondern auch an ihrer *Erarbeitung* teilhaben. Dieser Prozeß läuft jedoch nicht immer parallel ab. Aufgrund des unterschiedlichen Tempos und der divergierenden Vorstellungen über den Ablauf – aber auch unterschiedlicher Konfliktkulturen – bedarf dies oft einer Koordinierung. Doch das lohnt sich, denn wer an diesem Prozeß partizipiert hat, wird sich wahrscheinlich auch mit dem Ergebnis besser identifizieren können und dessen Umsetzung nicht behindern.

Für die Konfliktpartner ist es nicht immer leicht einzusehen, daß Vereinbarungen und eine konstruktive Konfliktbearbeitung notwendig sind. Die Bereitschaft, dem anderen genügend Platz zu lassen, seine Absichten und Wünsche wahrzunehmen, anzukennen und zu berücksichtigen, erfordert emotionale Gelassenheit, eine gewisse Distanz und die Sicherheit, daß die eigene Position dadurch nicht gefährdet wird. Leichter wird es jedoch, wenn eine dritte Person – gleichsam von außen – den Beteiligten hilft, im Prozeß der Aushandlung die Grundregeln des Umgangs miteinander zu wahren, den Kommunikationsablauf zu steuern und Hürden zu bewältigen.

Das Hinzuziehen von Mediatoren ermöglicht den Beteiligten, für sich zu sprechen, ohne auf den Prozeß achten zu müssen. Mediatoren helfen, Mißverständnisse zu entdecken und zu diskutieren, Eskalationen rückgängig zu machen; sie führen immer wieder zum Thema zurück. So können Konfliktlösungen zustande kommen, bei denen sich niemand als Verlierer fühlen muß. Erfahrungen mit Mediation zeigen, daß gelungene Konfliktbereinigungen – da sie auf gegenseitigem Respekt beruhen und in einer offenen Atmosphäre stattfinden – keinen „Nachgeschmack" hinterlassen. In einer mobilen, sich ständig wandelnden Gesellschaft mit sich ebenso schnell wandelnden (Zusammen-)Lebensformen ist das von unschätzbarem Wert.

Es bleibt zu hoffen, daß die Nützlichkeit von Mediation – so wie die Psychotherapie, die eine wichtige Unterstützung im Umgang mit sich selbst und mit anderen geworden ist – für das Zusammenleben, aber auch bei der Auflösung von nicht mehr „passenden" Gemeinschaften sich immer mehr herumsprechen wird.

Literatur

Bastard, B. & Cardia-Voneche, L. (1992): Die unaufhaltsame Verbreitung der Familienmediation. In: Familiendynamik, 17. Jahrgang, 319–346

Bastine, R. & Link, G. & Lörch, B. (1992): Scheidungsmediation: Möglichkeiten und Grenzen. In: Familiendynamik, 17. Jahrgang, 379–394

Besemer, C. (1993): Mediation – Vermittlung in Konflikten. Baden

Besemer, C. (1996): Mediation in der Praxis, Erfahrungen aus den USA. Baden

Breidenbach, S. (1995): Mediation. Struktur, Chancen und Risiken von Vermittlung im Konflikt. Köln

Carnevale, P. J. & Pruitt, D. G. (1992): Negotiation and mediation. In: Annual Review of Psychology 43, 531–582

Friedman, G. (1996): Die Scheidungsmediation. Anleitungen zu einer fairen Trennung. Reinbek bei Hamburg

Gergen, K. (1996): Das übersättigte Selbst. Heidelberg

Glasl, F. (1997): Konfliktmanagement. Ein Handbuch für Führungskräfte, Beraterinnen und Berater. 5. Auflage. Stuttgart/Bern

Haynes, J. & Bastine, R. & Link, G. & Mecke, A. (1993): Scheidung ohne Verlierer. Ein neues Verfahren, sich einvernehmlich zu trennen. München

Kellerhals, J. & Coenen-Huther, J. (1988): Gerechtigkeitsnormen und Familiendynamik. In: Familiendynamik, 13. Jahrgang, 16–26

Mähler, G. & Georg, H. (1992): Mediation in der Praxis. In: Familiendynamik, 17. Jahrgang, 247–372

Rabin, C. (1993): Auf dem Weg zur Gleichheit. In: Zeitschrift für systemische Therapie, 18. Jahrgang, 148–170

Riehl-Emde, A. & Willi, J. (1994): Ist seine Ehe auch ihre Ehe? Vergleichende Untersuchung zu Wohlbefinden, Empathie und Zufriedenheit von Mann und Frau. In: System Familie 2, 81–97

Schwäbisch, L. & Siems, M. (1974): Anleitung zum sozialen Lernen für Paare, Gruppen und Erzieher. Kommunikations- und Verhaltenstraining. Reinbek bei Hamburg

Vanderkooi, L. & Pearson, J. (1983): Mediating Divorce Disputes: Mediator Behaviors, Styles and Roles. In: Family Relations 1983, 557–566

Wolf, F. & Klar, S. (1993): Mediation bei Scheidungen. In: Psychologie in Österreich, 13. Jahrgang, 110–112

Eva Ribarits

Die Mühen der Ebene oder
Ist die Mediation im Vormarsch?

Wer seine Informationen über Mediation hauptsächlich aus den Medien bezieht, hat in letzter Zeit einiges über diese Methode erfahren: Sie sei – vor allem – kostengünstig, verhindere jahrelangen Streit und teure Prozesse in Scheidungsfällen, werde hin und wieder in Schulkonflikten eingesetzt, auch in internationalen politischen Streitfällen habe sie bereits Erfolge zu verzeichnen. Allmählich hat sich die Mediation sogar bis in den Wirtschaftsteil „vorgerobbt". Unter „Heads & Hunters" wird in der „Presse" vom Konfliktmanagement „made in USA" berichtet – immer mehr Großkonzerne setzen angeblich auf Mediation, um strukturelle Konfliktpotentiale zu beseitigen –, unter „Karrieren" kann man im „Standard" lesen, daß Mediatoren kostengünstig in der Wirtschaft helfen. Als „Vermittler bei innerbetrieblichen Konflikten" sind sie, so der „Gewinn", „drauf und dran, ein neuer Berufszweig zu werden".

So entsteht, zumindest bei oberflächlicher Betrachtung, der Eindruck, daß es sich bei der Mediation in Österreich heute um eine immer weitere Kreise ziehende, weitgehend bekannte und anerkannte und nicht zuletzt häufig angewandte Methode der Konfliktregelung handelt. Bei näherer Überprüfung zeigt sich allerdings ein seltsames Phänomen: Zwar beginnt der Begriff Mediation in der Öffentlichkeit einen gewissen – wenn auch noch kleinen – Bekanntheitsgrad zu erreichen, der aber ihrem realen Einsatz in keiner Weise entspricht. Außerhalb ihrer beiden entwickeltsten Einsatzgebiete, der gerichtsnahen Scheidungsmediation und dem Außergerichtlichen Tatausgleich, führt die Mediation immer noch eine Art Schattendasein und ist häufig nicht einmal in verwandten Beratungsberufen besonders bekannt oder gar gefragt.

Das könnte sich ändern, wenn man dem Trend vertraut, den das „Mutterland" der Mediation vorgibt. In den USA wird die Mediation schon seit den siebziger Jahren als eine Alternative zu den dort üblichen langwierigen Gerichtsverhandlungen und Prozessen geschätzt. Entgegen kommt dieser Entwicklung, so der deutsche Jurist Stephan Breidenbach in seiner Habilitationsschrift „Mediation", die in den USA vorherrschende Experimentierfreudigkeit und das „Bestreben, erkannte Defizite möglichst praktisch anzugehen". Aber auch beim „großen Bruder" Deutschland tut sich was. Die renommierte Zeitschrift „Organisationsentwicklung" formuliert die Ursachen für das allmählich steigende Interesse an der Mediation folgendermaßen:

„Die Gründe für das langsam wachsende Interesse an der Mediation (v.a. im Umweltbereich) in Deutschland sind vorrangig in systemischen und demokratietheoretischen Zusammenhängen zu suchen. In einer immer komplexer werdenden Welt scheint das politisch-administrative System kaum mehr fähig zu sein, die entscheidenden Weichen für eine Gestaltung und Steuerung von zukünftigen Entwicklungen zu stellen. Die voranschreitende Ausdifferenzierung der Gesellschaft in soziale Teilsysteme wird dann zum Problem, wenn eine kommunikative Vernetzung nicht mehr gewährleistet ist. Die Selbstreferenz von Teilsystemen löst dann paradoxe Handlungsfolgen im systemischen Gesamtkontext aus. Folglich sind Verhandlungssysteme als Teilsysteme gesellschaftlicher Kontextbeschreibungen erforderlich, die in der Lage sind, selbstorganisierte Teilsysteme zu verbinden und zu vernetzen. Mediationsverfahren können dazu beitragen, durch eine angemessene Berücksichtigung aller relevanten Interessen eine effizientere Problemlösung und durch sinnvolle Formen der Betroffenenbeteiligung einen höheren Grad an Zustimmungsfähigkeit zu erreichen."

Vertraut man dieser und ähnlichen Erklärungen, ist der Vormarsch der Mediation nicht aufzuhalten, weil es die äußeren Bedingungen und der Zeitgeist sind, die nach diesem Konfliktlösungsverfahren verlangen. Ob dem wirklich so ist, wurde in Gesprächen mit Mediatoren, Juristen, Psychologen, Konfliktmanagern, Verwaltungsfachleuten zu überprüfen versucht. Entstanden ist so etwas wie eine – freilich nicht alle Bereiche abdeckende – „Momentaufnahme" der Mediation hierzulande.

Der juristische Bereich

Der gesetzliche, „verrechtlichte" Bereich ist für die Mediation aus mehreren Gründen ein sehr wichtiger, schließlich handelt es sich um *den* angestammten Ort der Konfliktaustragung. Es ist daher sicher kein Zufall, daß sich die Mediation gerade hier (vor allem in der gerichtsnahen Mediation und im Außergerichtlichen Tatausgleich) besonders gut entwickeln konnte. Dazu kommt, daß wichtige Akteure in diesem Bereich, insbesondere die Rechtsanwälte, eine einflußreiche und gut organisierte Berufsgruppe sind, deren Einstellung zur Mediation für die zukünftige Entwicklung vermutlich von einiger Bedeutung sein wird. Die enge Verknüpfung und Wechselwirkung zwischen Anwaltschaft und Mediation ist unübersehbar: In den USA waren es renommierte Rechtsanwälte (so etwa G. J. Friedman und J. Himmelstein), die vor allem der Scheidungsmediation zu einer gewissen Blüte verhalfen, und es war gleichzeitig der Vormarsch der Anwälte, die Verrechtlichung des Alltags, die die Gerichte überlastete, die Verfahrensdauer verlängerte und so den Wunsch nach alternativen Formen der Konfliktaustragung verstärkte.

Die Einstellung der Anwälte der Mediation gegenüber wird also das Berufsbild des Mediators sicherlich nicht unberührt lassen. Viele Fragen tauchen in diesem Zusammenhang auf: Werden sich die Mediatoren in Zukunft in erster Linie aus den Reihen der Anwälte rekrutieren, wie es sich manche Funktionäre der Anwaltkammern in Deutschland und Österreich ganz offensichtlich wünschen? Wird die Mediation zu einem Teil der rechtsanwaltlichen Praxis „verkümmern", oder wird sie von den Anwälten eher bekämpft und verunglimpft werden? Kann sie sich – sei es mit, gegen oder neben den Anwälten – als eigenständige Form der Konfliktvermittlung und Konfliktlösung durchsetzen? Das letzte Wort zu all diesen Fragen ist noch nicht gesprochen.

Naturgemäß gibt es innerhalb der Anwaltschaft sehr unterschiedliche Ansichten über die Mediation, drei Strömungen scheinen hier vorzuherrschen:

1. *Die Gegner:* Bei ihnen handelt es sich häufig um Anwälte der alten Schule, die es gewohnt sind, für ihre Klienten – und damit auch für sich – auf Biegen und Brechen „das Beste" herauszuholen. Die Vorstellung, daß sich trennende Paare selbst einvernehmlich eine für beide Teile annehmbare Vereinbarung aushandeln, ist ihnen ebenso fremd wie der Gedanke, daß der Mediator in erster Linie als Förderer dieses Einigungsprozesses fungiert. Scheidungsmediation, so das Hauptargument dieser Gegner, sei deshalb nicht funktionstüchtig, sprich erfolgversprechend, weil ein Parteienvertreter nun einmal nur *eine* Meinung vertreten könne und nicht die Interessen von zwei Konfliktpartnern. Umso übler sei es, klagen sie, daß Mediatoren dort schlichten und sich in der Öffentlichkeit ein erfolgreiches Image aufbauen würden, wo es einfach sei, während den traditionellen Anwälten nur die schwierigen und unappetitlichen Fälle blieben.

Unerwartete Schützenhilfe erhält diese eher konservative Anwaltsfraktion von radikalen feministischen Gruppierungen und Anwältinnen. Für sie ist die Mediation nur eine weitere Methode, Frauen „über den Tisch zu ziehen", weil sie ihnen, den Opfern, verbiete, über ihr Leid zu sprechen. Es seien die Frauen, die aus anerzogenem Harmoniestreben nach „einvernehmlichen" Lösungen suchten. So würden die scheinbar positiven Elemente der Mediation – Streitvermeidung, keine Einmischung von außen etc. – auf den gutmütigen, den sanften Partner attraktiv wirken, nicht auf den bösartigen. Gestärkt und gestützt werden müßten aber die Gutmütigen, um zu ihrem Recht zu kommen, daher gingen die Erfolge der Mediation im allgemeinen auf Kosten der Sanften, die Scheidung sei dann zwar harmonisch verlaufen, den geschiedenen Frauen gehe es aber schlechter.

Eine Argumentation, die in Einzelfällen durchaus überlegenswert ist, in dieser Verallgemeinerung aber Frauen in ihrer Gesamtheit auf die Opferrolle reduziert. Warum sollen Frauen, die eigenverantwortlich eine Ehe bzw. Liebesbeziehung eingehen und Kinder in die Welt setzen und aufziehen, in ihrer übergroßen Mehrheit nicht imstande sein, genauso eigenverantwortlich die Bedingungen für eine Trennung auszuhandeln?

2. *Die Sympathisanten:* Sie stehen der Mediation im allgemeinen eher positiv gegenüber, manche von ihnen haben sogar an einer Mediatorenausbildung teilgenommen. Dennoch glauben sie, daß die Mediation in

Österreich auch in Zukunft eher eine Randexistenz führen wird, da die Gerichte hier im großen und ganzen besser und vor allem schneller funktionierten als etwa in den USA und eine anwaltliche Scheidung unter normalen Bedingungen daher immer noch die einfachste Art der Trennung sei, jedenfalls weniger aufwendig als eine auf gegenseitigem Verständnis aufbauende Mediation.

Ihre einschlägige Ausbildung sehen diese Sympathisanten durchaus als Bereicherung. Sie habe ihren Blick auf andere Möglichkeiten der Konfliktlösung gelenkt und so ihren Berufsstil verändert. Es sei schließlich nicht grundsätzlich nötig, einen Prozeßgegner herunterzumachen, man könne und wolle auch würdigen, wenn er etwas Positives beigetragen habe. Fakten hervorzuheben – statt Gegner schlechtzumachen – entspanne die Situation.

3. *Die Aktivisten:* Sie haben sich (mehr oder weniger) voll in das Mediationsgeschehen geworfen. Zu tun gibt es vermutlich genug in nächster Zeit, schließlich sieht die Regierungsvorlage zur Änderung des Eherechts vom März 1999 die Möglichkeit der Mediation als Hilfsangebot für eine gütliche Einigung vor. Und stellt – erstmals – die Mediatoren mit den Psychiatern, Psychotherapeuten, Bewährungshelfern etc. gleich, indem ihnen das Recht auf Verweigerung der Zeugenaussage vor Gericht, also auf Verschwiegenheit, zugestanden wird. Vorangegangen ist dieser Verankerung der Mediation ein Pilotprojekt: Richter berieten an Amtstagen Betroffene kostenlos über Ziel und Zweck der Mediation und überwiesen ausgewählte Paare mit Scheidungs- und Pflegschaftsproblemen an eines der nach Ausschreibung und Hearing bestimmten Mediatorenteams, die sich aus Juristen und Psychologen zusammensetzten. Da das Pilotprojekt als sehr erfolgreich eingeschätzt wurde, übernahmen die Verantwortlichen auch die Co-Mediation als Modell – weiterhin sollte ein „gemischtes Doppel", also Jurist(in) und Therapeut(in), den scheidungswilligen Paaren zur Verfügung stehen.

Vor allem jüngere Anwälte zeigen sich von der Co-Mediation überzeugt. Sie sei ein weitaus weniger egoistisches Verfahren als die traditionellen Methoden, weil sie die Beteiligten auf Kompromiß und Konsens orientiere und einen gerichtlichen Prozeß zur „zweitbesten Möglichkeit" mache. Naturgemäß wird diese Begeisterung nicht von allen geteilt. Kritische Stimmen halten es für unerfreulich, daß die Mediation medial vor allem durch das Pilotprojekt des Justiz- und des Familienministeriums öffentlich bekannt wurde. Die vom Zufall bestimmte Entscheidung für die Koppelung von Anwalt und Therapeut zu einem gemeinsamen Team habe nun – nach der ministeriellen Festlegung darauf – so etwas wie Modellcharakter, sie werde fast nur noch als „Gerichtssache" mit sozialem Touch wahrgenommen. Dies komme einer eklatanten Einengung der Mediation gleich, sie sei eine viel umfassendere Konfliktlösungsmethode, bei der Eigenverantwortung und Selbständigkeit im Zentrum stünden, Fähigkeiten, die die Klienten im Verlauf der Vermittlung zum Teil erst entwickeln müßten.

Die Konfliktmediation im justiznahen Bereich, als Alternative zu justiziellen Verfahren praktiziert, kann in Österreich, gemessen am jugendlichen Alter der Mediation, auf eine lange und verdienstvolle Vorreiterrolle zurückblicken. Das gilt nicht nur für die gerichtsnahe Mediation, sondern insbesondere für den Außergerichtlichen Tatausgleich (ATA), der 1985 als Modellversuch im Jugendstrafrecht unter dem Motto „Arbeit statt Strafe" startete, später – nachjustiert und verbessert – als „den Konflikt an die Beteiligten zurückgeben" weitergeführt und schließlich 1988, nach Zusammenfassung der Erfahrungen, im Jugendgerichtsgesetz verankert wurde. Der Modellversuch galt als außerordentlich erfolgreich, entgegen den Erwartungen zeigten viele Opfer wenig punitive Wünsche und waren zur Konfliktlösung mit den Tätern bereit.

1992 lief ein ähnlicher Modellversuch im Allgemeinen Strafrecht für Erwachsene an, wiederum flankiert von Begleitforschung (inkl. Falldokumentation und Aktenauswertung), dessen Ergebnisse sich ab 1. Jänner 2000 in einem sogenannten Diversionspaket niederschlagen werden: Mit seiner Hilfe kann ein Delikt vom Strafrecht umgeleitet, bereits im Vorfeld anders bearbeitet und im Verlauf eines erfolgreichen Außergerichtlichen Tatausgleichs wegen mangelnder Strafwürdigkeit eingestellt werden.

Ursprünglich kamen die Konfliktregler nur aus den Reihen der Bewährungshilfe, sie konnten sich auf keine spezifischen Erfahrungen und Vorarbeiten in Österreich stützen – also war Learning by Doing angesagt. Anleihen nahmen sie bei der Psychotherapie, beim Verhandlungstraining und beim Konfliktmanagement. Wesentliche Aspekte der methodischen Arbeit der mehr als 50 hauptamtlichen Vermittler des ATA sind:

• Die Wichtigkeit von vorbereitenden Einzelgesprächen (je eines mit Täter und Opfer); die Täter kommen im allgemeinen nicht aus freien Stücken, daher muß zunächst ihre Verantwortlichkeit herausgearbeitet werden, erst dann macht das Ausgleichsgespräch mit den Opfern Sinn.
• Die Mehrheit der Konflikte ist im Nahbereich (Nachbarschaft, Partner, Familie etc.) angesiedelt, sie hat also, ähnlich wie bei der Scheidungsmediation, sowohl eine Vergangenheit als auch eine Zukunft – denn Täter und Opfer werden vermutlich weiterhin miteinander zu tun haben.
• Der Mediationsprozeß muß eine starke Vertraglichkeit beinhalten und auf die Frage abzielen, wie eine weitere Bedrohung zu verhindern ist.
• Kernstück der Vermittlung hat das Ausgleichsgespräch zu sein, was auch dem gesetzlichen Auftrag entspricht.
• Vereinbarungen symbolischer Art sind (nicht zuletzt für die Opfer) von großer Bedeutung.

Der Umweltbereich

Voraussetzung für jeden Mediationsprozeß ist fraglos die Bereitschaft der Konfliktparteien, sich gemeinsam an einen Tisch zu setzen. Die Ermittlung, welche Personen oder Gruppen als Betroffene und Beteiligte in den Entscheidungsprozeß einzubeziehen sind, wird in den meisten Fällen – so etwa bei einer landläufigen Scheidungsmediation – einfach sein. Das gilt jedoch nicht für Mediationsverfahren bei größeren Umweltkonflikten, in denen manchmal Dutzende Teilnehmer – Interessenvertreter von Bürgerinitiativen und Umweltverbänden, der Gewerkschaften, der lokalen Politik, der Wirtschaft, der Kammern und der Verwaltung – an einem Tisch zusammenfinden. Dennoch hat sich häufig gezeigt, daß solche komplexen Verfahren, bei denen der Partizipationsgedanke im Vordergrund steht, auf lange Sicht zielführender und damit auch wirtschaftlicher sind, weil sie dauerhafte Blockaden aller Seiten zum Nachteil aller umgehen.

Bis hierher hat sich das allerdings noch kaum herumgesprochen. Natürlich gab und gibt es einige Fälle – die berühmten Ausnahmen von der Regel –, in denen professionelle Vermittlung zum Ziel führte. Etwa bei der Organisation von Bürgerbeteiligungsverfahren zur Errichtung von Sonderabfalldeponien oder im Fall einer Salzburger Zementfabrik, von der die Anrainer befürchteten, daß sie in eine Müllverbrennungsanlage umgerüstet werden könnte. Aber die wenigen Fachleute auf diesem Gebiet sprechen eher von einer langsamen und auch mühsamen Entwicklung und beklagen unisono die gesetzlichen Bestimmungen. So enthält das neue Umweltgesetz für Betriebsanlagen ein vereinfachtes Genehmigungsverfahren, was vor allem bei den Betreibern Freude auslöst (wer wünscht sich nicht weniger Regeln und Anlaufstellen), die Möglichkeit von Bürgerbeteiligungen aber verkleinert, die nun nur mehr bei Großprojekten wie Autobahnbauten, Kraftwerken u.ä. sowie bei Deponien vorgesehen sind.

Die Schaffung von Deponien, so die Experten, sei das hauptsächliche Konfliktpotential, bei dem sich bisher Mediation als geeignetes Mittel angeboten habe. Als größtes Hindernis werden die Betreiberfirmen bezeichnet, die hierzulande der Bürgerbeteiligung und damit auch der Mediation meist ablehnend gegenüberstehen. Als weitere „Schuldige" für die langsame Entwicklung der Umweltmediation in Österreich werden die Medien gegeißelt, die nur an Katastrophenmeldungen interessiert seien, nicht aber an Berichten über positive Problem- und Konfliktlösungen. Auch der öffentliche Verwaltungsapparat müsse erst lernen, unter Bürgerbeteiligung mehr zu verstehen als einen Aushang am Schwarzen Brett.

Konflikte im internationalen Bereich

Einen noch wesentlich höheren Grad an Komplexität als bei der Umweltmediation findet man üblicherweise bei der Vermittlung von Konflikten, die das makrosoziale System im internationalen Bereich zum Feld des Geschehens machen. Die Konsequenzen, die sich daraus ergeben, formuliert Friedrich Glasl, Verfasser eines „Handbuchs für Führungskräfte, Beraterinnen und Berater" zum Thema „Konfliktmanagement", folgendermaßen: „Bei der Arbeit an makrosozialen Konflikten haben wir viel mehr mit außerpersönlichen Kräften zu tun, die nur zum Teil von den Hauptakteuren beeinflußt werden können. Die Konfliktbehandlung wird sich darum mehr auf unpersönliche Faktoren richten müssen." Handlungsbedarf für Konflikte dieser Art gibt es genug. Man denke, um nur einige wenige zu nennen, an Peacekeeping, an die Prävention von Terrorismus, internationale Kriminalität oder an die Probleme des Wiederaufbaus und der Versöhnung im (süd)osteuropäischen Raum und im Nahen Osten. Wenig über die Tätigkeit in diesem Bereich dringt an die Öffentlichkeit, vieles findet hinter den Kulissen statt, dennoch kann man feststellen, daß professionelle Konfliktlösung und Konflikttraining im Mikrobereich (Familie, Unternehmen etc.) weitaus entwickelter sind als im Makrobereich, wo sowohl in der Theorie als auch in der Praxeologie erst rudimentäre Ansätze existieren.

Eines der wenigen Institute, die sich in Österreich kontinuierlich und systematisch mit diesen Fragen beschäftigen, ist das Österreichische Studienzentrum für Friedens- und Konfliktlösung im Burgenland, das zwei internationale Ausbildungslehrgänge anbietet. Zum einen das EPU (European Study Center for Peace Studies), einen multinationalen Hochschullehrgang, an dem etwa 40 Studenten aus den verschiedensten Teilen der Welt teilnehmen; unterrichtet wird von internationalen Dozenten, der Schwerpunkt des Lehrgangs liegt auf der Theorievermittlung. Der zweite Lehrgang, IPT (Training for Civilian Peacekeeping), besteht aus einem praxisorientierten Zweiwochenkurs und einer dreiwöchigen Spezialisierung auf internationale Einsätze (für Menschenrechtskommissionen, Wahlbeobachtungen etc.), er funktioniert in Zusammenarbeit mit dem Außenamt und dem Verteidigungsministerium. Geplant ist eine sechswöchige Werkstatt über Konfliktmanagement; mehr oder weniger regelmäßig werden Kurse abgehalten, an denen bekannte Fachleute wie Friedrich Glasl als Vortragende und Dudley Weeks als Trainer teilnehmen.

Zur Diskussion steht eine Reihe von weiteren künftigen Praxisfeldern:
• Die Entwicklung einer vergleichenden Beratungsforschung, die die Erfahrungen von Konfliktregelung im Mikro- und Makrobereich zu einer allgemeinen Theorie konstruktiver Konfliktbearbeitung verbindet.
• Die Entfaltung einer Praxeologie von Konfliktberatung, -mediation und -supervision, die sich sowohl auf kulturanthropologisches, organisationssystemisches als auch auf psychotherapeutisches Wissen und Erfahrung stützt und damit wechselseitig bei verschiedenen Ebenen und Dimensionen von Akteuren, Strukturen und Kulturen ansetzen kann.
• Enge Kooperation mit internationalen Institutionen, Netzwerken und Initiativen, die solche Verfahren bereits erforschen und erproben. Dazu gehören zum Beispiel TRANSCEND, ein internationales Computernetzwerk von Konflikt- und Friedensforschern, das weltweit Vorschläge zur Konflikttransformation auf allen gesellschaftlichen Ebenen austauscht und verbreitet; SAS (Studiengruppe Alternative Sicherheit), ein internationales Netzwerk von Sicherheitsexperten, mit Schwerpunkt auf Modellen für defensive Militärstrukturen und kooperative Sicherheitssysteme.

• Die Erarbeitung von Curricula und Weiterbildungsangeboten für konstruktive Konfliktbearbeitung – für Lehrer, Polizisten etc. – im Rahmen von Trainingskursen, Sozialakademien, Fachhochschulen oder Hochschullehrgängen, mit der Perspektive eines europäischen Forschungs-, Beratungs- und Ausbildungszentrums für konstruktive Konfliktbearbeitung.

Der Beratungsbereich

Die Dienstleistung Beratung gewinnt seit längerem nicht nur in der Wirtschaft, sondern auch im angestammten Bereich der öffentlichen Verwaltung immer größere Bedeutung, und alles deutet darauf hin, daß dieser Trend ungebrochen bleibt. Die öffentliche Verwaltung zählt als rechtlich gebundener Teil des politischen Systems – nicht zuletzt wegen ihrer außerordentlichen Dimension und des den staatlichen Behörden zugeschriebenen Gewaltmonopols – zum Kern der politischen Kultur eines Landes. Und hat bekanntlich (nicht nur) hierzulande mit beträchtlichen Imageproblemen zu kämpfen: Allgemein gilt „die Bürokratie" als Ort der Unbeweglichkeit und Erstarrung, also als Ort der „Nichtveränderung" schlechthin. Das beginnt sich nun allmählich zu ändern, der steigende Kostendruck auf die öffentlichen Haushalte macht eine Modernisierung nötig und möglich.

Aufgabenbereiche, die Dienstleistungscharakter haben, sind zunehmend von Ausgliederungen und Privatisierungen betroffen, betriebswirtschaftliche Betrachtungsweisen und Maßnahmenbündel rücken allerorts ins Zentrum der reformerischen Strategien, Zuständigkeiten, Ressourcen und Verantwortung werden zusammengeführt, gleichzeitig Entscheidungsstrukturen dezentralisiert, Organisationsstrukturen flexibilisiert etc. und ein Informations- und Controllingwesen aufgebaut.

Nicht alle Bereiche der öffentlichen Verwaltung sind in gleicher Weise von diesen Maßnahmen betroffen, aber unübersehbar entwickeln die einzelnen Subsysteme auch hier eine scheinbar nicht mehr zu bremsende Eigendynamik, die von Verständigungsproblemen in großem Umfang begleitet ist – jeder Vertreter eines Teilsystems hat seine Logik, seine Interessen, anerkannte Repräsentanten für das Ganze gibt es kaum. Die Zahl der organisierten Gruppen, die an einem Entscheidungsprozeß beteiligt werden wollen, steigt – ein Phänomen, das alle Bereiche des gesellschaftlichen Lebens betrifft –, die Möglichkeiten, diese Interessen in einem positiven Sinn durchzusetzen, kaum.

Kein Wunder, daß unter solchen Bedingungen Organisationsberater, Konfliktmanager, Supervisoren – und vielleicht auch bald Mediatoren – Morgenluft wittern, sind doch veraltete Betriebsstrukturen, Kommunikationsprobleme und Konflikte ihr täglich Brot. Die Bedürfnisse sind breitgestreut, das Interesse ist groß, die Erwartungen sind hochgesteckt – aber die Geldquellen dafür sind im allgemeinen nur mühsam zu erschließen.

Einer der Bereiche, in denen bereits gewaltige strukturelle Veränderungen in Angriff genommen wurden und noch zu erwarten sind, ist das Gesundheitswesen. Zu diesen Veränderungen gehören neben der Ausgliederung die Dezentralisierung der Entscheidungsstrukturen in den Krankenhäusern, die Ergänzung der Hierarchien durch teamartige Formen der Kooperation und Entscheidung sowie die Flexibilisierung der Organisation durch den flächendeckenden Einsatz von Projekt- und Qualitätsmanagement. Die Ausbildung der Ärzte an der Universität, aber auch des Pflegepersonals ist darauf freilich noch nicht ausgerichtet. Immer noch scheint die „Arbeit an den Leichen" im Studium wichtiger zu sein als die Vermittlung von sozialen oder Managementkompetenzen; die vom Krankenanstaltsverbund (für Oberärzte obligatorisch) angebotenen Kurse stellen einstweilen noch keine ausreichende Abhilfe dar. Es liegt auf der Hand, daß alle diese Veränderungen – zu denen auch die Neudefinition der Pflege gehört – nur durch die bewußte Herausbildung einer Konfliktkultur zu bewältigen sind. Mediation, von deren Einsatz man heute selbst mit einer Lupe nur Spurenelemente findet, könnte in den Krankenhäusern der Zukunft gerade wegen ihres geringen Aufwands und ihres hohen Nutzens ein breites Betätigungsfeld finden.

Auch in der Wirtschaft, in der Beratungstätigkeiten aller Art – vor allem im Zusammenhang mit Organisationskompetenz – gefragt sind, spielt die Mediation eine relativ untergeordnete Rolle – es kommt immer noch vor, daß hier, aber auch in den Reihen des Beratungspersonals selbst, über Mediation nicht viel mehr bekannt ist als der Name. Nicht untypisch dürfte die Einstellung des Geschäftsführers einer bekannten Wiener Personalberatungsfirma sein: Wenn er im Verlauf einer Problemanalyse erkennt, daß Konflikte zwischen Personen Teil des Problems sind, fordert er die Konfliktparteien auf, die Probleme selbst aus dem Weg zu räumen, oder macht Vorschläge, die auf die Minimierung der Berührungspunkte der Kontrahenten hinauslaufen. Stellt er fest, daß die Beratung wegen latenter Konflikte keinen Erfolg hat, legt er den Auftrag zurück.

Die vergleichsweise geringe Bedeutung der Mediation enthebt sie – jedenfalls einstweilen noch – dem in diesem Sektor heftig geführten Konkurrenzkampf; die Mediation, vor allem die Wirtschaftsmediation, muß sich hier in erster Linie erst als Methode bekannt machen und darlegen, für welche Anwendungsgebiete sie geeignet sein könnte. Dieses Bekanntmachen geschieht häufig auf leisen Sohlen, denn die Bereitschaft zur Mediation setzt voraus, daß die Beteiligten auftretende Konflikte als solche erkennen und benennen und sie auch konstruktiv zu lösen wünschen, eine Einsicht, die im allgemeinen nur in einer bewußt gestalteten Konfliktkultur zu erwarten ist. Weil genau diese Einstellung hierzulande nicht gerade massenhaft verbreitet ist und in der Wirtschaft naturgemäß schnelle Erfolge erwartet werden, tritt die Wirtschaftsmediation nicht selten unter dem Deckmantel der Moderation auf, unter bewußter Verwendung mediativer Elemente. Wesentlich bleibt, daß nicht der Transfer von Know-how im Zentrum steht, sondern die Prozeßbegleitung, daß es die Konfliktparteien selbst sind, die Konzept und Lösung erarbeiten, und daß damit ihre Eigenverantwortung gestärkt wird.

Am schnellsten entwickelt sich die Wirtschaftsmediation im mikrosozialen Bereich (zwischen einzelnen Personen), einsetzbar ist sie aber natürlich auch bei mesosozialen (zwischen Personengruppen, in einzelnen Abteilungen etc.) und makrosozialen (zwischen Unternehmen) Konflikten. Überzeugen wird sie in der Wirtschaft nicht zuletzt durch ihre Wirtschaftlichkeit: In vier Sitzungen, berichtet ein Abteilungsleiter, dem von seinem Vorgesetzten eine Mediation „verordnet" wurde, gelang es nicht nur, einen seit Monaten schwelenden Konflikt zwischen ihm und einer Kollegin zu orten und ans Tageslicht zu bringen, sondern auch, gemeinsam Schritte zu seiner Lösung zu erarbeiten.

Schulmediation

Ähnlich wie im Fall der Krankenhäuser hat sich auch im Schulsystem in den letzten Jahren einiges geändert. Einst ein streng hierarchisches System mit genau definierten Einfluß- und Machtbereichen, das sich auf institutionalisierte Autorität stützte, entstanden durch das Aufbrechen dieser Strukturen auf allen Ebenen Konfliktfelder, zu deren Bearbeitung die autoritären Mittel nicht mehr taugen. Die neue Schulgesetzgebung hat unter dem Begriff „Schulpartnerschaft" eine Aufteilung der Entscheidungsgewalt auf verschiedene Gruppen an den einzelnen Schulen gebracht. Direktor, Lehrerkollegium, Schüler- und Elternvertreter sind in die Entscheidungsprozesse zur Gestaltung und Entwicklung jeder einzelnen Schule mit einbezogen. Selbst der Einsatz privater Personalberatungsbüros für die Entscheidungsfindung bei Direktorenbestellungen ist nicht mehr tabu. „Wir müssen uns bei der Auswahl unserer Führungskräfte privatwirtschaftlicher Methoden bedienen", erklärte der Wiener Stadtschulratspräsident („Der Standard", 8.6.1999).

In diesem Spannungsfeld hochkomplexer Interessengegensätze hat die Schulmediation ihre Segel zu setzen begonnen. Mit einer Reihe von kleinen Projekten an einzelnen Schulen, mit angewandten Mediationen zwischen Schülern und Lehrern, Seminaren für Lehrer, Ausbildung von Schülern zu „Streithelfern", um sie zu befähigen, in ihren Klassen als Konfliktregler aufzutreten. Ein Teil dieser Projekte entstand und entsteht durch Privatinitiativen, andere durch die Anregung schulischer oder schulnaher Institutionen. Eine einheitliche Erfassung ist ebensowenig möglich wie eine Evaluierung. Die Finanzierung reicht von kostenlosen Goodwill-Aktivitäten einzelner Mediatoren bis zur Unterstützung durch private oder kommunale Geldgeber.

Nicht geplant und wohl auch nicht unbedingt zielführend scheint es zu sein, das Land flächendeckend mit Schulmediation zu überziehen. Der Trend, an einzelnen Schulen neue Methoden zu etablieren und die dort agierenden Gruppen zu erfassen und intensiv zu betreuen, eignet sich vermutlich besser für die Implementierung von Mediationstechniken in den Schulalltag. Klar ist, daß auf allen Ebenen der Schulhierarchie mediativer Handlungsbedarf besteht und damit bereits an verschiedenen Ecken begonnen wurde.

Ausblick

So punktuell und beschränkt der Blick dieser Arbeit auf die Mediation ausgefallen ist, läßt er doch erkennen, daß Mediation in Österreich zwar eindeutig an Bedeutung gewinnt, aber noch immer dabei ist, sich mit den Mühen der Ebene abzurackern. Denn gemessen an den Einsatzmöglichkeiten, an den potentiellen Tätigkeitsfeldern kann ihre bisherige Entwicklung nur als embryonal bezeichnet werden. Als ein Beispiel unter vielen sei hier auf die Krankenhäuser verwiesen, in denen Fachleute den Bedarf an Mediation für enorm halten, ohne daß bisher ein einziges ernsthaftes Pilotprojekt in Angriff genommen worden wäre. Ähnliches läßt sich von der öffentlichen Jugendwohlfahrt berichten: Die achttausend Mitarbeiter des Amts für Jugend und Familie in Wien haben u.a. den Auftrag zu erfüllen, die persönliche und soziale Entfaltung Minderjähriger zu fördern, nicht wenige von ihnen sind als „Geheimmediatoren" tätig. Gerade in vier Beratungsstellen für Scheidungs- und Trennungsfragen des Psychologischen Dienstes der Gemeinde Wien sind Mediatoren offiziell tätig.

Die zunehmende Ressourcenknappheit der öffentlichen Hand ist sicherlich nicht der einzige und ausschlaggebende Grund für diesen Mangel. Es fehlt mindestens ebenso an der Initiative und Einsatzbereitschaft von erfahrenen und seriösen Mediatoren, die in weiser Voraussicht und mit Beharrlichkeit an praktisch umsetzbaren Konzepten arbeiten und mit langem Atem daran festhalten. Nicht zuletzt von ihnen wird es abhängen, ob sich die Mediation zu einem Beruf sui generis entwickelt und einen Beitrag zur Verbesserung der gesellschaftlichen Konfliktkultur leistet, oder, kaum bekannt geworden, auf einem Nebenschauplatz ihren kleinen Schrebergarten bestellt. Der beliebteste Schrebergarten ist heutzutage die Ausbildung von neuen Mediatoren. Das mag kurzfristig halbwegs lukrativ sein, schließlich gibt es genug Menschen, die sich nach neuen Berufsfeldern umsehen, wird sich langfristig aber ganz sicher als kontraproduktiv herausstellen. Denn Mediatoren gibt es jetzt schon genug, um ganz Österreich damit flächendeckend zu überziehen. Damit soll nicht Quoten oder Beschränkungen das Wort geredet werden – letztlich ist es der Markt, der reguliert, sondern nur darauf hingewiesen sein, in welche Richtung Energie sinnvoll zu orientieren wäre.

Gerade in einer Zeit, in der die Mediation dem harten Konkurrenzdruck noch relativ wenig ausgesetzt ist, kommt es darauf an, sie in richtiger Weise wachsen zu lassen. Beitragen könnte dazu eine von Berufs- und Dachverbänden betriebene Öffentlichkeitsarbeit, die in erster Linie den Bekanntheitsgrad der Mediation erhöhen und mit Inhalten füllen sollte – schließlich ist die Landschaft heterogen, und eine allgemeine, verbindliche Theorie existiert nicht. Nicht weniger wichtig wäre die Herausbildung von Netzwerken, in denen Berater, Vermittlungs-(und eventuell auch Forscher-) Teams zumindest punktuell interdisziplinär zusammenarbeiten. Die Konfrontation unterschiedlicher Ausgangsperspektiven und vielfältiger Zugänge würde einen kontinuierlichen Austausch und Dialog schaffen, was sich nicht nur auf die praktische Arbeit, sondern auch auf die bisher so gut wie nicht vorhandene theoretische Auseinandersetzung befruchtend auswirken könnte.

1. Theorie

Schweinskram

Wie kannst du es wagen, mich in aller
Öffentlichkeit so bloßzustellen!

Aber Schnuckelchen, du weißt,
daß du dich nicht so aufregen sollst.

Wie du dich aufgeführt hast,
vor allen Leuten, du und dieser Bock.

Du weißt ja gar nicht, wie demütigend
das war. Stockbetrunken war er, der Kerl –
und fängt an, mich zu belästigen.

So ein Verhalten ist einfach empörend.
Wenn du glaubst ...

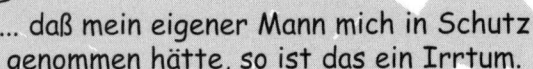

... daß mein eigener Mann mich in Schutz
genommen hätte, so ist das ein Irrtum.

Ich nehme dich mit auf eine Party,
und was passiert ...

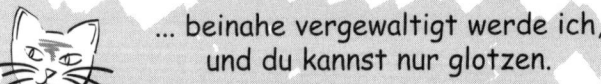

... beinahe vergewaltigt werde ich,
und du kannst nur glotzen.

 Aber das ist ja ...

... demütigend, wie man sich behandeln lassen muß. Und du machst mir auch noch Vorwürfe.

 Das tut mir jetzt aber ...

... leid tun wird dir das noch, wie du mich behandelst, wenn ich einmal nicht mehr dasein werde.

Als ob ...

... ich dir so was jemals antun könnte.

Ich möchte ...

... daß du mich um Entschuldigung bittest.

Entschuldige, Liebling.

Aber natürlich, du bist doch mein einziges Schnuckelchen.

KAI

Ed Watzke

Erkenntnistheoretische Grundlagen der Mediation in Abgrenzung von strafgerichtlichen Verfahren[1]

Um an den Topos zu gelangen, der den Ausgangspunkt unserer methodischen Überlegungen und Interventionen markiert, ersuche ich den Leser, mit mir eine psychonautische Reise zu unternehmen. Sie führt uns in die Welt der Chassidim, jener talmudkundigen Weisen und Gelehrten des Ostjudentums, deren Wirken uns vorwiegend in Form von Geschichten und Anekdoten überliefert ist.

Von einem solchen wird erzählt, er habe seiner versammelten Zuhörerschaft eine Frage gestellt und sie dazu aufgefordert, diese zu beantworten. Daraufhin stand A auf, argumentierte logisch stringent und beantwortete die Frage. Der weise Rabbi hörte geduldig zu, überlegte, um dann A zu antworten: „Du hast recht." Da erhob sich B, argumentierte seinerseits und gelangte zu einem völlig konträren Ergebnis. Der Rabbi lauschte B ebenso geduldig, überlegt abermals und antwortete B: „Du hast recht." Da springt ein dritter Zuhörer auf, um dem Rabbi aufgebracht zuzurufen: „Aber Rabbi, das kann doch nicht stimmen, die beiden vorhin sind zu völlig konträren Antworten auf deine Frage gelangt, und du gibst beiden recht!?" Der Weise überlegt abermals kurz, um diesem zu entgegnen: „Ja, und du hast auch recht!"

Hier nun, genau hier, wo der Rabbi seine Zuhörerschaft erstaunt und verblüfft zurückläßt, wo diese Geschichte endet, da beginnt Konfliktmediation, wird aber auch die Differenz zwischen Mediation und dem strafgerichtlichen Verfahren deutlich. Kein Richter dürfte eine Verhandlung so führen, geschweige denn beenden. Im Rahmen einer Konfliktmediation ist es in vielen Fällen sinnvoll, mit einer solchen Intervention zu beginnen. Zu dieser Differenz nachfolgend zwei Thesen, um beide Paradigmen gegenüberzustellen.

Zum gerichtlichen Verfahren

Das gesamte strafrechtliche Instrumentarium ist zuallererst und wesentlich darauf ausgerichtet, Wahrheit herauszufinden. Es geht darum, objektiv festzustellen, ob und inwieweit geltende Rechtsnormen verletzt wurden, bei Vorliegen eines solchen Tatbestands eine angemessene Strafe festzusetzen oder andernfalls den Angeklagten freizusprechen.

---

[1] *Dieser Beitrag ist eine leicht veränderte Fassung eines Kapitels der Publikation „Äquilibristischer Tanz zwischen Welten. Neue Methoden professioneller Konfliktmediation" (Bonn 1997) und erscheint hier mit freundlicher Genehmigung des Forum Verlags Godesberg.*

Der Geschädigte bzw. das Opfer tritt dabei nur als Zeuge auf, als ein Hilfsmittel im Beweisverfahren. Im Zentrum des Strafverfahrens steht nicht der Konflikt zwischen den beteiligten Personen, sondern der Konflikt zwischen einer Tathandlung und einer abstrakten Rechtsnorm.

Dem Strafverfahren liegt somit eine Konzeption von Wirklichkeit zugrunde, die die Existenz einer absoluten Objektivität voraussetzt. Vertreter dieser erkenntnistheoretischen Position gehen davon aus, daß Wirklichkeit unabhängig von Subjekten existiert und als solche erkennbar ist. Die Erkenntnis einer subjektunabhängigen Wirklichkeit setzt die Verfügung über einen privilegierten Zugang zu dieser voraus.

Die Strafprozeßordnung fungiert in diesem Kontext als Regelkatalog, welcher diesen privilegierten Zugang normiert. Das Ergebnis des Beweisverfahrens ist jedenfalls Wahrheit oder besser: Was das Gericht erkennt, gilt als wahr. Dieser Absolutheitsanspruch wird durch einen allfälligen Instanzenzug bloß aufgeschoben, bleibt also dem Grunde nach aufrecht.

Das juristische Paradigma ist also von einem erkenntnistheoretischen Fundamentalismus geprägt, zentrale Begriffe sind kanonisierte Rechtsnormen, inkriminierte Tathandlungen, Delikte, Anklage, Beweisverfahren, Wahrheitsfindung, Urteil, Freispruch, Strafe, Schuld, Sühne etc.

Zur Konfliktmediation

Konfliktmediation ist ein Prozeß, der darauf abzielt, Probleme zu lösen, welche den beteiligten Personen aus dem Konflikt erwuchsen. In der Mediation stellt sich die Frage nach objektiver Wahrheit schlicht und einfach nicht.

In Abgrenzung zum Strafverfahren basiert Konfliktmediation auf einem konstruktivistischen Konzept von Wirklichkeit. Diese erkenntnistheoretische Position postuliert, daß jede Wirklichkeit stets durch Handeln bzw. aktives Erkennen in einem interaktionistischen Prozeß konstruiert wird. Wirklichkeit ist somit das Resultat sehr subjektiver Konstruktionsprozesse als Resultat von Beobachtung. Objektivität ist demnach immer eine relative, Wirklichkeit existiert permanent und ausschließlich im Plural.

Hier sei Humberto Maturana zitiert: „Alles, was gesagt wird, wird von einem Beobachter gesagt." Beobachten, gleich, ob außerhalb oder innerhalb einer Situation, damit auch Wissen, ist ein kreativer und rekursiver Prozeß, ein aktives, selbsterzeugtes Unterfangen. Die Tätigkeit dabei besteht nicht im Erkennen einer objektiven Wirklichkeit, sondern im Unterscheiden. Der Stoff, aus dem Wirklichkeit, Wissen, Erkenntnis autopoietisch erzeugt werden, besteht aus Unterscheidungen, der Wahrnehmung von Differenzen.

Kognitionsforscher stimmen weitgehend darin überein, daß unser gesamter Wahrnehmungsapparat ungeeignet ist, die Welt zu erkennen, hingegen hochspezialisiert, Unterscheidungen zu treffen, Differenzen wahrzunehmen. Dies wiederum ermöglicht es dem Menschen, Verbindungen und Beziehungen, Analogien herzustellen und hochkomplexe begriffliche Strukturen zu konstruieren.

Im Paradigma der Konfliktmediation gehe ich demnach von folgender Arbeitshypothese aus: Ich habe mit jeweils verschiedenen Konstrukten von Wirklichkeit zu tun, mit verschiedenen Beobachtungsergebnissen, Sichtweisen, Erlebnisinhalten der beteiligten Personen, Erlebniswelten, die sich fallbezogen auf ein bestimmtes Ereignis beziehen oder auch auf die Gesamtheit einer zwischenmenschlichen Beziehung erstrecken.

Meine Aufgabe als Mediator sehe ich zuallererst darin, die verschiedenen und oft kontroversen Welten an den Tag zu bringen, offenzulegen und in einem weiteren Schritt kommunizierbar, austauschbar werden zu lassen. Dies setzt voraus, von der Verpflichtung einer objektiven Wahrheitsfindung befreit zu sein. Es geht darum, die Unterschiede der verschiedenen Versionen herauszuarbeiten und hinsichtlich ihrer Problemrelevanz gemeinsam mit den Beteiligten zu gewichten und nach einer befriedigenden Lösung zu suchen.

Das Ende einer gelungenen Mediation ist die Wiederherstellung des sozialen Friedens. Der Prozeß der Konfliktmediation kann also methodisch relevant in zwei Phasen unterteilt werden: Die erste markiert den Weg bis zur Problemdefinition, die nachfolgende jenen von der Problemdefinition zur Problemlösung.

Konfliktmediation ist in der ersten Phase vorwiegend eine mäeutische Kunst. Das heißt im sokratischen Sinne eine geburtshelferische Tätigkeit (Sokrates erwähnte mehrmals bezüglich seiner Methode, daß seine Mutter Hebamme war). Sie kann und soll nur hervorbringen, was in den beteiligten Personen bereits mehr oder weniger bewußt vorhanden oder eben erst im Werden ist. Mit ihrer Hilfe können durch direkte oder auch indirekte Kommunikation Prozesse gefördert oder gehemmt, in den Beteiligten latente Konsensbereitschaft, Ängste, Erlebnisinhalte, Gefühle, Sichtweisen, kurz: die jeweils subjektiv erlebte *Geschichte* hervorgebracht werden.

Der Mediator enthält sich dabei tunlichst jeglicher eigenen Wirklichkeitsdefinition sowie jeglicher Wertungen etwa gemäß klientenzentrierter Gesprächsführung. Es geht dabei in erster Linie nicht darum, was wirklich geschehen ist, sondern darum, was von den Beteiligten erlebt wurde.

Dieses mäeutische Hervorbringen der Erlebnis- und Gefühlsinhalte der Konfliktbeteiligten manifestiert sich in mehr oder weniger unterschiedlichen *Geschichten* über den Vorfall/Konflikt. Geschichte meint hier weit mehr als die Summe von Informationen. Es ist die verbale Wiedergabe eines Geschehens, in der sich der Betroffene wiederfindet, erkennt, stimmige Bezüge herstellen kann und die darüber hinaus die wesentlichen Elemente des Geschehens in geraffter, pointierter Form verdeutlicht.

Diese Geschichten der Konfliktbeteiligten sind ein erstes und wesentliches Produkt der Arbeit des Mediators/Konfliktschlichters/Konfliktreglers, und zwar unabhängig von der Wahl des methodischen Vorgehens. Es sind dies bloß verschiedene Wege zum selben Ergebnis.

Dieses erste Produkt ist Basis und Ausgangsmaterial für den nachfolgenden, äquilibristischen Teil professioneller Konfliktmediation, der in der Regel unter Anwesenheit und unter Einbindung der beteiligten Personen erfolgt: Der Austausch der *Geschichten*, die Abklärung der problemrelevanten Differenzen; diese Problemdefinition ist das zweite entscheidende Produkt des Prozesses, und schließlich führt das gemeinsame Suchen nach und Finden von befriedigenden Problemlösungen im Fall des Gelingens zum dritten und Endergebnis: zur Wiederherstellung des sozialen Friedens.

So weit eine geraffte Darstellung davon, *was* im Zuge einer Konfliktmediation geschieht bzw. geschehen soll, gleichsam deren *Geschichte* in obigem Sinne – ich werde später detaillierter darauf eingehen, *wie* dieser Prozeß in Gang gebracht, in Fluß gehalten, gefördert und geleitet werden kann. So weit der diskursive Vorspann, wir drehen nun erst einmal das Kaleidoskop der Basics – hier kommt unser erster Begriff:

Kommunikation

Kommunikation ist immer triadisch, d.h. über Symbole vermittelt, von Ambiguität geprägt (vieldeutig) und vollzieht sich innerhalb einer sozialen Situation gleichzeitig auf mehreren Wegen. Die drei entscheidenden Kommunikationsebenen sind:

1. Das Wort, d.h., was wird gesprochen (semantischer Gehalt des Wortes);
2. die paralinguistische Ebene, d.h., wie wird gesprochen (Klangfarbe, Höhe, Tiefe, Tempo, Rhythmus);
3. die Körpersprache (Gestik, Mimik, Kinästhetik, Bewegung im Raum bzw. der Kommunikationspartner, aufeinander bezogen).

Die bewußte und willkürliche Beeinflussung der Kommunikationsinhalte nimmt in obiger Reihenfolge rasch ab. Wir sind gewöhnlich in der Lage, eine bewußte Wortwahl zu treffen. Weitaus schwieriger ist es schon, sich gezielt einen paralinguistischen Kontext zu wählen. Und nahezu unmöglich ist es, die eigene Körpersprache zu kontrollieren. Oder andersherum: Mit Worten zu lügen ist einfach, mit der Stimme zu lügen wesentlich schwieriger, mit dem Körper ist es jedoch nahezu unmöglich.

Bezogen auf die Methodenfrage heißt dies: Wir kommunizieren umso effizienter, je mehr wir Körpersprache und Paralinguistik in unsere professionelle Kommunikation einbeziehen, deuten, Hypothesen dazu formulieren und überprüfen. „Ich bin selbstverständlich gesprächsbereit", meinte der Klient, lehnte sich in seinem Sessel zurück, verschränkte die Arme, schlug ein Bein ums andere, blickte zur Decke und begann mit dem Oberkörper leicht zu wippen ...

Kontext und Botschaft

Die Frage nach der Bedeutung, nach dem Sinn einer Botschaft, eines Zeichens ist immer eine nach dem Kontext. Erst die Synchronizität des komplexen Systems Sprache ermöglicht es uns, den Worten Bedeutungen zuzuschreiben. Gregory Bateson hat zwischen Objektebene und Beziehungsebene unterschieden, Paul Watzlawick et al. zwischen digitaler und analoger Kommunikation. Im Laufe meiner Tätigkeit im Außergerichtlichen Tatausgleich (ATA) bin ich immer mehr dazu übergegangen, den Schwerpunkt meiner Aufmerksamkeit, Strategien und Interventionen auf den Kontext der Kommunikation – also Paralinguistik und Körpersprache – zu verlegen, mit anderen Worten, linkshirnige Dominanz aufzugeben zugunsten einer rechtshirnigen.

Muster

Zentraler, vielseitig verwendeter Begriff, in dem sich die Systemtheorie, die Gestalttheorie und die Feldtheorie treffen. Bateson postulierte, daß wir alle mit Hilfe von Mustern, die verbinden, denken. Im Fortschreiten des geistigen Prozesses unterscheiden wir durch einen Lernprozeß zwischen verschiedenen logischen Typen, nämlich Mustern und Mustern von Mustern, also Metamustern. Bateson unterscheidet für jede Art der Theoriebildung in den Verhaltenswissenschaften, also bei allen Prozessen, die in oder zwischen Organismen gedacht werden, zwischen Quantität, Zahl und Muster.

Quantitäten sind das Produkt des Messens und verlaufen kontinuierlich, können also daher nie genau, exakt, immer nur annähernd definiert werden. Zahlen hingegen grenzen sich diskontinuierlich voneinander ab. So kann man genau drei Äpfel haben, jedoch nie genau drei Liter Wasser. Nach dieser Unterscheidung fährt Bateson fort:

„Selbst wenn Zahl und Quantität klar unterschieden werden, gibt es noch einen weiteren Begriff, den man erkennen und sowohl von Zahl als auch von Quantität abgrenzen muß. Für diesen Begriff gibt es, soweit ich weiß, kein englisches Wort, so daß wir uns damit begnügen müssen, daran zu erinnern, daß es eine Teilmenge von *Mustern* gibt, deren Elemente gewöhnlich als Zahlen bezeichnet werden. Nicht alle Zahlen sind das Produkt des Zählens. In der Tat sind es die kleineren und daher vertrauteren Zahlen, die oft nicht gezählt, sondern auf den ersten Blick als Muster erkannt werden. Kartenspieler halten nicht ein, um die Schippen auf der Pik Acht zu zählen, und können sogar das charakteristische Muster von Schippen bis hin zu zehn erkennen. Zahl gehört in die Welt des Musters, der Gestalt und des digitalen Rechnens; Quantität gehört in die Welt des analogen und probabilistischen Rechnens" (Bateson 1990, 66).

Muster hat mit Begriffen wie Entropie, Negentropie, Information, Redundanz usw. zu tun und ist nicht durch die Heranziehung von einzelnen Quantitäten erklärbar. So können durch das Steigen des Wasserspiegels aus einer Insel mit zwei Bergen für den Beobachter zwei Inseln werden. Allerdings war das qualitative Muster bereits gegeben, bevor die Quantität Einfluß darauf hatte. Ähnlich untauglichen Erklärungsversuchen begegnen wir häufig bei Paaren, wenn unter Anhebung des Alkoholspiegels bestimmte, meist unerwünschte Verhaltensmuster evident und unliebsam wirksam werden. So zu tun, als ob der Alkohol für das ablaufende Muster verantwortlich sei, enthebt beide der Aufgabe, sich über die Beziehung auseinanderzusetzen, und eröffnet einen Diskurs meist ohne Ende über das Wo, Warum, Wie-oft, Wieviel, Warum-nicht-immer, Schon-wieder, Aber-ab-morgen-nie-mehr-wieder etc. des Alkoholkonsums.

An anderer Stelle bemerkt Bateson: „Wir sind dazu erzogen worden, alle Muster, mit Ausnahme der musikalischen, als etwas Festes aufzufassen. Das ist zwar sehr einfach und bequem, aber natürlich vollkommener Unsinn. In Wahrheit ist die richtige Weise anzufangen, über das Muster, das verbindet, nachzudenken, *es primär* (was immer das bedeuten mag) als einen *Tanz ineinandergreifender Teile aufzufassen* und erst sekundär als festgelegt und durch verschiedenartige physikalische Grenzen und durch diejenigen Einschränkungen, die Organismen typischerweise durchsetzen" (Bateson 1990, 22).

Redundanz

Bateson beschreibt den Begriff Redundanz in enger Verknüpfung mit Bedeutung, Muster, Information und Einschränkung innerhalb eines Paradigmas folgendermaßen:

„Von jeder Ansammlung von Ereignissen oder Objekten (z.B. eine Abfolge von Phänomenen, ein Gemälde, ein Frosch oder eine Kultur) soll gelten, daß sie Redundanz oder ein Muster enthält, wenn die Ansammlung durch ein Schnittzeichen geteilt werden kann, so daß ein Beobachter, der nur wahrnimmt, was auf der einen Seite des *Schnitt*zeichens ist, mit mehr als zufälligem Erfolg raten kann, was sich auf der anderen Seite des Schnittzeichens befindet.

Wir können sagen, daß das, was auf der einen Seite des Schnitts liegt, *Informationen* über die andere Seite enthält oder *Bedeutung* für sie hat. Oder in der Sprache des Ingenieurs: Die Gesamtheit enthält Redundanz. Oder aber aus der Sicht des Kybernetikers: Die auf der einen Seite des Schnitts verfügbare Information wird falsches Raten einschränken (d.h. dessen Wahrscheinlichkeit verringern). Zum Beispiel: Der Buchstabe T an einer gegebenen Stelle in einem Stück geschriebener englischer Prosa läßt die Vermutung zu, daß der nächste Buchstabe ein H, ein R oder ein Vokal sein wird. Es ist möglich, eine mehr als zufällige Vermutung über einen *Schnitt* anzustellen, der unmittelbar auf T folgt. Die englische Rechtschreibung enthält Redundanz" (Bateson 1992, 185).

Ebenso verhält es sich bei menschlichem Verhalten in Konfliktsituationen, Konflikttypen und Eskalationsspiralen, aber auch bei Prozessen, die zu deren Lösung und Befriedung führen. Wie in allen anderen Tätigkeitsbereichen steigt mit unserer Erfahrung im Umgang mit Konflikten unsere Fähigkeit, immer rascher bestimmte wiederkehrende Muster zu erkennen bzw. brauchbare Hypothesen zu formulieren, um unsere Interventionen darauf abzustimmen. Körpersprachliche Äußerungen, Gesten auf der einen Seite des Schnitts geben uns Information über Gefühle, Empfindungen, inneres Erleben etc.

Geschichten

In einer Erzählung ausgeformtes Muster. Geschichten sind ein „Komplex der Art von Verbundenheit, die wir als *Relevanz* bezeichnen" (Bateson 1992, 185). Wir Menschen denken laut Bateson in Geschichten. Und in weiterer Folge sei das Denken mit Hilfe von Geschichten allem Geist, allem Geistigen gemeinsam, das heißt allen lebendigen Systemen und Organismen immanent. Geschichten können so Muster, die verbinden, aufzeigen und werden dadurch ein wichtiges Instrument indirekter Kommunikation in der Konfliktmediation.

Wenn es gelingt, daß sich die Klienten in einer Geschichte wiederfinden, sich mit ihr identifizieren und darüber ein Muster erkennen, welches ihr Verhalten bestimmt, können „diskontinuierliche" Veränderungen eintreten, Erstarrungen aufgebrochen werden.

Das Erzählen von Geschichten nimmt in den verschiedensten Formen in allen Kulturen und Zeitabschnitten eine zentrale Stelle ein. Geschichten dienen dazu, Kultur zu tradieren, Geschichtsbewußtsein und Identität zu erzeugen. Dies gilt für Gemeinschaften (Mythen, Märchen und Sagen, Volksepen, Dramen, Literatur, Filme etc.) wie für Individuen. Geschichten, in der Konfliktmediation können es auch Anekdoten, andere Fallgeschichten, Witze, Fabeln u.a.m. sein, ermöglichen den Klienten, einen distanzierten Blick auf die eigene Geschichte zu werfen, Vergleiche anzustellen, aber auch sich abzugrenzen oder dagegen Stellung zu nehmen. Vom Mediator an geeigneter Stelle in einfühlsamer Gewandung präsentiert, regen sie an, spiegeln sie Situationen, können Lösungen behutsam anbieten oder die Situation auf den Punkt bringen, also die aktuelle Situation klären helfen.

Das Erzählen der eigenen Geschichte – vorausgesetzt, es gibt einen kundigen bzw. professionell geschulten Zuhörer – bewirkt beim Erzähler oft ein Mehr an Klarheit über die eigene Situation und hat nicht selten allein für sich heilende Wirkung. Eine Vielzahl therapeutischer Methoden baut darauf auf. Redewendungen wie „Diese Geschichte mußte ich einfach loswerden", „sich den Schmerz von der Seele reden", „sich einmal richtig aussprechen können" weisen darauf hin. Entscheidend für die Wirkung von Geschichten ist jedoch eine Gesprächskultur, ein Setting, wo die Rollen des Erzählers und des Zuhörers komplementär aufeinander abgestimmt sind, und zwar nicht in der Weise, wie jemand den amerikanischen Gesprächsstil charakterisierte: ein Wettkampf, bei dem diejenige Person, die zuerst Luft holen muß, in die Rolle des Zuhörers fällt.

Symmetrisch versus komplementär

Nach Bateson reduzieren sich alle Differenzierungen im Laufe jeglicher Interaktion menschlicher Gruppen auf diese beiden Grundmuster. Entweder werden Unterschiede zwischen den Grundmustern angestrebt (Komplementarität) oder die Verminderung von diesen bzw. Gleichheit. Diesen Differenzierungsprozeß nennt Bateson Schismogenese. Symmetrisch bzw. komplementär sind demnach die zwei Grundmuster menschlicher Beziehungen.

Beide tendieren zur Eskalation, wenn es keine Unterbrecher gibt, um den Prozeß zu stoppen. Beiden Beziehungsmustern entsprechen typische Verlaufsformen von Konflikten. In einem Aphorismus von E. M. Cioran werden wir Zeuge, wie er sich im symmetrischen Konfliktmuster verhaftet begreift: „Ich habe beschlossen, mit niemandem mehr einen Streit auszutragen, seit ich bemerkt habe, daß ich schließlich immer meinem neuesten Feind ähnlich werde" (Cioran 1979, 24). Tatsächlich werden Kontrahenten in einer symmetrischen Eskalation einander immer ähnlicher in ihrem Verhalten – beobachtet aus der Außenperspektive –, je heftiger sie ihre Differenzen erleben und austragen: Sie hören auf, einander zuzuhören, sprechen beide gleichzeitig, werden in ihrem Tonfall immer lauter, brüllen sich an, gestikulieren immer heftiger, beschimpfen einander, attackieren und verletzen sich gegenseitig, bis die Eskalationsspirale unterbrochen wird.

Sowohl für symmetrische Beziehungsmuster als auch für komplementäre gilt, daß die Änderung des Verhaltens eines der beiden Interaktionspartner deeskalierend wirkt, also z.B., wenn die gewöhnlich defensiv agierende Person auf ihr aggressives Gegenüber offensiv bzw. symmetrisch agiert oder wenn in einem symmetrisch aggressiven Konfliktmuster einer der beiden Kontrahenten plötzlich defensiv bzw. komplementär agiert.

Alle Beziehungen bzw. Interaktionsmuster, die den häufigen Gebrauch eines Rollenwechsels inkludieren, nannte Bateson reziprok. Reziproke Beziehungen neigen am wenigsten zu Eskalation und erweisen sich als beständiger. Werden Eskalationsspiralen nicht unterbrochen, so führen sie unweigerlich zum Zusammenbruch des Systems. Die Berücksichtigung dieser elementaren Unterscheidungen gibt uns entscheidende Hinweise, in unserer Tätigkeit als Mediator äquilibristisch zu intervenieren.

Konfliktebene versus Metaebene

Die Unterscheidung zwischen Metaebene und Konfliktebene ist wichtig, bezogen auf die Kommunikation der Konfliktparteien. Jegliche Intervention seitens des Konfliktreglers richtet sich u.a. auch danach, ob sich die Klienten *innerhalb* des Konflikts befinden und dementsprechend agieren oder diesen aus einer gewissen Distanz, auf einer Metaebene, zum Gegenstand ihrer Kommunikation zu machen in der Lage sind. Diese für den Prozeß der Konfliktregelung äußerst bedeutsame Unterscheidung ist nicht immer leicht, zumal in schwierigen Fällen mit einem häufigen Wechsel dieser beiden Kommunikationsebenen zu rechnen ist. Eine unverzichtbare Orientierung diesbezüglich bietet die gezielte Beobachtung der Body-Mind-Kongruenz.

Body-Mind-Kongruenz

Stimmen analoge und digitale Information überein? Meinen die Klienten, was sie sagen? Fühlen sie in Übereinstimmung mit ihren Worten? Eine befriedigende Lösung für alle Beteiligten ist umso wahrscheinlicher, je geringer die Body-Mind-Differenz ist, in anderen Worten, je authentischer sie agieren.

Hier können die verschiedensten Techniken eingesetzt werden. Insbesondere möchte ich an dieser Stelle auf die Arbeiten von Eugene T. Gendlin verweisen. Ich kann allen Interessierten nur wärmstens empfehlen, sich mit Focusing eingehender zu beschäftigen. Es handelt sich dabei um einen äquilibristischen Tanz entlang der Body-Mind-Grenze, zwischen vorsprachlichem, vagem, noch ungeformtem körperlichem Empfinden, dem Impliziten, und dem Expliziten, das sind Gedanken, Bilder, Worte, Gesten, also Zeichen, Symbole verschiedenster Art.

Pacing and Leading

Techniken zur Gestaltung professioneller therapeutischer bzw. sozialarbeiterischer Kommunikation. Man geht dabei davon aus, daß selbst behutsamste Führung bzw. Lenkung eines Kommunikationspartners nur dann möglich ist, wenn der Klient tatsächlich dort abgeholt wird, wo er sich im Augenblick befindet (emotional, gedanklich, in seinen Interessen, Empfindungen etc.).

Pacing kann also mit „Schritt aufnehmen", „Schritt halten", „begleiten" übersetzt werden und beinhaltet alle verbalen und außerverbalen Techniken, sich empathisch dem Gegenüber zu nähern, Beziehung herzustellen und Vertrauen zu fördern. Ob unser Pacing erfolgreich war, erfahren wir in erster Linie über außer- und paraverbale Reaktionen – siehe Body-Mind-Kongruenz. Erst dann, wenn wir uns gewiß sind und überprüft haben, daß wir annähernd im Gleichklang mit dem Klienten sind, können wir sinnvollerweise die Führung in der Kommunikation übernehmen.

In der Arbeit als Konfliktmediatoren sollten wir immer die Führung innehaben, auch dann, wenn wir vorübergehend aus gutem Grund nicht in die Kommunikation eingreifen, etwa um Kommunikationsmuster zu beobachten oder das Ausleben blockierender Emotionen zu fördern. Wann immer wir jedoch wieder lenkend eingreifen wollen, sollten wir mit Pacing beginnen, zum Beispiel:

Konfliktregler: „Jetzt sind Sie aber ganz schön in Bewegung geraten" (Pacing).

Klient: „Ja!"

Konfliktregler: „Sie sind noch immer ziemlich verärgert?" (Pacing).

Klient: „Ja, durchaus."

Konfliktregler: „Ich habe den Eindruck, es hat Ihnen wohl getan, dies alles einmal gesagt zu haben, es scheint Sie erleichtert zu haben, sehe ich das richtig?" (Pacing).

Klient: „Oh ja, es war schon an der Zeit, diesen Ärger loszuwerden."

Konfliktregler: „Das ist gut so, darf ich Ihnen jetzt einen Vorschlag machen – mir ist da eben eine Geschichte dazu eingefallen –, ich weiß nicht, ob uns das einen Schritt weiterbringt – wenn Sie erlauben, erzähle ich sie gerne ..." (Leading).

Lebenswelt

Konstrukt, welches einigermaßen ident ist mit dem, was wir umgangssprachlich mit Welt, Wirklichkeit bezeichnen. Methodischer Ausgangspunkt und Kernpunkt in der Konfliktmediation sind die jeweiligen Erlebniswelten der Beteiligten, die Wahrnehmungs- und Erlebnisinhalte, bezogen auf den Vorfall bzw. Konflikt, sowie die individuell verschiedene Verarbeitung. Im Gegensatz dazu zielt das Gerichtsverfahren auf eine objektive Wahrheit ab (Beweisverfahren, Wahrheitsbeweis etc.). Tatsächlich verschwimmen die Grenzen zwischen Einbildung, Illusion, Wahn und Realität bisweilen und sind in spezifischen Situationen für den einzelnen nicht unterscheidbar. Es gibt in allen Kulturen eine Menge von Geschichten, die um das Thema Traum und Wirklichkeit kreisen. Nachfolgend eine aus China:

„Ein Holzfäller aus Cheng traf auf dem Feld einen erschreckten Hirsch und tötete ihn. Damit die anderen ihn nicht fanden, vergrub er ihn in einem Wald und bedeckte ihn mit Blättern und Zweigen. Bald darauf vergaß er den Platz, wo er ihn versteckt hatte, und glaubte, alles sei nur im Traum geschehen. Er erzählte es allen, als wäre es ein Traum gewesen. Einer unter den Zuhörern suchte den versteckten Hirsch und fand ihn. Er brachte ihn nach Hause und sagte zu seiner Frau: ‚Ein Holzfäller träumte, er hätte einen Hirsch getötet, und dann vergaß er, wo er ihn versteckt hatte, und jetzt habe ich ihn gefunden. Dieser Mann ist wirklich ein Träumer.‘ ‚Du wirst geträumt haben, daß du einen Holzfäller gesehen hast, der einen Hirsch getötet hatte. Glaubst du wirklich, den Holzfäller hätte es gegeben? Aber da der Hirsch hier ist, muß dein Traum wohl wahr sein‘, sagte die Frau. ‚Und selbst, wenn ich annehme, daß ich den Hirsch durch einen Traum gefunden habe‘, sagte der Mann, ‚wozu soll ich mich mit der Frage plagen, welcher von beiden geträumt hat?‘ Der Holzfäller ging in sein Haus zurück und dachte immer noch an den Hirsch, und wirklich träumte er, und im Traum sah er den Platz, wo er den Hirsch versteckt hatte, und außerdem träumte er, wer ihn gefunden hatte. Am Morgen ging er zum Haus des anderen und fand den Hirsch dort. Beide stritten miteinander und begaben sich vor die Richter, daß er die Angelegenheit kläre. Der Richter sagte zum Holzfäller: ‚Du hast wirklich einen Hirsch getötet und geglaubt, es wäre ein Traum gewesen. Dann hast du wirklich geträumt und gemeint, es sei die Wahrheit. Der andere hat den Hirsch gefunden und macht ihn dir nun streitig, aber seine Frau glaubt, er hätte geträumt, daß er einen Hirsch fand, den ein anderer getötet hätte. Da nun aber hier der Hirsch ist, solltet ihr ihn euch

am besten teilen.' Der Fall kam dem König von Cheng zu Ohren, und der
König sagte: ,Ob der Richter davon träumt, einen Hirsch zu teilen?'"

Liä Dsi (ca. 300 v. Chr., zitiert aus: Borges 1994, 214)

In dieser Geschichte schlagen Fiktion und Realität amüsante Purzelbäume, verzahnen sich zwei Erlebniswelten ineinander. Als Leser der Geschichte befinden wir uns jedoch auf privilegierter Metaebene. Uns wird mitgeteilt, was tatsächlich geschehen ist und was bloß Traum, Fiktion war. In unserer Rolle als Konfliktregler befinden wir uns jedoch immer mitten in einer Geschichte. Anstelle des Hirschen in dieser Geschichte – ein Faktum, das, nachweislich für alle Beteiligten, wirklich vorhanden ist – finden wir zumeist einen Schaden vor.

Linearität versus Zirkularität

„Linear" und „zirkulär" beschreiben völlig unterschiedliche Zusammenhänge von Ursache und Wirkung. Lineare Kausalität meint geradlinigen, kausalen Prozeßablauf *ohne* Rückkoppelung, also: A ist Ursache von B, aus B folgt C usw.

Zirkuläre Prozesse sind weitaus komplizierter. Zahlreiche Elemente eines Systems beeinflussen und bedingen sich gegenseitig, und dies unter weitestgehender Ausblendung der Zeitdimension, also synchron, gleichzeitig. Obwohl lineare Kausalität *völlig ungeeignet* ist, komplexe Phänomene, geistige Prozesse, menschliche Interaktion u.a.m. zu erklären, erfreut sie sich dennoch aufgrund ihrer Einfachheit in den Hirnen von uns allen noch größter Beliebtheit. Wir ähneln darin dem Mann, der seinen verlorengegangenen Schlüssel dort sucht, wo er ihn wissentlich nicht finden kann, wo es jedoch hell erleuchtet ist.

Metapher

Wichtiges, methodisch wertvolles Instrument analoger Kommunikation. In Redewendungen, Bildern, Geschichten können erlebnisnahe Deutungen und Interpretationen gegeben werden, die sich auf spezifische Situationen, Problemlagen der Adressaten beziehen. Es ist anzunehmen, daß sich unbewußte Prozesse zum großen Teil auf eine ähnliche Art und Weise wie das Verstehen oder Mißverstehen von Metaphern abspielen. So kann über eine Metapher mitunter direkt der Primärprozeß (das Unbewußte) angesprochen, beeinflußt werden. Dazu eine Zen-Geschichte:

„Mokusen Hiki lebte in einem Tempel in der Provinz Tamba. Einer seiner Anhänger beklagte sich über den Geiz seiner Frau. Mokusen besuchte die Frau des Anhängers und hielt ihr seine geballte Faust vors Gesicht. ,Was meinst du damit?' fragte die überraschte Frau. ,Stell dir vor, sie wäre immer so. Wie würdest du das nennen?' fragte er. ,Verunstaltet', antwortete die Frau. Daraufhin öffnete er seine Hand weit vor ihrem Gesicht und fragte: ,Stell dir vor, sie wäre immer so. Was dann?' ,Eine andere Art von Verunstaltung', sagte die Frau. ,Wenn du soviel verstehst', schloß Mokusen, ,dann bist du eine gute

Frau.' Und er ging. Nach seinem Besuch half diese Frau ihrem Mann ebensogut beim Ausgeben wie beim Sparen.

(Aus: Den Mond kann man nicht stehlen, 34)

Metaphern sind wie Geschichten ein unverzichtbares Instrument indirekter Kommunikation. Sie ermöglichen uns, ein bildhaftes Verstehen zu evozieren, und schaffen klarsichtige Orientierung, wenn sie zutreffen (im Focusing würden wir sagen, den „felt sense" symbolisieren). Ohne vorerst eine Veränderung der Situation zu bewirken, verschaffen sie spontane Erleichterung.

Der Zuhörer, an den sich die Metapher wendet, bekommt einen bestimmten Rahmen vermittelt, der Assoziationsströme lenkt und ihn unweigerlich dazu auffordert, Vergleiche zu ziehen, Analogien zu seiner Situation herzustellen. „Was hat das mit mir zu tun?" Mit Hilfe von Metaphern lassen sich neue Blickwinkel, Sichtweisen einbringen. Der Zuhörer kann, läßt er eine Metapher auf sich einwirken, selbst entscheiden, ob und inwieweit das verwendete Bild auf ihn zutrifft.

Unsere Alltagssprache ist an Metaphern reich, ob nun die Faust aufs Auge trifft, im Glashaus Steine geworfen werden, das Kind mit dem Bade ausgeschüttet oder das Licht unter den Scheffel gestellt wird usw. Auch unsere Klienten verwenden oft Metaphern, wenn sie uns ihre Geschichten erzählen. Dies gibt uns die Möglichkeit, gemeinsam mit ihnen in ein solches Bild einzusteigen und in einem „Inframing" subjektive Erlebnisweisen bestimmter Situationen mäeutisch hervorzubringen.

Subliminale Wahrnehmung

Unterschwellige, d.h. unter die Schwelle des Bewußtseins eindringende Wahrnehmung kann in ihrer Bedeutung für die menschliche Interaktion und ihrem Ausmaß kaum unterschätzt werden.

Erster Eindruck

In menschlicher Interaktion allgemein, aus methodischer Sicht in der Konfliktmediation von besonderer Bedeutung. Fehler, die zu Beginn der Interaktion mit den Klienten gemacht werden, wiegen weitaus schwerer.

Merke: *You never get a second chance to make a first impression!*

Es ist daher in hohem Maße sinnvoll und effizient, sich auf jede erste Begegnung mit Klienten sehr gut vorzubereiten und von Anbeginn der Interaktion ein Optimum an Aufmerksamkeit, Wachsamkeit und Beobachtung aufzubringen.

Dabei ist es äußerst hilfreich, aus der vorhandenen Vorinformation Hypothesen über die Erwartungshaltung, Interessenlage, Zielvorstellungen etc. zu formulieren, um gezielte Beobachtungen anstellen zu können. Ich habe die Erfahrung gemacht, daß der überwiegende Teil der Klienten – ungeachtet brieflicher Vorinformation – sich der Mediation wie einem gerichtlichen Verfahren annähert.

Bevor wir also im Gespräch *Botschaften* an sie richten, muß der *Kontext* möglichst klar vermittelt werden. Um aber etwas vermitteln, erzählen, abklären zu können, ist zu allererst die Aufmerksamkeit des Gegenübers sicherzustellen.

Ein mögliches und wirksames Verfahren, um letzteres zu erreichen, ist die Kontrastierung der Erwartungshaltung der Klienten, eine Art Verblüffung, jedoch empathisch, ohne zu verletzen, kränken, ängstigen. All das sind auch Fragen des Settings, dabei können kleine Dinge sehr bedeutend und hilfreich sein: Die Ausgestaltung des Raumes, die Kleidung, die Sitzordnung, die Körpersprache, ein Lächeln – all das trägt zur Herstellung des Gesprächsklimas bei, schafft Beziehung, Vertrauen, Offenheit oder auch Mißtrauen und Verschlossenheit.

Mit dieser kleinen Auswahl aus meinen ganz speziellen Basics will ich es bewenden lassen.

Literatur
Bateson, G. (1990): Geist und Natur, eine notwendige Einheit. Frankfurt/M.
Bateson, G. (1992): Ökologie des Geistes. Frankfurt/M.
Borges, J. L. (1994): Buch der Träume. Frankfurt/M.
Cioran, E. M. (1979): Vom Nachteil geboren zu sein. Frankfurt/M.
Den Mond kann man nicht stehlen. Beispielhafte Zen-Geschichten aus tausend Jahren. Im O.-W.-Barth-Programm. Bern/München/Wien
Erickson, M. H. (1988): Meine Stimme begleitet Sie überallhin. Ein Lehrseminar mit M. H. Erickson. Hg. u. kommentiert v. J. K. Zeig. Stuttgart
Erickson, M. H. (1994): Die Lehrgeschichten von Milton H. Erickson. Salzhausen
Erickson, M. H. (1994): Milton H. Ericksons gesammelte Fälle. Stuttgart
Farelly, F. (1986): Provokative Therapie. Berlin
Gendlin, E. (1981): Focusing. Salzburg
Maturana, H. (1989) Der Baum der Erkenntnis. Stuttgart
Watzke, E. (1994): ATA oder die Kunst, soziale Differenzen Klavier zu spielen. In: Jahrbuch für Rechts- und Kriminalsoziologie 1994, 167 ff.
Zeig, J. K. (1995): Die Weisheit des Unbewußten. Hypnotherapeutische Lektionen bei Milton H. Erickson. Heidelberg

Christa Pelikan

Das demokratiepolitische Potential der Mediation oder Die Last der Wiederaneignung der Konflikte

In Österreich haben die Anstrengungen, Mediationsverfahren als Alternative zu förmlichen Gerichtsverfahren zu etablieren, ihren Ausgangspunkt vom Strafrecht, genauer vom Jugendstrafrecht genommen. Die Konfliktregelung trug von Anfang an die Wesenszüge eines mediatorischen Verfahrens – auch wenn das Wort Mediation nirgendwo auftauchte.

Nils Christies Konzept der „Wiederaneignung der Konflikte" wurde hier eine Art Leitmotiv. Darin ist das partizipatorische Element sehr klar enthalten. Dieses Element ist – das hat die Praxis gezeigt – nur sehr schwer zum Tragen zu bringen; ja, es erweist sich schon als schwierig, Wiederaneignung und Partizipation überhaupt als Angebot und als Anforderung verständlich zu machen. Umso notwendiger ist es, sich ausführlich damit zu befassen.

Partizipation und Parteienautonomie

Eine Reihe von Differenzen oder Gegensatzpaaren bietet sich zur Charakterisierung des Mediationsverfahrens im Unterschied zum gerichtlichen Verfahren an: Frieden versus Kampf, Informalität versus Formalität, Artikulation und Ausgleich genuiner Interessen versus Durchsetzung von Rechtsansprüchen. Als das übergreifende und wohl auch wichtigste Gegensatzpaar, gleichsam als die Leitdifferenz sehe ich jedoch die von partizipatorisch versus autoritativ an.

Im Element des Partizipatorischen liegt das demokratiepolitische Potential von Mediation. Was aber meint Partizipation im Rahmen der Mediation? Irgendeine Beteiligung im Sinne von Anwesenheit oder Einbeziehung; gemeint ist bei genauerer Betrachtung nicht mehr und nicht weniger als Parteienautonomie.

Damit unterscheidet sich Mediation doch recht grundlegend von advokatorischer Interessenwahrnehmung in Verfahren und von advokatorischer ebenso wie von betreuender Sozialarbeit; sie könnte und sollte in letzter Instanz ein Gegenmodell darstellen zu jeglicher Art von Expertokratie.

Die Rolle des Mediators bzw. einer Mediatorin ist daher nicht einfach die eines Sozial- oder Beziehungsexperten. Er/sie ist nicht derjenige/diejenige, die Vereinbarungen zustande bringt und Beziehungen heilt; er/sie macht überhaupt weniger, als daß er/sie die anderen „machen macht". „Wie mache ich es, daß die zwei miteinander können?" – so hat eine Sozialarbeiterin in einem der ersten Methodenseminare für die Konfliktregler des österreichischen Modellprojekts im Jugendstrafrecht diese Anforderung auf den Punkt gebracht.

Die Parteienautonomie sich entfalten zu lassen und zur Geltung zu bringen ist eine der Hauptaufgaben des Mediators – die Art und Weise, in der das geschieht, ist sicher je nach dem Bereich, in dem die Mediation zur Anwendung kommt, verschieden.

Interessen und Bedürfnisse

Der Inhalt der Parteienautonomie, der Gegenstand, an dem sie manifest wird, das sind jedoch immer die Interessen und Bedürfnisse der Parteien. Das klingt natürlich etwas trivial; was sonst, könnte man fragen, sollte Verhandlungsgegenstand, Mediationsgegenstand sein? Ich möchte diesen Punkt also etwas genauer ausführen.

In der Mediation redet man von der Ebene der Bedürfnisse und Interessen als jener Bearbeitungsstufe, die gleichsam hinter der ersten, meist auch im Zeitablauf vorgängigen Ebene der Positionen, also der Standpunkte und der vielfach bereits rechtlich definierten Ansprüche liegt. Interessen und Bedürfnisse sind das, was jede der Parteien für sich braucht, wünscht, anstrebt – aus ihrem Lebenskontext und ihrer Lebensgeschichte heraus und mit Blick auf die Zukunft.

Soziologisch könnte man vielleicht angemessener oder theoretisch präziser von Erwartungsaggregaten sprechen, denen für die jeweilige Person nachgegangen wird und die als hinter den Positionen liegend rekonstruiert werden sollen. Für die Analyse des Mediationsvorgangs und seiner Logik macht das freilich keinen Unterschied. Mit den Interessen, die hier wahrgenommen und ausgeglichen werden, sind nicht „objektive", hinter der Person oder über sie hinweg wirksame Interessen gemeint, ebensowenig aber wird Interesse als (tiefen)psychologisches Konstrukt verstanden. Interessen dienen dazu, „Handlungen auf Systeme zuzurechnen" (Luhmann 1987, 228). Für diese Zurechnung bedarf es sowohl der Kenntnis der konkreten Konfliktsituation als auch der Aufmerksamkeit für die lebensgeschichtlichen Erfahrungen der Parteien.

Interessenwahrnehmung und Interessenausgleich stehen jedenfalls als Differenz zur Rechtsdurchsetzung als Durchsetzung von Positionen, wie sie das formale Verfahren und auch das Schiedsverfahren, das auf die Entscheidung des Arbitrators ausgerichtet ist, kennzeichnet. Aktive und unmittelbare Interessenwahrnehmung kann auch als Wiederaneignung von Konflikten beschrieben werden, wie Nils Christie das – vornehmlich auf den strafrechtlichen Kontext bezogen – getan hat (Christie 1977); ich habe einleitend bereits darauf hingewiesen. Statt der Umformung von Alltagsrealität in rechtsförmige Positionen, in zu verteidigende und durchzusetzende Ansprüche, geht es um ihre Rückführung oder ihr Verbleiben auf dieser Ebene der Alltagserfahrung und die Hilfestellung zur Auseinandersetzung auf dieser Ebene.

Schließlich habe ich noch ein Begriffspaar bzw. eine Differenz gefunden, die mir geeignet erscheint, die Logik und die besondere Leistung von Mediation deutlich zu machen. In seiner „Geschichte des Rechts" spricht Uwe Wesel (Wesel 1997, 23) im Zusammenhang mit der Darstellung des Prinzips der Reziprozität vom Tausch von Gebrauchswerten im Gegensatz zum Tausch von Tauschwerten. Mit der Mediation, so könnte man sagen, sollen ein Stück weit wiederum Gebrauchswerte gegenüber den in Rechtsansprüchen statuierten Tauschwerten zur Geltung gebracht werden. Mit den Interessen und Bedürfnissen sind dann die in der mediatorischen Vereinbarung realisierten Gebrauchswerte gemeint.

Die Wesensbestandteile der Mediation sind also in formaler Hinsicht die Parteienautonomie und in inhaltlicher Hinsicht die Orientierung an Interessen und Bedürfnissen der Parteien.

Die Arbeitsprinzipien der Mediation: Würdigung und Mächtigung

Das Mediationsverfahren setzt auf die Aktivierung der hinter den Rechtspositionen liegenden Interessen, das Zutagefördern des als Rechtsanspruch überformten, mitunter verformten Interesses. Dieses versucht sie herauszuarbeiten und davon ausgehend einen Interessenausgleich herzustellen. Das verfahrenstechnische Instrumentarium, das dabei zum Einsatz kommt, oder die das Verfahren leitenden Prinzipien, die Arbeitsprinzipien also, mit denen die Parteienautonomie zur Entfaltung gebracht werden soll, bestehen aus zwei Elementen. Benennen wir sie erst einmal mit den geläufigeren englischen Namen: „recognition" und „empowerment".

Der Begriff der Würdigung

„Recognition" – Erkennen und Anerkennen – meint im Kontext der Mediation das Heraushören und Herausarbeiten, die „Würdigung" des genuinen Interesses und dann, davon ausgehend, „empowerment", die „Mächtigung" (zu diesem vielleicht etwas ungewohnten Begriff komme ich weiter unten) als Unterstützung bei der Interessendurchsetzung im Wege des Ausgleichfindens.

Man könnte auch sagen, daß „recognition", Würdigung, auf die Wiederaneignung des Eigensinns zielt; Eigenmacht ist dann das, was durch den Prozeß der Mächtigung hergestellt wird. Mediation ist in diesen Termini ein Prozeß der Selbstaktivierung der Parteien mit dem Ziel der Lösungserarbeitung in Eigenverantwortung.

Würdigung und Mächtigung – das ist es, was der Mediator bzw. die Mediatorin im Prozeß leisten muß, dessen Resultat die Parteienvereinbarung ist. Aber Würdigung und Mächtigung sind eben nicht nur Instrumente, also Mittel zum Zweck der Herbeiführung einer Verständigung und einer Übereinkunft; der von diesen Elementen getragene Prozeß gerät potentiell zur Übung und Einübung in selbstbestimmte, eigenverantwortliche Interessenwahrnehmung und eigenverantwortliche Auseinandersetzung. Die

Fähigkeit zur Wahrnehmung sowohl der eigenen Interessen als auch der des Gegenübers soll ja – als Voraussetzung des Zustandekommens einer Einigung – im Mediationsprozeß geweckt und gestärkt werden.

Würdigung bedeutet für die Partei, für eine Mediationsklientin bzw. einen Mediationsklienten genau das: das Erlebnis, auf seiten des Mediators, der Mediatorin Verständnis zu erfahren erst einmal für die eigene Position, im weiteren dann für die hinter den Positionen liegenden Bedürfnisse und Interessen. Vielfach setzt das einen Vorgang der Erforschung dieser Bedürfnisse und der Selbstaufklärung über ihre Existenz und ihren Gehalt voraus. Ihre Wahrnehmung und Würdigung trägt aber dazu bei, gleichsam festen Boden unter den Füßen zu bekommen, sich seiner selbst zu vergewissern – und das ist bereits der erste Schritt hin zur Mächtigung. Die Mächtigung wiederum ist – was auf den ersten Blick paradox erscheinen mag – die Grundlage für das Verständnis der anderen Seite, das wechselseitige Verständnis, das dann die Vereinbarung auf den Weg bringt.

Die psychosoziale Dynamik – man könnte auch sagen: das innere Rationale der Mediation – geht also so: „Recognition", als Anerkennung und Würdigung der Positionen, der Interessen und Bedürfnisse der Mediationsklienten, befördert deren Selbstbewußtsein und Selbstvergewisserung. Die Sicherheit, die das Verständnis des Mediators für jede der Parteien gewährt, ermöglicht und erleichtert es ihnen, starre Positionen loszulassen und auf der Ebene ihrer Interessen und Bedürfnisse deren Ausgleich zu suchen.

An dieser Stelle soll außerdem das dieser Prozeßdynamik inhärente Potential, über die konkrete Mediation hinausgehende Wirkungen zu erzielen, also der sogenannte Transfereffekt der Mediation hervorgehoben werden. Es ist naturgemäß ein Lerneffekt, es ist das Weiterwirken einer Erfahrung. Im günstigsten Fall ist das nicht nur die passive Erfahrung, in einer bestimmten Weise behandelt worden zu sein. Es umfaßt die sicher wirkungsmächtigere Erfahrung, selbst in einer bestimmten Weise gehandelt zu haben – also aufgrund der erfahrenen Würdigung und Mächtigung in eine soziale Interaktion eingetreten zu sein, einem Partner oder Kontrahenten in einer Weise begegnet zu sein, die sich auch für künftige Interaktionen in ähnlich gelagerten Situationen empfiehlt. Im besten Fall wird durch die Mediationserfahrung ein Potential freigesetzt oder ein schon anderweitig erprobtes nochmals gestärkt, das dann reaktiviert werden kann. Selbstbestimmte Konfliktlösung aufgrund einer interessengeleiteten Auseinandersetzung würde dann zum vorherrschenden Modus der Austragung von sozialen Konflikten.

In der Arbeit des Expertenkomitees des Europarats „Mediation in Penal Matters – Médiation en Matière Pénal" (in der deutschen Übersetzung, auf die wir uns geeinigt haben: „Mediation in Strafrechtsangelegenheiten") hat Tony Marshall, einer der beiden wissenschaftlichen Experten, die Kürzestdefinition von Mediation geprägt: „Mediation is common sense." Das bringt gegenüber der Begrifflichkeit, die bisher herangezogen wurde, eine wichtige Erweiterung. Während im Sinnbegriff das Rekurrieren auf die authentischen Interessen der Parteien enthalten ist, meint das Epitheton „common" in schöner Doppelsinnigkeit das Allgemeine, Gewöhnliche, das dem alltagsweltlichen Verständnis Entsprechende und zugleich das Gemeinsame; also das, was als das die Parteien Verbindende im Mediationsprozeß herausgearbeitet wurde.

Das demokratiepolitische Potential der Mediation ist sowohl im Prozeßbegriff der Mächtigung angesprochen als auch in dem doppelsinnigen „Gemeinen", also dem „Gewöhnlichen" und zugleich „Gemeinsamen".

Der Begriff der Mächtigung

Mit „Mächtigung" habe ich den englischen Begriff „empowerment" übersetzt. Die etwas willkürlich anmutende Wortschöpfung beruht darauf, daß der geläufigere Begriff der Ermächtigung ein rechtstechnischer und deutlich engerer als der des „empowerment" ist. Mächtigung bezeichnet den Vorgang, durch den eine Person oder Gruppe mit einem relativen Machtdefizit – in einem bestimmten Bereich ihres Handelns jedenfalls – einen Machtzuwachs erfährt. Das erfordert nun im weiteren eine Definition, zumindest eine Festlegung meines Verständnisses von Macht.

Im Zusammenhang mit Mächtigung ist vor allem die Differenz von Macht auf der einen und von Stärke auf der anderen Seite von Relevanz. Wenn wir von personalen Ressourcen sprechen und davon, solche Ressourcen im Sinne einer Mächtigung zu nutzen, so könnte es sich bei genauerem Hinsehen – und wenn wir dem Wortgebrauch von Hannah Arendt folgen – nicht um eine Mächtigung, sondern um eine Stärkung von Einzelpersonen handeln.

Macht, sagt Hannah Arendt, gibt es nicht als Qualität der einzelnen Person, Macht „entspricht der menschlichen Fähigkeit, nicht nur zu handeln oder etwas zu tun, sondern sich mit anderen zusammenzuschließen und im Einvernehmen mit ihnen zu handeln". Und sie fügt hinzu: „Über Macht verfügt niemals ein Einzelner; sie ist im Besitz einer Gruppe und bleibt nur so lange existent, als die Gruppe zusammenhält" (Arendt 1970, 45).

Diese Sichtweise und Wesensbestimmung von Macht kann – mit großem Gewinn, wie ich finde – zusammengeschaut und in Kontrast gesetzt werden zum Foucaultschen Begriff der Macht. Er führt den Machtbegriff zurück auf die Mikroebene oder, wohl genauer, auf die Nahtstelle, das Scharnier zwischen Mikro- und Makroebene. Macht ist jedenfalls gemäß Foucault etwas, das zwischen den Individuen geschieht, „zirkuliert", das durch sie hindurchgeht, „wirkt und bewirkt" (Foucault 1976, 114).

Es ist leicht zu sehen, daß diese Auffassung mit der von Hannah Arendt das Merkmal des Prozeßhaften und Dynamischen teilt, im Gegensatz zur statischen Qualität des Besitzes von Macht, von Macht selbst als einer Eigenschaft von Personen oder auch von Institutionen. Gleichwohl gibt es bei Foucault auch eine Machtbeziehung zwischen zwei Individuen und damit auch ein Machtgefälle, ein Machtungleichgewicht. Von daher wäre dann der Begriff der Mächtigung als eine Veränderung dieser interaktiven Vorgänge und eine Steuerung dieses Prozesses durchaus angebracht.

Dennoch sollte auch gesehen werden, daß die ausgleichende, kompensatorische Mächtigung, die im Prozeß der Familienmediation oder der Mediation im Kontext des Strafrechts erfolgen kann, genaugenommen „nur" Stärkung ist, eine Stärkung, die unter bestimmten Bedingungen dann aber ebenfalls als Mächtigung wirksam wird. Unter den Bedingungen nämlich, die James Coleman in seinem Buch „Resources for Social Change" ausführt, anhand des Beispiels der Stellung der schwarzen Minderheit in den Vereinigten Staaten (Coleman 1971). Die „Konversion" und Entwicklung von Ressourcen, personalen, ökonomischen und rechtlichen, wird hier auf ihr Potential einer Mächtigung im Sinne der Mobilisierung von politischer Handlungsfähigkeit hin untersucht.

Es mag müßig sein, dem einen Begriff auf Kosten des anderen den Vorzug zu geben bzw. diesen anderen zu verwerfen. Aber Behutsamkeit und Genauigkeit bei der Anwendung des Begriffs der Mächtigung erscheinen dennoch angebracht. Oder mit anderen Worten: Notwendig ist eine Verständigung über die unverzichtbaren Elemente, durch die sich die Mächtigung, wie sie im Zuge von mediatorischen Verfahren geschehen kann, von einer Unterstützung und Hilfestellung, die auf Stärkung des/der einzelnen hinauslaufen, unterscheidet. Ich sehe dabei Folgendes: Beides sind dynamische Prozesse, aber die Mächtigung zielt auf Veränderung in einem sozialen Wirkungszusammenhang. Sie verweist auf weitere potentielle Handlungen und Veränderungen durch Handeln. Dieses Handeln findet im sozialen Raum statt; es ist Inter-Aktion. Interaktion in der Mediation meint eigenständiges Handeln, Handeln aus eigener Kraft, unmittelbare Teilnahme an dieser Inter-Aktion. Praktisch ist immer dieses Hinwirken auf ein Mitwirken, die Initiierung der Partizipation durch den Dritten, den Mediator, der Angelpunkt des mediatorischen Geschehens.

Es ist das demokratiepolitische Element der Partizipation, von dem ich weiter oben gesprochen habe, und das hat nun doch zweifellos mit Macht als dem Stoff, dem Medium des Politischen zu tun. Von daher erscheint es dann durchaus angemessen, im Zusammenhang der Mediation von Mächtigung oder potentieller Mächtigung als einem zentralen Arbeitsprinzip zu sprechen.

Rechtsstandpunkte und Interessen – Mediation und Unrecht

Selbstbestimmte Konfliktlösung aufgrund einer interessengeleiteten Auseinandersetzung – das ist, wie oben ausgeführt, der das Mediationsverfahren bestimmende Modus der Austragung von sozialen Konflikten. In dieser und mit dieser interessengeleiteten Auseinandersetzung sollen vordergründige Kämpfe um Rechtsstandpunkte, wie sie für das Gerichtsverfahren charakteristisch sind, gleichsam ausgehebelt werden. Sie werden auf eine höhere Ebene gebracht, dialektisch aufgehoben, könnte man sagen. Die dialektische „Aufhebung" des Rechtsstandpunkts erweist sich einerseits als besonders markant, andererseits aber als höchst spannungsreich im Außergerichtlichen Tatausgleich, in der Mediation in Strafrechtsangelegenheiten.

Der „Unrechtsgehalt" einer Tathandlung als die im gesellschaftlichen Konsens hergestellte Norm bildet ja erst einmal aufgrund der erfolgten Strafanzeige den Ausgangspunkt und Anlaß für das Ingangsetzen des Mediationsprozesses. Entsprechend der generellen Mediationslogik soll jedoch, anders als im Strafprozeß, hinter dem als Norm gesetzten Anspruch die konkrete und individuelle Erfahrung der Beeinträchtigung und Verletzung aufgesucht und hervorgehoben, sichtbar und spürbar gemacht werden; für diese konkrete Verletzung soll dann der Ausgleich erfolgen, sie soll unmittelbar wiedergutgemacht werden.

Die Praxis des Tatausgleichs

Das Zurückgehen zu den Interessen und Bedürfnissen soll hier – ich wiederhole es – einen wirklichen Tatausgleich ermöglichen, der für die/den Geschädigte/n zumindest annähernd gutmacht, was ihm/ihr an Bösem zugefügt wurde. Die dabei von den Geschädigten erwartete eigenständige Interessenwahrnehmung und die von den Beschuldigten geforderte eigenverantwortliche Auseinandersetzung mit den Folgen ihres Handelns, das partizipatorische Element jeder Mediation also, kann sich auch hier mühsam gestalten. Recht oft bleibt der Vorgang an der Oberfläche des Tathergangs und mündet in ein routineförmiges Aushandeln einer materiellen Wiedergutmachung.

Das ist durchaus nicht als unbefriedigend und negativ zu bewerten. Im Gegenteil: Wenn wir von den „Mühen der Ebene", das heißt denen der alltäglichen Mediationspraxis reden, dann beinhaltet das auch die Erkenntnis, daß die Interessen der Parteien und die Interessen von Beschuldigten und Geschädigten auf genau dieser Ebene, dieser Ober-Fläche angesiedelt sein können. Da ist nichts mehr zu bewältigen und auszugleichen, als was durch diesen materiellen Transfer ohnehin geschieht. Mit anderen Worten: Es gibt eine Spielart, einen Typus von Mediation, bei dem das Zustandekommen einer Vereinbarung auf der „technisch-materiellen Ebene", wie wir dies im Zusammenhang mit der Familienmediation genannt haben, ausreichend und angemessen ist.

Aber ich bin damit der Frage nach dem Verhältnis von Recht und Mediation, der Bedeutung der strafrechtlichen Normsetzung innerhalb des mediatorischen Verfahrens, ausgewichen. Besonders intensiv und besonders beunruhigend wird dieses Spannungsverhältnis bei den Fällen, in denen Körperverletzungsdelikte in Paar- und Familienbeziehungen im Außergerichtlichen Tatausgleich bearbeitet werden. Eine eingehende Betrachtung solcher Fälle, die Bildung einer Falltypologie entlang der Dimensionen –

Zeitperspektive der Beziehung (Fortsetzung versus Abbruch der Beziehung) und Konfliktkonstellation (Tätlichkeiten als Konfliktaustragungsmodus; Streßkonflikt oder schließlich Gewalttätigkeit als Herrschaftsausübung) – habe ich an anderer Stelle unternommen (Pelikan 1995).

Aus der Betrachtung der verschiedenen Typen privater Gewalt, meist Körperverletzungsdelikten, die aufgrund einer polizeilichen Anzeige für den Tatausgleich in Erwägung gezogen worden waren, ging hervor, daß die Konstellation, bei der die gewalttätigen Übergriffe der Herrschaftsdemonstration dienen oder, genauer, Ausdruck einer „bodenlosen Männerherrschaft" (Pelikan & Stangl 1994) sind – Übergriffe, die sich in der Vergangenheit wiederholt haben und die Gefahr der Eskalation in sich tragen –, für ein mediatorisches Verfahren nur mit großen Vorbehalten geeignet sind. Der entscheidende Punkt dabei ist die Art der Wahrnehmung der Veranstaltung des Tatausgleichs durch Beschuldigte und durch Geschädigte.

Es ist in den Fällen von gewalttätigen Übergriffen in Paar- und Familienbeziehungen besonders wichtig, den durch die strafrechtliche Norm gedeckten Anspruch auf Wahrung der physischen Integrität auch und gerade im persönlichen Nahbereich und in den Intimbeziehungen zu bestätigen, zu unterstreichen, „durchzuhalten". Sobald die Gefahr oder eine gewisse Wahrscheinlichkeit gegeben ist, daß das Mediationsverfahren als Abwiegelung, als Bagatellisierung verstanden wird, wäre es fehl am Platz. Eine solche Erwartungshaltung der Verdächtigen ist durch gegenteilige Versicherungen der Mediatorinnen und Mediatoren auch nicht ohne weiteres auszuräumen, wenngleich andererseits die Vermutung oder der Verdacht, daß damit sogar einer weiteren Eskalation Vorschub geleistet würde, sich bisher nicht erhärtet haben.

Hingegen zeichnet sich ab, daß der Ansatzpunkt für Veränderung, für einen Ausweg aus „privaten" Gewalt-Verhältnissen bei den Geschädigten zu sehen ist. Es geht in diesen Fällen, stärker noch als bei anderen Konstellationen, um den Prozeß der Mächtigung – oder bescheidener: einer Unterstützung der Ansprüche und einer Stärkung der „Widerstands- und Gegenmacht" von Personen, die innerhalb von Beziehungen bedroht, genötigt, geschlagen wurden. Wenn dieser Prozeß in Gang gesetzt werden kann, dann entfaltet er mitunter weitreichende, letztlich politische Wirkung – im oben dargelegten Sinn. Dazu müssen jedoch auf seiten der Geschlagenen andere Ressourcen vorhanden sein, die weiterentwickelt oder, wie Coleman sagt (Coleman 1971), konvertiert werden können. Der Tatausgleich, die Mediation in Strafrechtsangelegenheiten, ist als Teil eines Geflechts von Bedingungen, von Einflüssen und von gezielten Interventionen zu sehen – und er ist als Bestandteil eines solchen Netzwerks zum Einsatz zu bringen.

Die Gefahr der Anwendung des Tatausgleichs als Ausdruck einer Geringschätzung, einer Bagatellisierung der zugrundeliegenden Körperverletzung oder Bedrohung ist durchaus gegeben. Fällt es doch den mit den Entscheidungen betrauten Juristen, den Staatsanwälten und den Richtern unendlich schwer, in der Vorgehensweise des Tatausgleichs oder Täter-Opfer-Ausgleichs etwas anderes zu sehen als Mildtätigkeit gegenüber Straftätern. Jener Auffassung, nach der es sich nicht um eine „Rechtswohltat", sondern um etwas ganz anderes als Strafrecht, im Sinne von „strafendem" Recht, handelt, ist daher zuallererst bei Strafrechtspflegern zum Durchbruch zu verhelfen.

Die Rechtsbenefiziare können – dafür gibt es empirische Hinweise – einer solchen Sichtweise zum Teil sogar leichter folgen; das gilt jedenfalls für das Instrument des Tatausgleichs im allgemeinen. De facto, im Zuge der konkreten Erfahrung wird nämlich zumeist sehr wohl deutlich, daß Tatausgleich für den Beschuldigten nicht heißt, billig davonzukommen. Ich glaube aber, daß im Fall der besonderen, hier diskutierten Konstellation von Körperverletzungs- und Bedrohungsdelikten in Paarbeziehungen doch andere Ausgangsbedingungen für die Wahrnehmung der Möglichkeit des Tatausgleichs bestehen.

Hinter der eindeutigen strafgesetzlichen Gleichstellung solcher Delikte in Paarbeziehungen mit denen, die von Personen gesetzt werden, die in keinem Nahverhältnis zu den Verletzten stehen, bleibt eine aus der Geschichte und Tradition „privater" patrimonialer Herrschaft herrührende Wahrnehmung dieser Ereignisse als anders (was sie tatsächlich sind) wirkungsmächtig, als weniger gravierend (was sie nicht sind) – und daher der Intervention der öffentlichen Gewalt nicht wirklich zugänglich (was sie eben sehr wohl sein sollten). Soweit also solche Verletzungen der körperlichen und psychischen Integrität immer noch und immer wieder als nicht nur anders, sondern als weniger ernst zu nehmen gesehen werden – von Opfern und von Tätern und vom Rechtsstab –, kann ihre Bearbeitung im Wege des Tatausgleichs tatsächlich leicht als Abschieben und als Bagatellisierung verstanden werden.

Vor dem Hintergrund dieser Wahrnehmungen und Bilder von privater und öffentlicher Gewalt – manche Autorinnen (Fröschl & Löw 1992) sprechen von Mythen, Margit Brückner (Brückner 1983) spricht, wohl sachlich angemessener, von Phantasien –, die in den Köpfen der Männer und Frauen und in besonderer Ausprägung in den Köpfen der Hüter des Rechts existieren, ist es also ganz wichtig, die Besonderheit und Andersartigkeit des Tatausgleichs, der Mediation in Strafrechtsangelegenheiten, herauszuarbeiten.

Nochmals also: Was wir als übergreifende Wesensmerkmale der Mediation festgehalten haben – die „partizipatorische" Konfliktaustragung, beruhend auf dem Zurückgehen auf die Interessen und Bedürfnisse der Parteien und dem eigenverantwortlichen Einstehen der Parteien für ihre Interessen, unterstützt durch einen Prozeß der Mächtigung –, bedeutet, angewandt auf kriminalrechtlich relevant gewordene Konflikte, Folgendes: Die Bearbeitung und Bereinigung dieses Konflikts geschieht durch die Parteien selbst, jedoch im Schatten des Kriminalrechts insofern, als diese Autonomie der

Parteien, ihre unmittelbare Partizipation eine temporäre, von der Entscheidungsbefugnis von Staatsanwalt oder Richter begrenzte oder eben überschattete bleibt. Man könnte auch von einer bedingten oder, besser, zeitlich begrenzten Parteienautonomie sprechen (Pelikan 1993).

Die Möglichkeiten, die dieses partizipatorische Verfahren eröffnet – die Würdigung und die Mächtigung des Opfers und die Initiierung und Beförderung von Einsicht und innerer Auseinandersetzung des Beschuldigten mit seiner Tat und ihren Folgen –, was bedeutet sie gegenüber der im formalen Strafverfahren inkludierten und damit „garantierten" Normbestätigung? Eine vor kurzem fertiggestellte empirische Forschungsarbeit, in der vor allem die Nutznießer und Benutzer des Gerichtsverfahrens auf der einen, des mediatorischen Verfahrens auf der anderen Seite zu Wort gekommen sind, also die Frauen und Männer, die an den Verfahren teilgenommen haben, hat hier doch wichtige Hinweise geliefert.

Hier nur soviel: Das Mediationsverfahren vermag nicht allzuviel, auf den ersten Blick könnte man sogar sagen: Es bewirkt recht wenig. Im wesentlichen handelt es sich darum, daß dort, wo in der Folge des Gewaltereignisses und der polizeilichen Intervention bereits Veränderungsprozesse in Gang gekommen sind – in Richtung auf eine Neugestaltung der Beziehung, auf die Veränderung von Verhaltensweisen des Täters oder in Richtung einer Beendigung der Beziehung –, das Forum des Tatausgleichs eine Bestätigung und Verstärkung dieser Veränderungen erreichen kann. Diese Verstärker-Wirkung tritt vor allem im Sinne einer Mächtigung der geschlagenen Frau durch die Bestätigung ihres Anspruchs auf Gewaltfreiheit im privaten Raum zutage.

Nur ausnahmsweise vermag der Außergerichtliche Tatausgleich den Anstoß zu liefern für wirkliche Umkehr durch Einsicht auf seiten des Täters. Im wesentlichen wird also intensiviert, weitergeführt und verstärkt, was bei den Frauen vor allem – und durch ihr Handeln und ihre Entschlossenheit dann auch bei den Männern – in Richtung eines Herausgehens, also einer Emanzipation aus eingefahrenen Macht- und Gewaltverhältnissen schon begonnen wurde. So betrachtet, ist also, was an der Oberfläche geringfügig erscheint, in Wahrheit sehr viel.

Literatur

Arendt, H. (1970): Macht und Gewalt. München
Arendt, H. (1981): Vita activa oder Vom tätigen Leben. München
Brückner, M. (1983): Die Liebe der Frauen.
Über Weiblichkeit und Mißhandlung. Frankfurt/M.
Christie, N. (1977): Conflict as Property. In: British Journal of Criminology 17, No 1
Coleman, J. S. (1971): Resources for Social Change. New York
Duss von Werdt, J. (1997): Wenn Liebe in Gewalt umschlägt. In: Senatsamt für die Gleichstellung (Hg.): Gewaltrisiko Trennung. Dokumentation zur Vortragsveranstaltung am 4. Juni 1997. Hamburg
Foucault, M. (1975): Mikrophysik der Macht. Berlin

Fröschl, E. & Löw, S. (1992): Ursachen und Folgen von Gewaltanwendung gegenüber Frauen und Kindern. Wien

Heintel, P. (1998): Mediation: Veränderung der Konfliktkultur. In: Falk, G. & Heintel, P. & Pelikan, C. (Hg.): Die Welt der Mediation, Entwicklung und Anwendungsgebiete eines interdisziplinären Konfliktregelungsverfahrens. Klagenfurt

Herriger, N. (1991): Empowerment – Annäherungen an ein neues Fortschrittsprogramm der sozialen Arbeit. In: Neue Praxis 21, 221–230

Keupp, H. (1990): Gemeindepsychologie. In: Speck, O. & Martin, K. R. (Hg.): Sonder-pädagogik und Sozialarbeit. Berlin

Luhmann, N. (1987): Soziale Systeme. Grundriß einer allgemeinen Theorie. Frankfurt/M.

Luhmann, N. (1993): Das Recht der Gesellschaft. Frankfurt/M.

Pelikan, C. (1993): Who wants what kind of justice? Unveröffentl. Vortragsmanuskript für den Workshop „On the Limits of Restorative Justice for Juveniles", Budapest

Pelikan, C. (1994): Der österreichische Modellversuch „Außergerichtlicher Tatausgleich im Erwachsenenstrafrecht (ATAE)". In: Kerner, H. J. et al. (Hg.): Täter – Opfer – Ausgleich – auf dem Weg zur bundesweiten Anwendung? Beiträge zu einer Standortbestimmung. Bonn-Bad Godesberg, 187–197

Pelikan, C. & Stangl, W. (1994): Das Strafrecht, die Konfliktregelung und die Macht der Frauen. Ausweg aus dem Strafrecht – der Außergerichtliche Tatausgleich. In: Jahrbuch für Rechts- und Kriminalsoziologie, 47–74

Pelikan, C. (1995): Partnerschafts- und Familienkonflikte im Außergerichtlichen Tatausgleich. In: Neue Praxis 25, 151–166

Pelikan, C. et al. (1996): Familienberatung am Gericht – Familienmediation – Kinderbegleitung bei Scheidung und Trennung. Forschungsbericht des Instituts für Rechts- und Kriminalsoziologie. Wien

Pelikan, C. (1999): Gewalt-Verhältnisse. Über private Gewalt und staatliche Gegengewalt. In: Féhervary, J. & Stangl. W. (Hg.): Gewalt und Frieden. Verständigungen über die Sicherheitsexekutive. Wien, 11–20

Steinert, H. (1988): Kriminalität als Konflikt. In: Haidar, A. et al. (Hg.): Konflikte regeln statt strafen! Über einen Modellversuch in der österreichischen Jugendgerichtsbarkeit. Wien, 11–20

Wesel, U. (1993): Geschichte des Rechts. Von den Frühformen bis zum Vertrag von Maastricht. München

2. Scheidung

Nach den Flitterwochen

 Liebling, du kommst spät
heim heute.

 Ich konnte nicht eher fort,
du weißt ja, wie der Chef ist.

Wenn du dir die Arbeit besser einteilen würdest,
müßtest du am Abend nicht länger bleiben.

 Ich tue, was ich kann, aber zerreißen
kann ich mich auch nicht.

Jeder andere schafft es in der halben Zeit,
aber du mußt ja wieder mit deinen sauberen
Freunden rumhängen und den Weibern nachgucken.

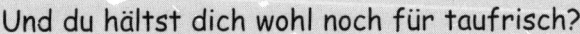

Bei dem, was zwischen uns noch läuft,
wäre das überhaupt kein Wunder.

Und du hältst dich wohl noch für taufrisch?

 Mit ein wenig Unterstützung von zu Hause
wäre es einfacher, aber kaum kommt man
heim, wird man schon angekeift.

 Glaubst du etwa, es ist ein Spaß, tagaus, tagein mit drei schreienden Bälgern herumzuhocken?

 Ach, wer wollte denn unbedingt Kinder haben?

 Und der gnädige Herr war daran wohl unbeteiligt? Erst den Spaß haben – und dann keine Verantwortung übernehmen wollen.

 Dann unternimm halt etwas. Verplemperst ja sonst auch ständig Zeit mit deinen Damenkränzchen.

 Mit wem sollte ich mich denn sonst unterhalten? Wenn du nach Hause kommst, bist du ja unansprechbar.

 Immer nur Vorwürfe, ich bekomme die ganze Zeit nichts als Vorwürfe zu hören. Mir reicht's jetzt, ich gehe.

 Geh nur, abhauen, das kannst du am besten.

 Heute soll mir einer blöd kommen, der kann was erleben.

 Endlich Ruhe. (Die Kinder beginnen zu schreien.) Haltet das Maul, ihr Schreihälse, oder es setzt was. (Kurze Pause, sie schreien weiter.) Na wartet, euch werd' ich's zeigen.

KAI

Gerda Klammer & Eveline Rosenstiel & Elisabeth Bohun
& Manuela Hausegger & Brigitte Stren-Ladner

Ehescheidung ohne Familienscheidung
Möglichkeiten des Einsatzes von Mediation bei Scheidungen und Trennungen unter besonderer Berücksichtigung der Situation der Kinder

Gerda Klammer

Scheidungsmediation in Österreich

Die Institutionen Ehe und Familie haben sich in den westlichen Industrienationen stark gewandelt. 1998 schreiben Doris Rosenkranz und Harald Horst, daß die Ehe in den letzten 30 Jahren den Charakter einer auf Dauer angelegten Lebens- und Versorgungsgemeinschaft teilweise verloren habe, denn die Zahl der Ehen, die geschieden würden, sei seit den sechziger Jahren beständig gestiegen und seit 1985, zumindest in Deutschland, auf einem konstant hohen Niveau: Jede vierte Ehe wird wieder aufgelöst. Ähnliches zeichnet sich auch in Österreich ab. So wurden beispielsweise 1993, vor Einführung des Modellversuchs Mediation an österreichischen Gerichten, auf den weiter unten Bezug genommen wird, rund 16.000 Ehen geschieden, wovon 14.000 Kinder betroffen waren.

Ein durch Trennung und Scheidung induzierter Übergang von einer familiären Situation in eine andere läßt sich erfahrungsgemäß nicht in erster Linie allein mit dem von der Rechtsordnung zur Verfügung gestellten, auf ein förmliches Verfahren bezogen Prozedere bewerkstelligen. Für Erwachsene und Kinder stellt die Scheidung ein großes Risiko für ihre psychische und physische Gesundheit dar. Reiner Bastine meint allerdings, daß für die Kinder die Konflikthaftigkeit der Beziehung von größerer Bedeutung sei als die Trennung selbst (Bastine u.a. 1992, 379). Sämtliche Hilfen, die das Ausmaß und die Intensität der Konflikte und Auseinandersetzungen zwischen den Eltern zu reduzieren vermögen, sind nicht nur im Moment der Trennung entlastend, sondern auch für die weitere Kooperation der Eltern im Sinne ihrer Kinder förderlich.

In Österreich gibt es seit 1938 die Möglichkeit, sich scheiden zu lassen (davor konnte man „von Tisch und Bett getrennt sein", d.h. nicht mehr in ehelicher Gemeinschaft leben). Seit 1978 kann man sich einvernehmlich scheiden lassen (§§ 55a) oder wegen Verschuldens (§§ 47–49), aus anderen Gründen (§§ 50–52) oder wegen Auflösung der häuslichen Gemeinschaft (§ 55) geschieden werden. 1994 führten die Bundesministerien für Justiz und für Umwelt, Jugend und Familie einen dreiteiligen Modellversuch ein, der am Gericht Floridsdorf und in Salzburg durchgeführt wurde: Partner-

und Familienberatung bei Gericht, Mediation und Kinderbegleitung bei Trennung und Scheidung der Eltern.

Nach Abschluß des Modellversuchs wurde in Wien der Verein Co-Mediation gegründet, ein Verbund von Mediatoren, die Paaren, die vor ihrer Scheidung stehen, ein Konfliktmanagement mit Mediatoren anbieten, wo sie durch die Förderung des Familien- und Justizministeriums – je nach Einkommen – auch reduzierte Honorare bezahlen können. Ab 2000 wird es verfahrensrechtliche Vorkehrungen für die Nutzbarmachung der Mediation im Scheidungskonflikt sowie zur Gewährleistung der allenfalls erforderlichen Beratung unvertretener Parteien im Scheidungsverfahren über die Scheidungsfolgen geben.

Sind minderjährige Kinder involviert, ist auch das Amt für Jugend und Familie mögliche Anlaufstelle. Fragen der Obsorge und des Besuchsrechts sowie Besuchsgestaltung oder Wiederaufnahme der Kontakte zum Kind oder zu den Kindern können mit Hilfe von Sozialarbeitern und manchmal beigezogenen Psychologen einer Regelung, oft auch dem Einvernehmen der Beteiligten zugeführt werden. Zusätzlich bietet beispielsweise die Stadt Wien in Beratungsstellen, an die man sich anonym wenden kann, Scheidungsberatung und Mediation an, aber auch andere Trägerorganisationen wie Caritas, Bunter Schirm usw. Inzwischen gibt es schon ca. 200 bis 300 freiberuflich arbeitende Mediatoren in ganz Österreich, an die man sich wenden kann. Sie unterstützen die sich Trennenden bei der Erarbeitung und der Einhaltung von Spielregeln, um organisatorische, emotionale, persönliche und vermögensrechtliche Anliegen in der sich in Veränderung befindlichen Beziehung noch klären zu können.

Daneben gibt es herkömmliche Traditionen von Unterstützung durch anwaltschaftliche Vertretungen, Beratungsstellen, Familientherapie und sonstige Therapieformen, die sich dem speziellen Thema der Trennungshilfe widmen. Mediation scheint mehr als die anderen professionellen Hilfen die rechtlichen wie auch die psychosozialen und persönlichkeitsspezifischen Aspekte gleichzeitig einzubeziehen. Aber vor allem gibt es einen Dialog zwischen Richterschaft und Mediatoren über die Möglichkeiten und Grenzen von Mediation als Unterstützung zur Erreichung von Vereinbarungen, die dem Gericht in einer konsensuellen Form vorgelegt werden können.

Trennen sich Paare ohne eigene Kinder, haben sie im Trennungsprozeß vielfältigere Lösungsmöglichkeiten. Sie können klarere Linien ziehen, deutlicher voneinander Abschied nehmen, falls sie dies anstreben. Hier gilt es, gemeinsame Verpflichtungen, gegenseitige Unterstützung und gemeinsamen Besitz so zu teilen bzw. regeln, daß es für beide paßt. Die Anliegen sind nicht immer nur rechtlicher Natur. Wer behält die Fotos, das Geschenk der Freunde, das man gemeinsam bekommen hat und das für beide eine wichtige Erinnerung an gute Zeiten ist, die Videofilme von den vielen Urlauben, die gemeinsam einst liebevoll und sorgsam ausgesuchten, wenn auch nicht so objektiv wertvollen Gegenstände des bislang gemeinsamen Haushalts?

Trennung und Scheidung erfordern eine emotionale Loslösung und einen Abschied von dem Lebenskonzept, das einst gemeinsam entworfen wurde. Neben den rechtlichen Angelegenheiten, die bei Gericht verhandelt werden können, ist es somit auch oft noch von großer Bedeutung, emotionale Verstrickungen ohne allzu tiefe zusätzliche Verletzungen zu lösen, Liebgewordenes und Wertgeschätztes dem anderen möglichst nicht zu verderben oder vorzuenthalten, um keinen zu bitteren Nachgeschmack zu hinterlassen, der über viele Jahre, bisweilen Jahrzehnte bestehen bleibt. Es gilt Umgangsregeln als getrennte Partner und mit bislang gemeinsamen Freunden, Bekannten und im Familienkreis zu finden. Nicht immer gibt es darüber von vornherein klare und ähnliche Vorstellungen. In einer Mediation haben sowohl diese rechtlichen als auch die persönlichen und emotionalen Anliegen Platz.

Wenn Paare gemeinsame Kinder haben, wird alles noch um vieles komplexer: In welcher Form können die ehemaligen Partner oder Eheleute weiterhin Eltern für die gemeinsamen Kinder sein? Inwiefern kann das Elternsein nicht mehr gelebt werden? Welche anderen Beziehungen, Aufgabenteilungen und Arrangements zwischen den Eltern müssen sich neu formen oder bekommen die Chance, sich zu entwickeln?

Die alte Familienform löst sich auf. Auch die Mutter, der Vater sind „andere" für das Kind nach einer Trennung. Sie können sich die elterlichen Funktionen nicht mehr so wie früher teilen, einander ergänzen oder abwechseln oder über vieles streiten. Vielleicht muß das Kind mit einem Elternteil in eine kleinere Wohnung ziehen, es ist weniger Zeit und Geld zur Verfügung, abgesehen von der emotionalen Belastung, die die Eltern in diesen Übergängen selbst bedrückt, weswegen meist auch weniger Raum für das Eingehen auf Kinder vorhanden ist. Der Elternteil, mit dem das Kind lebt, muß vielleicht jetzt außer Haus arbeiten, um genügend Geld zum Leben zur Verfügung zu haben; der andere Elternteil muß vielleicht zuerst eine andere Wohnung finden oder das Geld zusammensparen, um sich eine Wohnung leisten zu können. Die kontinuierlichen, täglichen Kontakte mit beiden Elternteilen gibt es nicht mehr. Familienrituale zerfallen und neue stellen sich ein.

Für Kinder ist mitunter noch ein weiterer Schritt zu meistern: Die neuen Partner der Eltern nehmen neue, unbekannte Rollen ein. Durch den gemeinsamen Wohnraum ergibt sich eine Nähe, der niemand ausweichen kann, und die Kinder stehen vor der schwierigen Aufgabe, den zunächst fremden Menschen und seine Bedeutung für den Elternteil akzeptieren zu lernen. Sie haben auch einen Weg zu finden, wie sie ihre eigene Beziehung zu diesen Personen gestalten, ohne ihre Verbindung mit ihren beiden ursprünglichen, leiblichen Eltern in Frage stellen zu müssen. Dieser Prozeß braucht seine Zeit.

Jahrelange Uneinigkeit, ob in aufrechten oder getrennten Beziehungen, kann Kindern die Einfügung in die soziale Mitwelt erschweren, sie kann zu Verhaltensschwierigkeiten und psychosomatischen Beschwerden führen, meint Ingrid Farag, eine Wiener Familientherapeutin im Magazin des Pressedienstes des österreichischen Instituts für Familienforschung „Beziehungsweise" (17/96). In einer anderen Ausgabe (11/96) wird darauf hingewiesen, daß Kinder Kontinuität, Verwandtschaft und „friedliche" Eltern brauchen. Dazu werden drei „Goldene Regeln" genannt:

• Setzen Sie das Kind möglichst wenig Veränderungen aus. Helfen Sie dem Kind, soviel Gewohntes wie möglich zu behalten (Freunde, Umgebung, Verwandtschaft etc.).
• Bemühen Sie sich, Unterstützung von Verwandten zu erhalten.
• Bleiben Sie Eltern mit einer gemeinsamen Verantwortung für die Kinder. Vergessen Sie die Streitthemen von früher, bemühen Sie sich um eine sachliche Beziehung.

Mediation in einem Trennungs- bzw. Scheidungsprozeß in Anspruch zu nehmen bedeutet nicht, daß Hoffnungen geweckt werden sollen, die Scheidung noch verhindern zu können, sondern damit wird ein Versuch unternommen, die emotionale Dynamik, die sich im Laufe dieser Aufgaben einstellt, zunächst als solche anzunehmen und durch die Einführung von bestimmten Regeln die Auseinandersetzungen immer wieder in konstruktive, zukunftsorientierte Bahnen zu lenken, sodaß die Aufgabe, die Beziehung aufzulösen, und alles, was dazugehört, zu regeln, auch zu bewältigen ist.[1]

Dabei scheinen notwendig zu sein:

• das Entwickeln von konsensual zustande gekommenen Vereinbarungen der Beteiligten über konkrete Scheidungsagendas, wie Obsorge, Vermögensaufteilung, Wohnung, Kontaktformen zueinander, Besuchsrecht zu den Kindern;
• Förderung der Kooperation im Sinne der Neustrukturierung der Kommunikation – als getrennte Elternteile miteinander umgehen zu lernen, Grenzen zu wahren und Verantwortlichkeiten zu teilen;
• verläßliche Aufrechterhaltung der Beziehung, Loyalitäten und Kontaktmöglichkeiten der Kinder zu beiden Elternteilen, auch nach der vollzogenen Trennung, Hineinwachsen in die veränderten Rollen und Zuständigkeiten zum Kind und Vertrauensbildung in den jeweils anderen Elternteil in einer neu zu erfahrenden Funktion.

Bastine u.a. haben Klienten nach einer Mediation nach ihrer Zufriedenheit gefragt. Sie schreiben, daß etwa 70 bis 90 Prozent die Mediation an Freunde

---

[1] *Vergleiche zu diesem Thema besonders Bastine u.a. 1992, Haynes 1993 und Besemer 1995. Helmut Figdor hat 1998 ein Buch über den Scheidungsprozeß aus der Sicht der Kinder geschrieben. Dort sind viele konkrete Hilfestellungen zu finden, die es Kindern leichter machen, diesen Übergang von der Kernfamilie zu einer „unvollständigen" Familie zu bewältigen.*

weiterempfehlen würden, und zwar unabhängig davon, ob sie eine Vereinbarung erreicht haben. Ebenfalls unabhängig von der allgemeinen Zufriedenheit mit dem Verlauf der Mediation berichtet die Hälfte der Mediationsklienten, daß sie die Sitzungen als spannungsgeladen empfunden hätten, während der Sitzungen oft wütend gewesen seien und sich von ihrem Partner häufig in die Defensive gedrängt gefühlt hätten. Daraus läßt sich – so paradox das klingt – schließen, daß die Mediation zufriedenstellend verlaufen sein kann, obwohl das Verfahren selbst als belastend erlebt worden ist (Bastine u.a. 1992, 383).

Im Trennungs- und Scheidungsprozeß gilt es unzählige Dinge zu regeln und zu einem Ergebnis zu führen oder aufzulösen – auch wenn vielleicht anfangs die Bereitschaft dazu nicht sehr hoch sein mag. Vielen Menschen gelingt es trotzdem, immer wieder einen Anlauf zu machen, sich auf das Tempo des anderen einzustellen. Zeitweise drängen Entscheidungen auf eine Erledigung, wenn die Energie oder die Bereitschaft auf beiden Seiten noch nicht vorhanden sind. Auch dabei kann eine Mediation hilfreich sein. Die nun folgenden Fallbeispiele sollen veranschaulichen, welche Hürden in einem Trennungsprozeß mit Kindern auftreten können und daß sie – obwohl sie emotional sehr belastend sein können und es oft scheinbar aussichtslos ist, eine konsensuelle Lösung zu finden – bewältigt werden können. Die Beispiele stammen aus verschiedenen Stadien der Trennung bis zur Neukonsolidierung der getrennten Familie und Elternschaft.

Wir haben Extrembeispiele gewählt, in denen bei der Kontaktaufnahme einer Person mit Außenstehenden (Gericht, Jugendamt, Mediatoren) wenig bis gar keine Gesprächsbasis mit dem Konfliktpartner vorhanden zu sein schien. Jedoch war die Regelung der sie überfordernden Situation zu diesem Zeitpunkt zumindest einem Betroffenen sehr wichtig – wenn auch die Kontaktaufnahme mit den anderen Involvierten emotional sehr belastend bis als gar nicht möglich empfunden wurde und konsensuelle Lösungen nicht mehr vorstellbar schienen. In den Fallschilderungen wird aufgezeigt, wie ernst die Ängste, Vorbehalte und Bedingungen aller genommen werden, daß aber dennoch ein Raum für einen Dialog entstehen kann, in dem ein Prozeß der Annäherung an eine Lösung beginnen kann.

In allen hier geschilderten Fällen wandten sich einer oder beide Elternteile an eine Behörde, entweder das Gericht oder das Jugendamt – die traditionellen Anlaufstellen für Menschen, deren Dialog zu sehr gestört ist, um noch ohne fremde Hilfe zu einer Lösung zu gelangen. Das Einbeziehen bzw. Eingreifen eines Dritten – damit dieser Recht spreche oder Lösungen vorschlage – war also offensichtlich der Motor, sich nach außen zu wenden. Die Konfliktlösungsstrategie wurde mit Hilfe der Mediatorinnen schon vor Übernahme des Auftrags mit den Beteiligten ausgehandelt, was dazu beigetragen hat, daß der Konflikt zu einem großen Teil – mit Hilfe einer Prozeßsteuerung durch die Mediatorinnen – von den Beteiligten selbst zu lösen war.

Die Autorinnen haben mit der Auflösung von Familienproblemen und der Dynamik in sich ändernden Familienformen durch ihre Arbeit als diplomierte Sozialarbeiterinnen im Jugendamt viel Erfahrung. Das gibt ihnen auch die Ruhe, sich auf den Prozeß zu konzentrieren und den Betroffenen bei den Lernschritten hin zur getrennten Familie zu helfen. Die Betroffenen hätten sich aber auch an Mediatoren in freier Praxis wenden können, um Hilfe zur Bewältigung von Detailfragen des Umgangs mit Kindern oder miteinander zu bekommen. Die Tendenz, Mediation eher auf dem freien Markt und weniger in Institutionen anzusiedeln, unterstreicht die Förderung des privaten Vereins Co-Mediation durch die Bundesministerien für Justiz und für Umwelt, Jugend und Familie: Sie zeigen damit ihre Kooperationsbereitschaft, achten aber auf die Trennung der Bereiche der behördlich zu treffenden Entscheidung und der emotionalen Unterstützung in diesem nicht immer einfachen Prozeß.

Eveline Rosenstiel

Rache muß nicht sein

Dieser kurze Fall zum Einstieg zeigt auf, wie das in Trennungssituationen naheliegende Rachegefühl durch fachliche Anleitung eines Mediators in eine konstruktive Lösungsmöglichkeit für alle Beteiligten – insbesondere die Kinder – kanalisiert werden kann.

Frau S. sucht mich im Amt für Jugend und Familie auf und berichtet mir aufgeregt von ihren Eheschwierigkeiten. Ihr Mann habe die Wohnung verlassen und sei im Haus einen Stock tiefer zu einer „anderen" gezogen. In der Hausgemeinschaft herrsche seither Streit. Ihr Wunsch ist vor allem, ihren Mann zu bestrafen und bei einer Ehescheidung gut auszusteigen, d.h., „alles" zu behalten: die Wohnung und ihren dreijährigen Sohn Sascha. Ihr Mann soll Sascha nicht mehr sehen dürfen.

Herr S. ist Elektriker, Frau S. war vor der Karenz Büglerin. Der Betrieb ist allerdings in Konkurs gegangen, d.h., ihr Arbeitsplatz ist nicht mehr gesichert. Die Konflikttoleranz von Frau S. scheint niedrig zu sein, und Sascha muß mit seinen drei Jahren bereits als Spielball der Machtkämpfe seiner Eltern dienen.

Nach eingehender Beratung über die möglichen Scheidungsformen (streitig oder einvernehmlich), -kosten und -folgen und über die mit der Konfliktsituation einhergehende psychische Belastung Saschas biete ich Frau S. an, zunächst mit Herrn S. ein Einzelgespräch zu führen und in weiterer Folge das Paar gemeinsam zu beraten. Da sie mittlerweile eingesehen hat, daß ihre Vorstellungen von der Realität weit entfernt sind, ist sie mit dieser Vorgangsweise einverstanden.

Nach dem Einzelgespräch mit Herrn S., der sich eine geordnete Trennung wünscht, aber nicht mehr in der Lage ist, mit seiner Frau vernünftige, zielorientierte Gespräche über die bevorstehende Trennung zu führen, finden mehrere Paarsitzungen statt, deren Ergebnis ist, daß Herr und Frau

S. nun eine einvernehmliche Scheidung anstreben, sich aber aufgrund der gegenseitigen Kränkungen vorerst noch nicht in der Lage sehen, Vereinbarungen über Wohnung, Unterhalt, Besuchsmodalitäten und Aufteilung des Hausrats zu treffen.

In den Beratungssitzungen gelingt es, die Eltern zu einer eigenständigen Interessenwahrung zu motivieren. Als vorrangiger Punkt wird schon während der Beratungsphase einvernehmlich der Besuchskontakt zwischen Sascha und seinem Vater vereinbart und auch umgesetzt. Dadurch entsteht Bereitschaft, Kraft und Energie, sich weiter auf zu Vereinbarendes einzulassen und auch unangenehme Sitzungen zu ertragen.

Am Ende des Prozesses steht als Ergebnis ein von den Eltern selbst erarbeiteter Entwurf für einen Scheidungsvergleich. Die Kommunikation zwischen Herrn und Frau S. hat sich deutlich verbessert, und auch bei weiteren Kontakten zu Frau S. und Sascha zeigt sich, daß die Familie die Trennung relativ gut bewältigt hat und sich keine Streitigkeiten um Besuchsrecht und Obsorge abzeichnen.

So gut sich dieses Ergebnis auch anhört – der Wermutstropfen ist, daß sich in ähnlichen Situationen bisher nur wenige Eltern schon an einen neutralen Dritten, eine Mediatorin oder einen Mediator, wenden. Das ist sehr bedauerlich, da solche frühen Interventionen vor allem dem Wohl des Kindes zugute kommen. Durch die geordnete Trennung konnten bei Sascha Loyalitätskonflikte, massive psychosomatische Reaktionen, emotionale Überforderung und andere Belastungen, die mit Rosenkriegen gewöhnlich für Kinder einhergehen, vermindert oder abgehalten werden.

Brigitte Stren-Ladner

Vater bleiben – trotz Scheidung

Frau und Herr M. sind seit sechs Jahren verheiratet und Eltern eines knapp zweijährigen Mädchens und eines dreieinhalbjährigen Buben. Herr M. arbeitet in einem Betrieb mit Schichtarbeitszeit, Frau M. ist täglich zwischen sieben Uhr früh und fünf Uhr abends beschäftigt. Deswegen wurden die Kinder im letzten halben Jahr abwechselnd von einer Nachbarin, dem Vater, wenn er keine Schicht hatte, und der Mutter nach Ende ihrer Arbeitszeit betreut.

Frau M. ist mit den Kindern vor kurzem aus der gemeinsamen Ehewohnung in der Umgebung Wiens in eine kleine Wohnung im Haus ihrer Eltern umgezogen und verweigert dem Vater nun jeden Kontakt mit den Kindern. Diese besuchen in Wien seit dem Umzug einen Privatkindergarten. Frau M. hat sich auf Anraten ihrer Eltern auch schon einen Anwalt genommen, der am Gericht die Scheidung eingebracht hat. Sie hofft ihren Mann durch die anwaltliche Vertretung und die Verweigerung des Besuchskontakts nicht mehr sehen zu müssen und ist auch telefonisch nicht erreichbar.

Im Amt für Jugend und Familie erfährt Herr M., der an einer raschen Durchsetzung seines Besuchsrechts interessiert ist, daß er dieses am Bezirksgericht beantragen kann. Der Akt wird dann zum zuständigen Jugendamt geschickt, mit dessen Erhebungsbericht der Richter eine Entscheidung trifft. Herr M. wird aber auch darüber informiert, daß am Jugendamt klärende Gespräche zwischen ihm und seiner Frau möglich sind bzw. die Möglichkeit zu einer Mediation besteht. Da er an einer einvernehmlichen Lösung interessiert ist, will er versuchen, schriftlich Kontakt zu seiner Frau aufzunehmen, um, falls sie ebenfalls gewillt ist, an einer gemeinsamen Lösung zu arbeiten, einen Beratungstermin zu vereinbaren.

Einige Tage später erscheint Frau M. sehr aufgelöst im Amt für Jugend und Familie und teilt mit, daß sie, da Herr M. regelmäßig trinke, nicht bereit sei, ihm die Kinder auch nur eine Minute zu geben – nach allem, was er ihr angetan habe. Im Gespräch mit der zuständigen Sozialarbeiterin stellt sich heraus, daß Frau M., die sehr unter der Trennung leidet, zumindest vorerst nichts von einem gemeinsamen Gespräch mit ihrem Gatten wissen will.

Auch Frau M. wird nun über die Methode Mediation und die Folgen einer Trennung bzw. des Verlusts eines Elternteils für Kinder sowie über andere Verfahrenswege informiert. Im Vergleich zu anderen Konfliktlösungsstrategien ist die Mediation nicht gegnerisch, stärkt die Eigenverantwortlichkeit, ist zudem billiger und schneller als etwa ein Gerichtsverfahren und ermöglicht Gewinner auf beiden Seiten („Win-Win-" statt „Win-Lose-Denken").

Mediation folgt im allgemeinen den Prinzipien Offenheit (jeder erhält Kenntnis über sämtliche Fakten), Klarheit, Zukunftsorientierung, Fairneß (keine Bedrohung oder Einschüchterung während oder außerhalb der Gespräche) und Vertraulichkeit – d.h., Wissen aus der Mediation darf nicht in einem Gerichtsverfahren verwendet werden, und der Mediator kann nicht als Zeuge einvernommen werden. Die Vermittlung ersetzt auch nicht die juristische Beratung. In der Mediation können einmal getroffene Vereinbarungen nur nach neuerlicher Thematisierung verändert werden, außerdem kann der Mediationsprozeß jederzeit abgebrochen werden.

Frau M. bekommt Unterlagen über Mediation, mit dem Hinweis, daß ihr das Amt für Gespräche zur Verfügung stehe und sie in aller Ruhe über eine Mediation als möglichen Konfliktlösungsweg nachdenken könne.

Etwa vier Wochen später langt ein Gerichtsakt im Amt für Jugend und Familie ein, in der um Stellungnahme zur persönlichen Situation der Kinder ersucht, der Besuchswunsch des Vaters mitgeteilt und ersucht wird, der Mutter aufzutragen, die alleinige Obsorge zu beantragen. Beide Elternteile werden über den Gerichtsakt informiert und zu Gesprächen eingeladen.

Tatsächlich melden sich daraufhin beide, und vorerst werden zwei getrennte Gespräche vereinbart. Voraussetzungen, Ziele und Vorgangsweise einer Mediation werden besprochen. In diesen Einzelgesprächen stützt die

Sozialarbeiterin nochmals beide Elternteile und bespricht ihre Wünsche und Anliegen. Frau M. wünscht eine rasche Scheidung und möglichst wenig Kontakt mit dem Gatten, steht aber einem Besuchsrecht, wenn Alimente bezahlt werden, nicht mehr so negativ gegenüber wie am Anfang. Herr M. wünscht eigentlich keine Scheidung, sein größtes Anliegen ist aber ein baldiges Besuchsrecht.

Nachdem sie nochmals ausführlich über die verschiedenen Konfliktlösungsstrategien informiert worden sind, sprechen sich beide Elternteile unabhängig voneinander nun doch für eine Mediation im Amt für Jugend und Familie aus, und es wird ein Termin für ein erstes gemeinsames Gespräch mit mir als Mediatorin vereinbart.

Herr und Frau M. sehen einander zum vereinbarten Mediationstermin im Amt für Jugend und Familie nach über zwei Monaten das erste Mal. Nach der Begrüßung gebe ich die Informationen bekannt, die ich über sie habe, und würdige ihr Kommen. Wir sprechen nochmals über die Rahmenbedingungen, meine Rolle als Mediatorin am Amt für Jugend und Familie, meine Position als Prozeßbegleiterin und legen mündlich Gesprächsregeln fest.

Nachdem sich beide Parteien zur Einhaltung der Mediationsregeln bereit erklärt haben, besprechen wir den Umgang mit dem laufenden Gerichtsverfahren. Beide sind einverstanden, die Rechtsanwälte (auch der Vater hat mittlerweile einen Anwalt) vorerst zu stoppen, und wir einigen uns darauf, sie im Zuge der Retournierung des Akts durch eine kurze gemeinsame Niederschrift, die dem vorliegenden Gerichtsakt beigelegt wird, über die begonnene Mediation zu informieren.

Als nächstes erfolgt die Bestandsaufnahme der regelungsbedürftigen Probleme. Frau M. wünscht sich, daß die Kinder bei ihr leben, die Scheidung rasch vollzogen wird, außerdem die Zahlung von Alimenten und einen Beweis, daß es dem Vater wirklich um die Kinder geht. Darüber hinaus möchte sie über das Thema Alkohol im Zusammenhang mit dem Besuchsrecht sprechen, die Sicherheit, nicht zu einer Rückkehr gezwungen zu werden und daß der Vater vor den Kindern nicht schlecht über sie spricht.

Herr M. wünscht sich, daß sich die Eltern seiner Frau nicht einmischen, zeigt sich an der Weiterführung der Beziehung interessiert und möchte auf keinen Fall aus dem Leben der Kinder gedrängt werden. Auch er wünscht sich, daß die Mutter vor den Kindern nicht schlecht über ihn spricht.

Als erster Schritt wird mit den Eltern an einer positiven Umformulierung ihrer Wünsche und Themen gearbeitet; dabei kommen wir zwangsläufig zum ersten Punkt, bei dem es Übereinstimmung gibt: zum Wunsch, für die jeweiligen Qualitäten als Elternteil geschätzt zu werden. Beide haben an den Kindern und ihrem Wohl großes Interesse. Aufgrund der Prioritätenwertung im Zuge der Themensammlung einigen sich die Parteien darauf, sich vorab über den Wohnsitz der Kinder und das Besuchsrecht zu verständigen.

Ich frage Herrn und Frau M., was sie glauben, daß ihre Kinder wollen und brauchen. Frau M. nennt den Kontakt zu beiden Elternteilen und ein Zuhause mit einem geregelten Tagesablauf. Ihr Mann die sichere Zukunft der Kinder, daß sie aus den Partnerproblemen herausgehalten werden und zu beiden Elternteilen Kontakt haben.

Von einer Trennung der Eltern betroffen sind Kinder in jedem Alter, und weniger die Scheidung selbst als vielmehr die konfliktbehaftete Beziehung der Eltern vor, während und nach der Scheidung bzw. Trennung ist für sie belastend, da sie in der Regel zu beiden Eltern ein gutes Verhältnis wollen. Sie stehen in einem Abhängigkeitsverhältnis zu den Eltern und können leicht in einen Loyalitätskonflikt geraten, wenn sie bewußt oder unbewußt dazu gedrängt werden, einem Elternteil den Vorzug zu geben.

So unterschiedlich wie die Kinder selbst und die jeweiligen Konfliktsituationen sind auch die Reaktionen auf eine Scheidung bzw. Trennung der Eltern. Als kurzfristige Störungen treten Verhaltensauffälligkeiten verschiedenster Art auf, mittel- und langfristig kann eine derart belastende Situation aber auch ein erhöhtes Risiko für psychische Erkrankungen, einen Hang zu Suizidversuchen und Schwierigkeiten bei späteren Partnerschaften bewirken.

Kinder benötigen die Beziehung zu zumindest einem psychisch gesunden Elternteil und Unterstützung bei der Bewältigung der Scheidungssituation. Deswegen versucht man in einer Scheidungsmediation die sozioökonomischen Ressourcen für beide im Auge zu behalten und das Konfliktpotential der Eltern soweit wie möglich einzugrenzen, denn sie sollten in der Erziehung zusammenarbeiten können.

Auf meine Frage, welche Bedeutung das Zusammenleben mit den Kindern für sie habe, antwortet Frau M.: „Ich kann mir nicht vorstellen, ohne die Kinder zu leben. Ich habe immer hauptsächlich für sie gesorgt; außerdem befürchte ich, daß ich die Kinder nicht mehr zurückbekomme, wenn ich nicht die Obsorge habe." Herr M. hingegen meint: „Ich habe immer einen guten Kontakt zu den Kindern gehabt. Ich habe Angst, daß die Eltern meiner Frau zu großen Einfluß haben und ich die Kinder gar nicht mehr sehen kann. Wenn mir prinzipiell Kontakt zu den Kindern zugestanden wird – aber nicht nur alle zwei bis drei Wochen –, wäre ich unter Umständen auch bereit, die Kinder bei der Mutter zu lassen."

Über festgefahrene Positionen, die sich oft als unvereinbar herausstellen – wie bei der Frage, wer die Obsorge bekommt –, läßt es sich nur schwer verhandeln. Wenn es keine Möglichkeit zur Einigung gibt, bleibt nur die Sieger-Verlierer-Situation übrig. Es ist daher wichtig, die hinter den Positionen verborgenen Interessen, Bedürfnisse und Ängste zu (er)kennen. Diese sollten von allen Beteiligten verstanden und als legitim anerkannt werden, denn erst dann eröffnet sich ein Raum für Konfliktlösungsmöglichkeiten. Sehr hilfreich kann dabei die wechselseitige Problemdefinition sein. Anfangs definiert jeder Beteiligte das Problem einseitig, und zwar dahingehend, daß der andere Veränderungen einleiten müßte. Der Mediator hilft die einseitige Problemdefinition aufzugeben und eine aufeinander bezogene und gemeinsame – wechselseitige – Definition zu entwickeln.

Bei meinem Versuch einer „Übersetzung oder wechselseitigen Problemdefinition" bilde ich vorsichtig einen Vorschlag für eine vorübergehende Regelung des Verbleibs der Kinder bei der Mutter – bei einer vereinbarten Besuchsmöglichkeit für den Vater. Herr und Frau M. können sich darauf einigen, daß die Kinder weiterhin, vorerst bis zur vierten Sitzung, bei der Mutter bleiben können und der Vater sie schon am nächsten Nachmittag und dann regelmäßig an einem Nachmittag unter der Woche und an jedem Wochenende einen Tag sehen kann. Die Mutter wünscht sich, die ersten drei bis vier Mal dabeisein zu können; dem kann der Vater zustimmen.

Der nächste Punkt betrifft die Alimente: Herr M. ist grundsätzlich bereit, für die vergangenen und nächsten beiden Monate Alimente zu bezahlen. Da beide nur wenig über die Berechnung von Unterhaltsleistungen wissen, erläutere ich die wichtigsten Prinzipien der Alimentationsberechnung. Herr und Frau M. einigen sich auf einen Betrag von 3800 Schilling pro Monat für beide Kinder, den Herr M. als vorläufigen Unterhaltsbeitrag überweisen soll, vereinbaren aber, bis zum nächsten Gesprächstermin Erkundigungen bei externen Fachleuten (z.B. beim Regreß in einem Amt für Jugend und Familie) über die genaue Berechnung einzuholen. Diese Vereinbarung kommt für mich überraschend schnell zustande, was ich auf die vorläufige Befriedung bei Obsorge- und Besuchsregelung zurückführe.

Abgesehen davon, daß der Mediator bzw. Prozeßbegleiter nicht hundert Prozent sattelfest in allen zu klärenden Themenbereichen sein kann, sind die Grundprinzipien Neutralität und Allparteilichkeit bei gleichzeitiger Beratung und Mediation gefährdet. Jeder Partei soll deshalb die Möglichkeit gegeben sein, fehlende Informationen durch einen – durchaus parteilichen – Fachmann einzuholen oder eigenverantwortlich gefundene Lösungen überprüfen zu lassen. Eine gute, mit Überzeugung erarbeite Lösung hält auch dem „klassischen" Berater stand.

Nach Zusammenfassung der erarbeiteten Punkte wird ein Termin für eine weitere Sitzung in vierzehn Tagen ausgemacht. Beim Abschied betone ich, daß ich mich über die Gesprächsbereitschaft freue.

In den folgenden Sitzungen muß den Themen Scheidung, Obsorge, Besuchsrecht und Alimente noch viel Zeit gewidmet werden, um einen anhaltenden Interessenausgleich zu erzielen. Die endgültige Zustimmung zur Obsorgeübertragung an die Mutter ist letztendlich eng an ausgedehnte Kontaktmöglichkeiten zwischen Herrn M. und seinen Kindern geknüpft. Er besteht sehr schnell darauf, die Besuchszeiten mit den Kindern alleine zu verbringen. Das ist aber erst möglich, nachdem Frau M. die Kinder an den Besuchstagen im Kontakt mit dem Vater erlebt und eingesehen hat, daß es ihm wirklich wichtig ist, den Kontakt zu ihnen nicht zu verlieren. Wichtig ist weiters eine Klärung bezüglich Alkoholkonsum des Vaters. Die Mutter kann nun Ängste verbalisieren, das Thema Alkohol wird so „besprechbar" und dadurch einschätzbar.

Die Diskussion über die Rolle der Eltern seiner Frau und ihres eigenen Scheidungswunschs sowie verschiedener Schuldzuweisungen ist für Herrn M. wichtig und führt schließlich zu seiner Zustimmung zur Scheidung. Damit erübrigt sich auch die Angst von Frau M. vor Druck zur Rückkehr. In puncto Alimente können sich Herr und Frau M. auf einen Betrag einigen, der den gesetzlichen Regelungen entspricht, aber Herrn M. nicht das Gefühl gibt, ausgenommen zu werden. Die Aufteilung des Hausrats und des ehelichen Vermögens ist dann relativ schnell geklärt.

Die Auswirkung der Scheidung auf die Kinder, mögliche Reaktionen und Verhaltensweisen und der Umgang damit sind ein häufiges Thema, mit dem sich die Eltern durch Reduktion des Konfliktpotentials vermehrt auseinandersetzen können. Schließlich wird die von beiden akzeptierte einvernehmliche Lösung festgehalten und den Anwälten und dem Gericht vorgelegt. Diese erfolgreiche Mediation mündet in eine einvernehmliche Scheidung.

Die in einer Mediation getroffenen Vereinbarungen entsprechen – wenn alles gutgegangen ist – den tatsächlichen Bedürfnissen der Konfliktpartner und sind somit dauerhafter als eine „pseudoeinvernehmliche" Scheidung, wo Konflikte und Klagen zumeist erst nach der Scheidung beginnen.

Elisabeth Bohun

Lösungs- statt Gesprächsbereitschaft

Mediation setzt üblicherweise voraus, daß sich die Parteien gemeinsam zum Mediationsgespräch einfinden. Im Prozeß einer Trennung können aber Dinge passieren, nach denen die Bereitschaft, den anderen „freiwillig" wiederzusehen und ihr oder ihm wieder zuzuhören oder ihre/seine Anwesenheit über längere Zeit zu ertragen, nicht mehr vorhanden ist. Wenn es gemeinsame Kinder gibt, bedarf es dennoch einer Koordinierung und Minimalabsprachen. In solchen Situationen kann es Mediatoren gelingen, Prozesse in Gang zu bringen, die die Abstimmung von Vereinbarungen trotzdem ermöglichen und die Einhaltung des Vereinbarten oder notwendige Adjustierungen doch noch bewerkstelligen. Wie Lösungen auch unter solchen Voraussetzungen zustande kommen können, soll anhand des folgenden Falls nachvollziehbar gemacht werden.

Die Sozialarbeiterin der Jugendabteilung einer Bezirkshauptmannschaft erhält vom Bezirksgericht einen Akt zur Stellungnahme, aus dem hervorgeht, daß Herr und Frau D., die Eltern der fünfjährigen Jasmin, so zerstritten sind, daß es unmöglich ist, eine Besuchsrechtsregelung für den Vater und Jasmin zu finden. Bei Gericht ist ein Scheidungsverfahren anhängig, und der Vater hat eine Regelung des Besuchsrechts beantragt.

Da Frau D. erklärt, sie könne sich mit ihrem Mann nicht mehr an einen gemeinsamen Tisch setzen, werden die Streitparteien zunächst unabhängig voneinander von der Sozialarbeiterin zu einem Gespräch eingeladen, um zu klären, welche Vorstellung jeder der Beteiligten vom Besuchsrecht hat.

Frau D. erzählt im Laufe des ersten Gesprächs, daß sie die Scheidung eingereicht habe, weil ihr Mann sie betrogen habe. Davor habe sie sich aber schon sehr oft allein gelassen gefühlt, da er, wie sie meinte, nie bereit gewesen sei, abends zu Hause zu bleiben, wenn sie ihn darum gebeten habe. Er habe exzessiv getrunken und sei danach aggressiv geworden, sodaß sie Angst vor ihm bekommen habe.

Im Verlauf des Gesprächs zeigt sich, daß Frau D. grundsätzlich offen für die Möglichkeit eines Besuchs von Jasmin beim Vater ist. Aufgrund diverser Befürchtungen hat sie Jasmin dem Vater im letzten halben Jahr nicht mitgegeben. Sie habe dadurch zu verhindern versucht, daß der Vater mit Jasmin alkoholisiert im Auto bzw. mit ihr zu seinen Eltern fahren würde (dort herrsche ein äußerst aggressives Klima, und der Großvater trinke ebenfalls) und daß Jasmin unvorbereitet mit der Freundin des Vaters zusammentreffe.

Letztere Sorge habe sie, weil Herr D. vor einigen Monaten seine Freundin mitgebracht habe, als er seine Tochter abholen wollte. Jasmin habe diese nicht gekannt und daraufhin nicht mitgehen wollen. Frau D. bat die Freundin des Vaters hinauszugehen. Sie wollte Jasmin beruhigen. Die Freundin weigerte sich. Der Vater zerrte Jasmin hinaus, worauf sie noch mehr schrie. Dies hielt Frau D. nicht mehr aus und gab der Freundin von Herrn D. eine Ohrfeige. Daraufhin wurde Frau D. bei der Gendarmerie angezeigt, die Anzeige aber in der Folge zurückgelegt. Von da an gab Frau D. Jasmin ihrem Vater nicht mehr mit, sondern teilte ihm mit, er müsse seine Tochter ab nun in ihrem Haushalt besuchen. Dies hat Herr D. nie getan, sodaß er seine Tochter sechs Monate nicht gesehen hat.

Frau D. kann im Gespräch mit der Sozialarbeiterin sehr gut trennen zwischen ihrer strittigen Scheidung, unter der sie sehr leidet, und der Notwendigkeit, eine Lösung für Jasmin zu finden, ihren Vater wieder regelmäßig zu sehen. Dieser Punkt wird im Gespräch durch oftmaliges Spiegeln und Hinterfragen und positives Umformulieren herausgearbeitet.

Frau D. kann sich aber nach wie vor nicht vorstellen, ihren Mann zu sehen. Deshalb werden einige Punkte aufgezeichnet, die mit ihrem Mann abgeklärt werden müssen, damit Frau D. zustimmen kann, daß Jasmin mit ihrem Vater die Wohnung verlassen darf. Diese Punkte werden in einem zweiten Gespräch fixiert, und Frau D. teilt der Sozialarbeiterin nach einer Nachdenkpause von einigen Tagen mit, daß sie unter Einhaltung dieser Punkte mit einem Besuchsrecht, das ebenfalls genau fixiert werden müsse, einverstanden sei:

- Frau D. will von Herrn D. die Zusicherung, daß er vor und während der Besuchszeiten keinen Alkohol trinkt und auch in nächster Zeit mit Jasmin nicht Auto fährt.
- Die Eltern von Herrn D. sollen Jasmin in der Wohnung von Herrn D. sehen können, er soll mit ihr aber nicht zu ihnen fahren.

• Die ersten Male soll die Freundin von Herrn D. nicht bei den Besuchen dabeisein. Er soll sich alleine mit seiner Tochter beschäftigen. Danach soll eine langsame Gewöhnung an die Lebensgefährtin des Vaters beginnen, denn Frau D. ist bewußt, daß diese neue Frau zum Leben des Vaters gehört und Jasmin dies auch mitbekommen wird. Sie wünscht sich nur, daß ihre Tochter sich langsam daran gewöhnen kann.

Im Erstgespräch mit Herrn D. wird abgeklärt, wie er sich sein Besuchsrecht mit Jasmin vorstellt. Außerdem werden ihm die Sorgen und Ängste von Frau D. mitgeteilt. Herr D. erzählt, daß er durch die Kälte, die seine Frau ihm entgegengebracht habe, in der Ehe ebenfalls sehr unglücklich gewesen sei. Aus diesem Grund habe er begonnen, oft fortzugehen und übermäßig viel Alkohol zu trinken. Er bedaure dies sehr. Seit er seine neue Lebensgefährtin kenne, habe er seinen Alkoholkonsum drastisch reduziert, denn es gehe ihm bis auf die anstehende strittige Scheidung derzeit sehr gut. Er macht seiner Frau den Vorwurf, daß sie ihm keine Möglichkeit gebe, Jasmin zu sehen, denn er könne Jasmin nicht in der Wohnung der Mutter besuchen, da es dann nur Streit geben würde.

Herr D. erklärt dann, daß er bereit sei, die Bedingungen zu erfüllen, die Frau D. stelle. Ja, er zeigt sogar Verständnis für ihre Sorgen. Die Besuche seien ihm sehr wichtig, er wolle so viel Zeit wie möglich mit seiner Tochter verbringen. Er schlägt selbst vor, daß seine Freundin am Anfang nicht dabeisein müsse. Dies lasse sich leicht bewerkstelligen, da sie Schichtdienst und er nur Frühschicht habe.

Nach dem Gespräch mit Herrn D. wird wieder ein Gespräch mit Frau D. vereinbart, um die genauen Zeitvorstellungen für die Besuche beim Vater zu klären. Frau D. kann sich wie Herr D. vorstellen, daß Jasmin in absehbarer Zeit jeden zweiten Samstag von 9 bis 17 Uhr beim Vater verbringt. Sie hat jedoch Bedenken, dies ab sofort zuzulassen, da Jasmin Herrn D. schon lange nicht gesehen hat. Daraufhin wird ein „Fahrplan" für die nächsten drei Monate mit ihr ausgearbeitet – mit genauen Daten und Zeiten und dem Zeitpunkt, ab dem die Freundin des Vaters dabeisein können soll.

Danach wird wieder ein Gespräch mit Herrn D. vereinbart. Er erklärt sich mit vielen Punkten einverstanden. Jedoch dauert es ihm nach diesem Lösungsvorschlag zu lange, bis er einen ganzen Samstag mit Jasmin verbringen kann – und auch, bis seine Lebensgefährtin dabeisein darf. Deswegen entwickelt er mit Unterstützung der Mediatorin einen zweiten Vorschlag.

Dann wird eine Pendelmediation durchgeführt, bei der mit beiden Elternteilen getrennte Gespräche geführt werden, über die der andere möglichst detailgetreu informiert wird, und zwar so lange, bis eine Einigung über das Besuchsrecht erzielt wird. Die Vereinbarung wird dann dem Richter zugestellt. Frau D. erklärt sich aufgrund ihrer Erfahrungen mit den Gesprächen bereit, bei zukünftigen Problemen gemeinsam mit ihrem Mann eine Mediation zu versuchen.

Die Analyse dieses Falls zeigt, daß im Grunde alle wesentlichen Schritte, die eine Mediation ausmachen, vollzogen wurden, obwohl sich das Paar nicht gemeinsam zusammengesetzt hat. Es wurde für weitere Gespräche eine Basis geschaffen, die für Eltern, auch wenn sie geschieden sind, unumgänglich ist, wenn sie im Sinne ihrer Kinder Entscheidungen treffen wollen:

• Im Erstgespräch wurde mit jedem der Beteiligten die subjektive Sichtweise besprochen, und die Gesprächsinhalte wurden auf die Besuchsregelung beschränkt (Definition des Problems, das mediativ zu bearbeiten ist), auch wenn beide Parteien immer wieder versucht haben, andere Streitpunkte ins Gespräch miteinzubeziehen.

• Es wurden Gefühle, Interessen und Hintergründe erläutert (Konflikterhellung), die mit der Besuchsregelung zusammenhingen. Von der Mediatorin wurde eingebracht, daß beide Elternteile trotz der Haßgefühle ihr Kind am besten kennen würden und sie beide am besten einschätzen könnten, was die beste Lösung für Jasmin wäre. Das könnte auch heißen, daß nicht jetzt sofort die Lösung gefunden werden müsse, die bis zu Jasmins 19. Lebensjahr bestehen bliebe. Im Gegenteil sollte mit viel Phantasie ein langsamer Weg zu einer für alle befriedigenden Lösung gegangen werden, bei dem es auch immer wieder Änderungen geben könne, wenn sich zeigen würde, daß dies auch im Sinne des Kindes sei.

• Erst im zweiten Gespräch wurde dann eingehender und länger über die Lösung des Besuchsrechtsproblems (Problemlösung) gesprochen, und es kam dann auch zu einer gemeinsamen Lösung, die beide Elternteile und auch Jasmin mittragen konnten.

Eveline Rosenstiel

Scheidung – was nun?

Konflikte zwischen Geschiedenen entstehen nicht selten erst nach einer einvernehmlichen Scheidung, obwohl scheinbar Einigkeit zwischen den Ehegatten über die Scheidungsfolgen geherrscht hat.

Frau B., Mutter zweier Töchter, ist seit zwei Jahren geschieden. Sabine besucht die Volksschule, Cornelia das Gymnasium. Frau B. sucht mich auf, weil die Kinder die zermürbende Situation, die nach der Scheidung dadurch entstanden ist, daß sich Frau B. und ihr geschiedener Mann nicht einmal über die geringsten Dinge im Zusammenhang mit dem Besuchsrecht einigen können, nicht mehr aushalten. Und das, obwohl im Scheidungsvergleich festgehalten wurde, daß das Besuchsrecht von den Eltern einvernehmlich gestaltet werden würde.

Die achtjährige Sabine hat seit einiger Zeit Alpträume und beginnt einzunässen. Die dreizehnjährige Cornelia spricht zu Hause kaum mehr. Vor allem die Pläne des Mannes, im Sommer mit beiden Mädchen für drei Wochen auf Urlaub zu fahren, sind für Frau B. aus verschiedenen Gründen inakzeptabel. Sie kann mit ihrem Mann nicht mehr reden, sieht selbst, daß die Kinder unter den Streitereien leiden und Verlierer der Situation sind. Die Gerichtsverfahren zur Regelung des Besuchsrechts sind anhängig.

Auf die Frage, was sie sich erwarte, erfolgt die Gegenfrage, ob ich denn nicht „irgendwie" zwischen ihr und ihrem Exmann vermitteln könne oder nicht zumindest eine Möglichkeit wüßte, wie sie aus dem Kreislauf der Machtspiele und angedrohten bzw. tatsächlich geführten Rechtsstreitigkeiten herauskommen könne.

Wir vereinbaren einen gemeinsamen Termin mit Familie B., wo der Konflikt zunächst weiter eskaliert. Bei den weiteren beiden Terminen ersuche ich eine Kollegin, mich bei den Gesprächen zu unterstützen (Co-Mediation), um die beiden Konfliktparteien, den zeitlichen Ablauf und vor allem ein zielgerichtetes Arbeiten besser im Auge behalten zu können. Es gelingt immerhin, die wichtige Frage des Ferienbesuchsrechts des Vaters für den Sommer einvernehmlich zu lösen und damit erheblichen Druck von den Kindern zu nehmen.

Eine generelle Regelung des Besuchsrechts kann jedoch nicht erzielt werden, weil die Zeit nicht reicht und Herr B. sich in der Anwesenheit seines Anwalts aufgrund der Vorgeschichte sicherer fühlt und alleine, ohne seinen Anwalt, keine Besuchsrechtsvereinbarung abschließen will – was die Mutter auch einsieht. Beiden Elternteilen wird nun bewußt, daß sie sich zwar getrennt haben, es aber aufgrund der gemeinsamen Kinder keinen wirklichen Abschied geben kann. Immerhin können wir innerhalb der kurzen Zeit, die zur Verfügung steht, eine minimale Gesprächsbasis schaffen, die es den Eltern vielleicht ermöglichen wird, selbst, ohne weitere mediative Unterstützung, das Besuchsrecht zu regeln. Nicht nur das Erzielen einer kompletten Mediationsvereinbarung ist eine gelungene Mediation, sondern oft auch das Regulieren einer dysfunktionalen Kommunikation. Oft bedarf es nur weniger Termine, um einem Paar die Zügel für seine Trennung wieder in die Hand zu geben.

Manuela Hausegger

Wer ist der bessere Elternteil?

Zur Vorgeschichte

Ich lerne Herrn und Frau K. im Frühsommer 1997 kennen, nachdem der Pflegschaftsakt mit dem Antrag auf Übertragung der Obsorge an den Vater im Amt für Jugend und Familie zur Stellungnahme eingelangt ist. Zu den Erstgesprächsterminen, die Frau und Herrn K. gesondert angeboten werden, kommen beide Elternteile in Begleitung ihrer derzeitigen Lebenspartner. Es besteht große Bereitschaft bei allen Beteiligten, die eigenen Interessen so positiv und die der „Gegenseite" so negativ wie möglich darzustellen.

Nach mehreren gescheiterten Versuchen, mit seiner Exfrau sowohl über deren Drogenprobleme als auch über die Veränderung der Lebensbedingungen seines 14jährigen Sohnes und dessen Wunsch, nach Abschluß des

Schuljahres eine berufsbildende höhere Schule mit Internatsbetrieb zu besuchen, ins Gespräch zu kommen, trifft der Vater die Entscheidung, das Pflegschaftsgericht und in weiterer Folge das Amt für Jugend und Familie zu involvieren. Das löst bei Frau K. Irritation, Wut auf den Exgatten und die Sorge aus, das Jugendamt könnte ihr ihren Sohn wegnehmen, und trägt somit zu einer Eskalation der Situation bei.

Zur Entschärfung der Dynamik versuche ich, beide Eltern über die rechtliche Lage zu informieren, ihre neuen Partner aus ihrer Anwaltsrolle zu entlassen und sie in ihren konstruktiven Anteilen zu unterstützen. Bei der Wahlmöglichkeit, entweder eine den Bedürfnissen ihres Sohnes Rechnung tragende Lösung miteinander zu erarbeiten oder durch eine Gerichtsentscheidung den Sieg bzw. die Niederlage eines Elternteils zu riskieren, entscheiden sich beide Eltern für die gemeinsam zu erarbeitende Lösung. Frau und Herr K. erleichtern mir die Situation insofern, als sie in den Einzelgesprächen bei Nachfrage auch von den Erziehungsfähigkeiten und der guten Beziehung des jeweils anderen Elternteils zu ihrem Sohn berichten. Die telefonische Vereinbarung des gemeinsamen Erstgesprächs gestaltet sich einfacher, als erwartet.

Das Erstgespräch

Es ist das erste Gespräch der Eltern seit über einem halben Jahr, vor dessen Beginn sie sich vor dem Amt für Jugend und Familie treffen, damit keiner einen „Vorsprung" herausverhandeln kann, wie sie mir nach Abschluß der ersten Sitzung anvertrauen. Nach der Begrüßung erkläre ich ihnen zunächst die Methode der Mediation, um ein Informationsgleichgewicht herzustellen. Als nächstes lege ich die Rahmenbedingungen für den Mediationsprozeß fest:

• Ein Gespräch soll maximal 90 Minuten dauern.
• Es muß eine „Gesprächskultur" eingehalten werden, d.h.: den anderen ausreden lassen, ihm zuhören, respektvoll mit ihm umgehen.
• Sollte diese Gesprächskultur verlorengehen, würde die Mediatorin unterbrechen bzw. eingreifen.
• Der Ausstieg aus bzw. Abbruch der Mediationssitzung sollte jederzeit möglich sein und die Fortsetzung der Aktenbearbeitung durch eine Sozialarbeiterin bzw. einen Sozialarbeiter des Amts für Jugend und Familie zur Folge haben, d.h.: Stellungnahme zum Antrag des Vaters als Entscheidungshilfe für den Pflegschaftsrichter.

Da beide Elternteile mit diesen Bedingungen einverstanden sind, ist als nächster Schritt herauszufinden, für welche Probleme sie in welcher Reihenfolge Lösungen erarbeiten wollen. Es stellt sich heraus, daß beide mit der von ihrem Sohn gewünschten und für Herbst 1997 gesicherten halbinternen Unterbringung einverstanden sind und keinerlei Veränderungsbedarf bei der Wochentagsbetreuung besteht.

Daraus ergibt sich die Notwendigkeit, das künftige Ausmaß der Kontakte des Sohnes mit Mutter und Vater in der schulfreien Zeit auszuverhandeln.

Weitaus dringender ist jedoch die Regelung der Feriengestaltung, denn die Ferien sind von den Eltern teilweise bereits sehr konkret geplant und mit dem Kind besprochen worden, aufgrund der gespannten Lage jedoch ohne Kommunikation zwischen den Eltern.

Erfreulicherweise gelingt es Frau und Herrn K. bereits in der ersten Sitzung, eine an den Bedürfnissen des Kindes orientierte Aufteilung der Sommerferien inklusive Auslandsaufenthalt mit jedem Elternteil zu vereinbaren. Unterbrechungen bzw. der Hinweis auf die eingangs vereinbarten Gesprächsregeln werden toleriert. Das Zwischenergebnis – Sommerbesuchsrecht – motiviert Herrn und Frau K., den nächsten Termin bald zu vereinbaren, um weiter an der Fragestellung zu arbeiten, wieviel Zeit D. künftig außerhalb des Internats mit welchem Elternteil verbringen soll.

Zweites Gespräch

Im Gegensatz zum Erstgespräch trifft Frau K. ihren Exgatten zum zweiten Gespräch direkt im Amt für Jugend und Familie. Herr K. kann das akzeptieren, ohne „Vorverhandlungen" zu befürchten, und Frau K. unternimmt ihrerseits keinen Versuch, ihren Zeitvorsprung auszunützen.

Da es beiden Elternteilen gelungen ist, die vereinbarten Urlaubspläne mit D. zu verwirklichen und sich dabei auch noch zu erholen, findet das nächste Gespräch in einem relativ entspannten Rahmen am Ende der Schulferien statt. Jeder der beiden Elternteile fühlt sich in seiner Selbsteinschätzung bestätigt, gut für den Buben sorgen zu können. Der offene Gerichtsantrag auf Übertragung der Obsorge an den Vater beunruhigt und kränkt Frau K., die ihren Exgatten im Hinblick auf Besuchskontakte und Unterhaltszahlungen als sehr entgegenkommend erlebt hat. Aus ihrer Sicht hat sie sich nichts zuschulden kommen lassen, was die Übertragung der Obsorge rechtfertigt. Der Gang zu Gericht stellt für sie einen Vertrauensbruch dar. Herr K. glaubt, seinem Sohn optimale Rahmenbedingungen für seine Entwicklung bieten zu können, und zwar nur durch einen Obsorgewechsel.

Meine Frage nach den Bedürfnissen ihres Sohnes und ihrer Einschätzung der Beziehung D.s zum jeweils anderen Elternteil bringt eine Wende im Mediationsverlauf. D. lebt zur Zeit bei seiner Mutter. Sie hat ursprünglich eine Aussetzung des Besuchsrechts für die Zeit der Verhandlungen überlegt, um sicherzustellen, daß D. nicht vom Vater „präpariert" und ihr somit entfremdet werden kann. Nun erfährt sie, daß ihr Exgatte sehr wohl um die enge emotionale Beziehung des Buben zur Mutter weiß und diese auch respektiert. Herr K. hingegen hört gerne, daß D. die Wochenenden bei ihm und seiner Familie genießt und diese Aufenthalte für seine Mutter eine große Entlastung darstellen.

Frau und Herr K. stimmen schließlich darin überein, daß die gute Beziehung des anderen Elternteils zum Kind wichtig ist. Meine Frage nach Möglichkeiten, dem Buben beide Bezugspersonen zu erhalten, führt zur Vereinbarung, das Kind bis zum nächsten Mediationstermin (ungefähr einen Monat später) abwechselnd am Wochenende zu betreuen und sich durch Gespräche mit Lehrern und Pädagogen von der Zuträglichkeit dieser Regelung für D. zu vergewissern.

Drittes Gespräch

Am Anfang des dritten Gesprächs steht die Erfolgsmeldung, daß Frau und Herr K. die Vereinbarung des zweiten Gesprächs umsetzen konnten. Die Frage nach den noch offenen Verhandlungspunkten führt unweigerlich zum Obsorgeantrag des Vaters. Frau K. will die Obsorge „um jeden Preis" weiterhin behalten. Herr K. aber beharrt – wenn auch weniger intensiv als in vergangenen Gesprächen – auf seinem Wunsch, dem Buben ein guter Vater zu sein und einen wesentlichen Beitrag zur Erziehung zu leisten.

Mein Versuch, die Standpunkte und Motivationen beider Elternteile zu hinterfragen, um eventuell mehr Klarheit und gegenseitiges Verständnis zu erreichen, führt dazu, daß Herr K. erklärt, unter welchen Bedingungen er die Obsorge bei seiner Exfrau belassen könnte. Es gehe ihm weder um Alimente noch um irgendwelche gesetzlichen Ansprüche, er wolle einzig und allein sichergestellt wissen, daß die Mutter seines Sohnes, die immer wieder Drogenprobleme hatte, gesundheitlich in der Lage sei, die Betreuungs- und Erziehungsaufgaben ausreichend wahrzunehmen. Sollte sie eines Tages dazu nicht mehr in der Lage sein, wolle er für seinen Sohn dasein.

Die Frage, wodurch er ausreichend Sicherheit erhalten könne, beantwortet er mit dem Wunsch, von seiner Exfrau in ungefähr sechs Wochen insgesamt vier Harntestergebnisse zu erhalten. Sollten die Ergebnisse negativ sein, könne er sich vorstellen, seinen Antrag zurückzuziehen. Er ersucht sie, ihren Harn auf Opiate und Barbiturate untersuchen zu lassen. Nachdem die Wünsche klar formuliert sind, vereinbaren wir den nächsten Termin. Die Eltern einigen sich darauf, die abwechselnde Wochenendbetreuung ihres Sohnes bis zum nächsten Mediationstermin beizubehalten.

Viertes Gespräch

Angesichts der beim letzten Termin getroffenen Vereinbarungen als Zwischenergebnis im Konflikt um die Obsorge bin ich äußerst gespannt auf den weiteren Verlauf der Mediation.

Frau und Herr K. kommen pünktlich zum vereinbarten Termin und berichten über die reibungslos verlaufenen Wochenenden des Buben bei der Mutter bzw. beim Vater. Als nächsten Punkt spricht Frau K. die vereinbarten Drogentests an und hält triumphierend ein Kuvert mit ihrem negativen Harntest in der Hand. Sie bietet ihrem Exgatten, „quasi als Sicherstellung" für den Rückzug des Obsorgeantrags, die schriftliche Zusicherung eines ausgedehnten Besuchsrechts an, worin er einwilligt.

Ich fragte nach, ob ich alles richtig verstanden habe, und Herr und Frau K. sind mit meiner Zusammenfassung einverstanden. Die Modalitäten der Umsetzung des Übereinkommens werden auf die nächste (vielleicht letzte) Mediationssitzung verschoben. Den Abschluß des vierten Gesprächs bildet

– fast schon ein Ritual – die Abstimmung darüber, welches Wochenende
bzw. welche Ferientage D. bis zum nächsten Termin beim Vater bzw. bei der
Mutter verbringen wird.

Fünftes Gespräch

Frau und Herr K. kommen gemeinsam ins Beratungszimmer, nachdem sie
im Warteraum Harntestergebnisse ausgetauscht und gebilligt haben. Diese
Vorgangsweise entlastet mich, da sie dadurch Eigenverantwortung bei der
Durchsetzung einer Vereinbarung zeigen.

In der Sitzung präsentiert Herr K. seine Mitteilung an das Pflegschaftsgericht, in der er auf die weitere Behandlung seines Antrags verzichtet, und
übergibt sie mir mit dem Ersuchen, sie dem Gerichtsakt beizulegen. Frau K.
reagiert sichtlich erleichtert und kann nun ihrerseits Vorschläge zum künftigen Kontakt Herrn K.s mit seinem Sohn machen: Wochenenden, Feierta-
ge und Ferien werden fifty-fifty zwischen den Eltern aufgeteilt.

Herr K. scheint mit diesem Ergebnis äußerst zufrieden zu sein. Auf meine Frage, wie diese Vereinbarungen fixiert und D. kommuniziert werden
könnten, ersuchen mich die Eltern, die ausverhandelten Punkte aufzu-
schreiben. Sie entscheiden sich, ihren Sohn gemeinsam zu informieren,
und einigen sich auf einen Termin nach den Weihnachtsferien, an dem sie
miteinander zum Bezirksgericht gehen und die Besuchsrechtsvereinbarung
pflegschaftsbehördlich genehmigen lassen wollen.

Literatur

Bastine, R. & Link, G. & Lörch, B. (1992): Scheidungsmediation. Möglichkeiten und
Grenzen. In: Familiendynamik, 17. Jahrgang, Heft 4, 379–394
Besemer, C. (1995): Mediation. Vermittlung in Konflikten. 3. Auflage. Baden
Figdor, H. (1998): Scheidungskinder – Wege der Hilfe. Gießen
Friedman, G. J. (1996): Die Scheidungsmediation. Anleitungen zu einer fairen Trennung.
Reinbek bei Hamburg
Glasl, F. (1997): Konfliktmanagement: Ein Handbuch zur Diagnose und Behandlung von
Konflikten für Organisationen und ihre Berater. 5. Auflage. Bern/Stuttgart
Haynes, J. M. & Bastine, R. & Link, G. & Mecke, A. (1993): Scheidung ohne Verlierer. Ein
neues Verfahren, sich einvernehmlich zu trennen. Mediation in der Praxis. München
Jugendamt der Stadt Wien (Hg.) (1989): Gesellschaft, Jugend und Jugendwohlfahrt im
Wandel der Zeit. Wien
Krabbe, H. (Hg.) (1995): Scheidung ohne Richter. Hamburg
McKee, D. (1996): Du hast angefangen, nein Du. Aarau/Frankfurt a.M./Salzburg
Pressedienst des österreichischen Instituts für Familienforschung (1996):
Die Zeit vor der Scheidung ist extrem belastend. Forderung nach therapeutischer Bera-
tung für Familien in Trennung. In: Beziehungsweise 17/96, 1–2
Pressedienst des österreichischen Instituts für Familienforschung (1996): Nach der Schei-
dung: drei goldene Regeln. Kinder brauchen Kontinuität, Verwandtschaft,
„friedliche" Eltern. In: Beziehungsweise 11/96, 1–2
Rosenkranz, D. & Rost, H. (1998): Welche Partnerschaften scheitern? Prädikatoren der
Instabilität von Ehen. In: Zeitschrift für Familienforschung, 10. Jahrgang, Heft 1, 47–69
Schami, R. (1999): Der ehrliche Lügner. München
Watzke, E. (1997): Äquilibristischer Tanz zwischen Welten. Neue Methoden professionel-
ler Konfliktbewältigung. Bonn

Maria Resch & Beatrix Fekete

Von Kindern, Eltern und ihren Annäherungsversuchen
Besuchsanbahnung im Besuchscafé

„In Österreich werden derzeit jährlich rund 16.000 Ehen geschieden; bezogen auf die entsprechende Anzahl von 46.000 Heiraten sind dies über ein Drittel aller Ehen. (...) Man muß daher wohl sagen, daß die Erfahrung einer Ehescheidung (...) eines der gewichtigsten sozialen Probleme unserer Gesellschaft überhaupt darstellt", stellte der Soziologe Max Haller im Jahre 1997 fest (Haller 1997, 3).

Die Beratung von Eltern minderjähriger Kinder vor, während und nach einer Trennung oder Scheidung wird deswegen zunehmend zu einer zentralen Aufgabe der öffentlichen Jugendwohlfahrt und für in sozialen Institutionen tätige Berufsgruppen wie etwa Juristen, Psychologen und Sozialarbeiter. Die Kontaktaufnahme erfolgt in diesen Fällen durch die Klienten selbst, die in der Regel eine relativ große Bereitschaft zur Zusammenarbeit mitbringen.

Die Jugendwohlfahrtsbehörde ist gemäß ihrem gesetzlichen Auftrag verpflichtet, bei der minderjährige Kinder betreffenden Regelung strittiger Obsorge- und Besuchsrechtsfragen mitzuwirken, um dem Kindeswohl entsprechende Regelungen zu gewährleisten. In diesem Fall werden den Ämtern für Jugend und Familie seitens der Gerichte die Pflegschaftsakte zur weiteren Bearbeitung und Stellungnahme übermittelt. Die Kontaktaufnahme mit beiden Elternteilen sowie mit den Kindern, die Erhebung der aktuellen Lebenssituation der Eltern und Kinder – z.B. im Rahmen von Gesprächen, Hausbesuchen, Schulnachfragen –, die allfällige Veranlassung eines psychologischen Gutachtens etc. zählen dabei zu den Aufgaben der Sozialarbeiter. Gelingt es dabei, eine einvernehmliche, dem Kindeswohl entsprechende Regelung zu finden, so wird diese schriftlich festgehalten und dem Gericht rückgemittelt.

Ist keine Einigung der Eltern möglich, so ergeht eine Stellungnahme und Empfehlung der bearbeitenden Sozialarbeiter bezüglich Obsorge bzw. Besuchsrecht an das Pflegschaftsgericht. Die Erhebungen und die Gutachten Sachverständiger bilden die Grundlage dieser Stellungnahme, die es dem Pflegschaftsrichter ermöglichen soll, eine dem Wohl der Kinder entsprechende Entscheidung zu treffen. Häufig ist in diesen Fällen jedoch zumindest ein Elternteil mit der Entscheidung des Gerichts unzufrieden und bereit, den Rechtsweg auszuschöpfen.

„Die Eltern sind regelmäßig bereits überfordert mit der Austragung ihres Partnerkonfliktes, welcher zwar meist unbeabsichtigt, jedoch wirkungsvoll die verständlichen und für ihre Entwicklung wichtigen Bedürfnisse der Kinder überlagert. (...) Der in der Folge in Obsorgeverfahren ausgetragene ,Streit ums Kind' stellt sowohl die Pflegschaftsgerichte als auch die ihnen im Instanzenzug übergeordneten Rechtsmittelgerichte (...) sowohl in mengenmäßiger wie auch in meritorischer Hinsicht vor kaum lösbare Aufgaben" (Bundesminist. f. Umwelt, Jugend und Familie 1997, 14). Durch ihre Mitwirkung in Obsorge- und Besuchsrechtsfragen in Form einer schriftlichen Stellungnahme ergibt sich auch für die Sozialarbeiter der Ämter für Jugend und Familie eine schwierige Situation, vor allem, wenn eine weiterführende Betreuung der Familie erfolgen soll.

Das Erarbeiten von Besuchsrechtsregelungen gestaltet sich aufgrund der Trennungskonflikte, unterschiedlicher Erwartungen und von Ängsten der Eltern mitunter schwierig. Diverse Institutionen, vor allem aber die Sozialarbeiterinnen und Sozialarbeiter der Ämter für Jugend und Familie sind immer häufiger mit schwierigen Regelungen in Obsorge- und Besuchsrechtsangelegenheiten konfrontiert, und auch die Pflegschaftsgerichte schlagen zunehmend eine Besuchskontaktanbahnung durch pädagogisch-psychologisch geschulte Fachkräfte vor. In Wien führten diese Umstände zur Gründung der sogenannten „Besuchscafés", die derzeit bereits an einigen Wiener Jugendämtern installiert sind.

Obgleich allen Besuchscafés die Idee zugrunde liegt, Eltern, bei denen sich eine Besuchsrechtsregelung bzw. eine Ausübung des Besuchsrechts als schwierig erweist, bei der regelmäßigen Anbahnung von Besuchskontakten zu unterstützen und einige Zeit sozialarbeiterisch zu begleiten, sind die entsprechenden Konzepte durchaus sehr unterschiedlich, was Art, Ausmaß und Dauer der jeweiligen Anbahnungsphase betrifft. Hier soll zunächst das Modell Besuchscafé am Beispiel des Besuchscafés „Freiraum" des Amts für Jugend und Familie im dritten Wiener Gemeindebezirk erläutert werden. Der zweite Teil veranschaulicht dann den konkreten Ablauf und die praktische Abwicklung der Besuchskontakte durch die Besuchsbegleiterinnen anhand von drei Fallbeschreibungen. Die Abwicklung der Besuchsanbahnungen stellt kein Mediationsverfahren im eigentlichen Sinne dar und beschränkt sich auf die Anbahnung regelmäßiger Besuchskontakte bzw. auf die Erarbeitung einer für Kinder und Eltern zufriedenstellenden Besuchsrechtsregelung. Dabei kommen jedoch mediative Elemente und Techniken der Gesprächsführung zum Einsatz. Wie in der Mediation sollen auch im Rahmen der Besuchskontaktanbahnung – vor allem im Hinblick auf das Wohl der Kinder – entgegengesetzte Interessen auf konsensuale Art und Weise gelöst werden.

Modellprojekt Besuchscafé Freiraum

Das Besuchscafé Freiraum nahm im Mai 1996 seinen Betrieb auf. Seither finden dort an zwei Nachmittagen pro Woche Besuchskontakte statt. Die Zuweisung der Klienten erfolgt durch die Sprengelsozialarbeiterinnen und -sozialarbeiter, die die Eltern über das Angebot informieren und mit deren

Einverständnis den Kontakt zu den Sozialarbeiterinnen des Besuchscafés herstellen.

In einem Erstgespräch werden die Klienten über Möglichkeiten und Grenzen sowie über den organisatorischen Ablauf und die Rahmenbedingungen der Kontaktanbahnung informiert. Es wird großer Wert darauf gelegt, daß beide Elternteile an diesem Erstgespräch teilnehmen, was sich bisher bewährt hat. Eltern, die in vielen Fällen bereits lange Zeit nur mehr über ihre Anwälte kommuniziert haben, zeigen durch ihre gleichzeitige Teilnahme am Gespräch zumindest ein Minimum an Kooperationsbereitschaft, das sich auf die tatsächliche Besuchskontaktanbahnung sehr positiv auswirken kann. Stimmen beide Elternteile einer Kontaktanbahnung zu, so werden im Anschluß an das Erstgespräch die Besuchstermine festgelegt. Das Einverständnis der Eltern, die Rahmenbedingungen und die konkreten Besuchstermine werden schriftlich festgehalten.

Zum vereinbarten Termin bringt die Mutter bzw. der Vater das Kind oder die Kinder in das Besuchscafé, wo sie vom besuchenden Elternteil bereits erwartet werden. Die Gestaltung der Besuche obliegt dem besuchenden Elternteil, der während der Besuchszeit die volle Verantwortung für sein Kind bzw. seine Kinder trägt. In Sonderfällen kann der obsorgeberechtigte Elternteil das Ende des Besuchs in den Räumlichkeiten abwarten. Dies kann insofern sinnvoll sein, als sich dadurch Ängste (wie etwa die, der andere Elternteil würde mit dem Kind nicht zurechtkommen) überprüfen lassen, häufig als unbegründet herausstellen und dadurch eine dauerhafte Besuchsregelung außerhalb des Besuchscafés leichter möglich wird.

Die Aufgaben der Sozialarbeiterinnen

Während der Besuche sind zwei Sozialarbeiterinnen anwesend, die sich aber, um ein ungestörtes Beisammensein zu ermöglichen, in der Regel in einem anderen Raum aufhalten und in die aktuelle Situation nur bei Bedarf eingreifen. Sie stehen den Eltern im Anschluß an den Besuch für begleitende Gespräche zur Verfügung, versuchen bei Problemen zu vermitteln und erste Kontaktschwierigkeiten zwischen Kindern und besuchendem Elternteil abzubauen. Kinder, die über einen längeren Zeitraum keinerlei Kontakte zu einem Elternteil hatten, werden im Rahmen eines eigenen Gesprächs im Besuchscafé auf die Kontaktanbahnung vorbereitet. Auf diese Weise können die Kinder die beiden besuchsbegleitenden Sozialarbeiterinnen kennenlernen, sich mit den Räumlichkeiten vertraut machen und ihre Ängste in bezug auf die Besuchsanbahnung besprechen.

Wesentliche Elemente der Besuchskontaktanbahnung

Erstgespräch mit beiden Elternteilen

Wie bereits erwähnt, wird großer Wert darauf gelegt, daß beide Elternteile am Erstgespräch teilnehmen. Diese Vorgangsweise hat sich bewährt und wird auch von den Eltern im wesentlichen akzeptiert. Im Erstgespräch werden Ablauf, Dauer und Rahmenbedingungen der Kontaktanbahnung sowie allfällige Fragen der Eltern geklärt. Zu den Rahmenbedingungen zählen unter anderem der höfliche Umgang beider Elternteile miteinander (Begrüßung bei Besuchsbeginn, kein Streit vor den Kindern), pünktliches Erscheinen, rechtzeitige Terminabsagen etc. Stimmen beide Elternteile im Laufe des Erstgesprächs einer Besuchskontaktanbahnung zu, so wird dies in Form einer schriftlichen Vereinbarung festgehalten, die auch die Rahmenbedingungen und konkreten Besuchstermine enthält.

Zeitliche Begrenzung

Bereits im Erstgespräch werden die Eltern darauf aufmerksam gemacht, daß eine Besuchsanbahnung im Rahmen des Besuchscafés Freiraum zu einer dauerhaften Besuchsregelung außerhalb des Besuchscafés beitragen soll. Eine Anbahnung ist daher ausschließlich als Übergangslösung anzusehen, die den Eltern die Möglichkeit bietet, ihre Besuchsrechtskonflikte eigenverantwortlich und den Bedürfnissen aller Beteiligten entsprechend zu lösen. Die Dauer der Kontaktanbahnung umfaßt normalerweise drei Monate bis maximal ein halbes Jahr, in besonders begründeten Fällen sind jedoch Ausnahmen möglich. Die einzelnen Besuche, deren Dauer variabel ist, finden in der Regel in 14tägigen Abständen statt.

Konstanz der Besuchsbegleiterinnen

Jede Besuchsanbahnung wird von zwei Sozialarbeiterinnen begleitet. Diese bleiben ab dem Erstgespräch Ansprechpartner von Kindern und Eltern. Sie sind bei den Besuchskontakten gleichzeitig anwesend und führen die begleitenden Gespräche. Die Konstanz der Besuchsbegleiterinnen ist ein zentraler Qualitätsaspekt des Angebots und trägt wesentlich zum Aufbau einer vertrauensvollen Atmosphäre bei, in der positive Veränderungen letztlich erst möglich werden. Darüber hinaus ermöglicht die gleichzeitige Anwesenheit zweier Sozialarbeiterinnen ein zielgerichtetes Eingreifen bei Problemen.

Um Kompetenzdifferenzen zu vermeiden und sich den Eltern als neutraler Gesprächspartner anbieten zu können, übernehmen die Sozialarbeiterinnen nur Besuchsbegleitungen aus anderen Sprengeln. Allenfalls erforderliche Stellungnahmen an die Pflegschaftsgerichte sind Aufgabe der jeweils zuständigen Sprengelsozialarbeiter, die nur eine generelle Rückmeldung bezüglich der einzelnen Besuche erhalten.

Flexibilität und Individualität

Die Besuchsbegleiterinnen sind bemüht, die Anliegen der Kinder und ihrer Eltern soweit wie möglich zu berücksichtigen, um eine den Bedürfnissen der Kinder und ihrer Eltern entsprechende Gestaltung der Besuche zu

ermöglichen. Bei Einverständnis beider Elternteile sind z.B. Spielplatz-
oder Kaufhausbesuche (mit oder ohne Begleitung) während der Besuchszeit möglich.

Elterngespräche

Wie bereits erwähnt, stehen die Sozialarbeiterinnen vor oder nach den Besuchen für Gespräche mit den Eltern zur Verfügung. In jedem Fall jedoch
findet nach spätestens drei Besuchskontakten ein Zwischengespräch mit
beiden Elternteilen statt. Bei Beendigung der Kontaktanbahnung erfolgt
ein Abschlußgespräch. Diese Gespräche beziehen sich ausschließlich auf
die Besuche bzw. die Besuchskontaktanbahnung und eventuelle Lösungen
der Besuchsrechtskonflikte. Kommt es im Laufe der Gespräche zu einer Besuchsrechtsvereinbarung, so wird diese schriftlich festgehalten und dem
zuständigen Sprengelsozialarbeiter übermittelt. Bei anderen Problemen
werden die Eltern, je nach Problemlage, an die zuständigen Sozialarbeiter
des Amts für Jugend und Familie oder an andere Experten, wie z.B. Therapeuten oder Juristen, verwiesen.

Den Elterngesprächen wird im Besuchscafé Freiraum großer Stellenwert
beigemessen. Für manche Eltern gewinnen die begleitenden Gespräche mit
den Freiraum-Mitarbeiterinnen zunehmend an Bedeutung, und obwohl einige dieser Eltern die Besuchskontakte bereits außerhalb des Besuchscafés
abwickeln, greifen sie nicht selten auf die Möglichkeit zurück, in regelmäßigen Gesprächen mit diesen allfällige Uneinigkeiten oder Abänderungen
der Besuchsregelung zu klären.

Evaluation und Modifikation

Das Projekt wird in regelmäßigen Abständen überprüft und gegebenenfalls
modifiziert. Um die Zufriedenheit der Eltern zu erheben, wurde ein Fragebogen entwickelt; die Kinder werden gebeten, ihren Eindruck von der Besuchskontaktanbahnung in einem direkten Gespräch zu äußern. Besuchs-
kontaktanbahnungen im Rahmen des Besuchscafés Freiraum haben
durchaus mediativen Charakter, zielen sie doch darauf ab, die Kommuni-
kations- und Kooperationsfähigkeit der Eltern (wieder)herzustellen, sodaß
eine faire, eigenverantwortliche und für alle Beteiligten zufriedenstellende
Regelung des Besuchsrechtskonflikts möglich wird. Es bleibt zu hoffen,
daß nicht nur mediative Elemente und Techniken, sondern auch Mediation als Konfliktregelungsverfahren mehr als bisher im Bereich der öffentlichen Jugendwohlfahrt Fuß fassen wird, denn: „Untersuchungen haben
immer wieder gezeigt, daß Scheidung ein bedeutsamer Risikofaktor für
psychische und gesundheitliche Probleme bei Erwachsenen und Kindern
ist (...). Dabei war für die Kinder die Konflikthaftigkeit der Beziehung zwischen den Eltern von größerer Bedeutung als die Trennung selbst (...). So
daß zumindest für die Kinder, wahrscheinlich aber auch für die Eltern
sämtliche Hilfen, die das Ausmaß und die Intensität der interparentalen

Streitigkeiten und Konflikte zu reduzieren vermögen, nicht nur aktuell entlastend, sondern auch für die weitere Entwicklung förderlich sind" (Bastine u.a. 1992, 379).

Drei Besuchsanbahnungen im Café Freiraum

Anhand der folgenden drei Fallbeschreibungen soll deutlich werden, daß die Vorgeschichte und die jeweilige Problemlage einer Familie zum Zeitpunkt der Besuchskontaktanbahnung ein individuelles, den Bedürfnissen der Familie entsprechendes Vorgehen erfordert.

Im Fall von Familie Müller folgte die Besuchsanbahnung im wesentlichen den Kriterien einer Mediation, war jedoch den Beteiligten gegenüber nicht als solche deklariert. Trotz jahrelanger gerichtlicher Auseinandersetzungen gelang es Familie Müller, mit Hilfe der Besuchsbegleiterinnen eine Besuchsrechtsvereinbarung zu treffen.

Jahrelange Familienstreitigkeiten, gesundheitliche Probleme und Auseinandersetzungen mit verschiedenen Gerichten und Ämtern für Jugend und Familie dominierten die Beziehung von Frau Meier und ihrer Tochter. Die divergierenden Positionen und unterschiedlichen Interessen der vielen Beteiligten blieben unvereinbar und führten schließlich zum völligen Abbruch der Kontakte zwischen Mutter und Tochter.

Eltern, die einer Besuchsanbahnung im Besuchscafé Freiraum zustimmen, erklären sich auch bereit, die entsprechenden Rahmenbedingungen anzuerkennen. Im Fall von Familie Huber stimmte der Vater zwar diesen Rahmenbedingungen zu, war aber nicht bereit, sich auch an die getroffenen Vereinbarungen zu halten, sodaß die Besuchskontakte im Freiraum schließlich von seiten der Besuchsbegleiterinnen abgebrochen wurden.

Familie Müller oder Chancen einer Wiederannäherung

Die Ehe von Frau und Herrn Müller begann bereits 1986, kurz nach der Geburt ihrer Tochter Melanie, zu kriseln. Herr Müller warf seiner Gattin Lieblosigkeit gegenüber den Kindern, Bestrafung durch Liebesentzug sowie Disziplin- und Interesselosigkeit in familiären Belangen vor. Er wies seiner Gattin die Schuld für die zunehmenden Probleme im Zusammenleben zu und sah sich nicht nur als Familienerhalter (seine Gattin war zu diesem Zeitpunkt nicht berufstätig), sondern auch als besserer Betreuer, Pfleger und Erzieher der Kinder. Herr Müller sah seine Leistungen und Bemühungen nicht genügend gewürdigt und empfand seine Gattin als „chronische Nörglerin".

Frau Müller selbst sah die Situation genau umgekehrt und warf ihrem Gatten vor, ihre Arbeit als Hausfrau und Mutter nicht anzuerkennen und sie in Anwesenheit der Kinder zu demütigen. Darüber hinaus fühlte sie sich von ihrem Mann unterdrückt und vermißte dessen Hilfe in jedem Bereich. Vor allem fühlte sie sich mit den Problemen und Schwierigkeiten, die ihr die Kinder bereiteten, alleine gelassen.

Da schließlich beide Elternteile erkannten, daß besonders ihre Tochter Melanie und ihr Sohn Harald unter der angespannten Familiensituation litten, wurde auf Initiative Herrn Müllers eine Familientherapie begonnen. Diese führte zwar zum zeitweiligen Waffenstillstand im Ehekrieg, konnte aber keine effiziente Lösung der Partnerprobleme bewirken.

Die Konflikte zwischen den Eltern erreichten Anfang 1994 den Höhepunkt, und Herr Müller plante, seine Gattin ohne Vorankündigung zu verlassen. Da Herr Müller glaubte, daß sein 14jähriger Sohn Harald unter den rigiden Erziehungsmethoden seiner Gattin besonders litt, weihte er Harald in seine Pläne ein, und dieser entschloß sich, mit Herrn Müller auszuziehen und beim ihm zu leben.

Diese Situation analysiert John Haynes in seinem Buch „Scheidung ohne Verlierer" folgendermaßen: „Obwohl Jugendliche zwischen 13 und 18 Jahren die elterlichen Konflikte meistens sehr gut kennen und realistisch einschätzen können, reagieren sie oft sehr emotional auf die Ankündigung einer Trennung durch die Eltern. Teilweise fühlen sie sich herausgefordert, ihren Eltern (in diesem Fall dem Vater, Anm. der Verf.) in dieser Situation beizustehen und für sie zu sorgen. Dies kann ihre Identitätsbildung und die Ablösung vom Elternhaus erschweren" (Haynes 1993, 138).

Herr Müller verließ im Februar 1994 gemeinsam mit Harald die eheliche Wohnung. Seine Gattin, für die dieser Auszug sehr überraschend erfolgte, war gekränkt und fühlte sich vor allem von Harald verraten. Ihre Enttäuschung über dessen Verhalten hinderte sie daran, um ihren Sohn zu „werben" und Kontakt mit ihm aufzunehmen. Harald selbst weigerte sich, von sich aus den Kontakt mit der Mutter wiederaufzunehmen. Ihrem Gatten gegenüber vertrat Frau Müller den Standpunkt, daß auch er nun kein Recht mehr habe, mit Melanie zusammenzutreffen: Wenn Harald seine Mutter nicht sehen wolle, dann solle der Vater auch keinen Kontakt zu Melanie haben. Sowohl Frau Müller als auch ihr Gatte waren nicht bereit, auch nur einen Deut von ihrer Position abzuweichen; eine Einigung schien unmöglich.

Wenn Verhandelnde um Positionen ringen, geschieht es nicht selten, daß sie sich in dieser Position verfangen. Je mehr der eigene Standpunkt verteidigt wird, desto stärker ist man daran gebunden, und eine Einigung wir immer unmöglicher. Zugleich gilt aber: Je mehr Aufmerksamkeit den Positionen gewidmet wird, umso weniger klar werden die Bedürfnisse der Verhandlungspartner. Jede Partei versucht, die andere zur Änderung ihrer Position zu veranlassen, und verwendet dazu Taktiken, wie z.B. das Drohen mit dem totalen Abbruch der Gespräche. Dadurch entstehen Frust und Ärger, die die Beziehung noch mehr belasten (vgl. dazu Fisher 1984).

Im Falle des Ehepaars Müller führte dies schließlich zur Einreichung der Scheidung – die Auseinandersetzungen wurden in den Gerichtssaal verlagert. Trotz zahlreicher Gerichtsverhandlungen und Gutachten konnte bis Mitte 1996 keine Besuchsrechtsregelung getroffen werden. Herrn Müller gelang es jedoch einige Male, seine Tochter vor der Schule zu treffen. Frau Müller aber hatte – abgesehen von einigen kurzen Telefonaten – keinen Kontakt zu Harald.

Eine Sozialarbeiterin des Amts für Jugend und Familie schlug schließlich eine Besuchskontaktanbahnung im Besuchscafé Freiraum vor. Im Sommer 1996 fand ein Erstgespräch statt, bei dem beide Elternteile ihre Wünsche und Vorstellungen in bezug auf die Besuche einbringen konnten. Frau und Herr Müller erklärten sich – wohl aufgrund der bereits sehr langen und ergebnislosen gerichtlichen Auseinandersetzungen – mit der Besuchsanbahnung und den Rahmenbedingungen einverstanden und hielten dies auch schriftlich fest.

Beim ersten Besuch kam Frau Müller mit ihrer nunmehr zehn Jahre alten Tochter, die sich sichtlich freute, ihren Vater zu sehen, zur vereinbarten Zeit ins Besuchscafé. Harald, dem die Eltern die Möglichkeit eingeräumt hatten, selbst über die Zeitdauer, die er mit der Mutter verbringen wollte, zu entscheiden, kam erst eine halbe Stunde vor Ende des Besuchs. Sowohl Harald als auch seine Mutter waren bei dem ersten Zusammentreffen nach langer Zeit sehr unsicher und wurden von den Besuchsbegleiterinnen unterstützt. Gegen Ende des Besuchs lud die Mutter ihren Sohn zu einem Familienfest ein, was Harald jedoch abgelehnte. Frau Müller ärgerte sich sehr darüber und warf ihm vor, genau wie sein Vater zu sein.

Zum zweiten Besuchskontakt erschien Harald nicht. Herr Müller erklärte seiner geschiedenen Gattin, daß Harald sich aufgrund der Ereignisse beim ersten Besuch geweigert habe mitzukommen. Frau Müller reagierte tief gekränkt und kündigte gerichtliche Schritte an: Wenn sie dem Vater ermögliche, Melanie zu sehen, dann müsse er ihr auch ermöglichen, Harald zu sehen.

Beim dritten Besuch war geplant, den elften Geburtstag von Melanie zu feiern. Das Kind wurde allerdings nicht von seiner Mutter, sondern von deren Mutter zum Besuchskontakt gebracht. Herr Müller, der gemeinsam mit Harald erschienen war, lud die Großmutter zum Mitfeiern ein, und der Besuch verlief harmonisch und konfliktfrei.

Auch beim vierten Besuch war Harald wieder anwesend, worüber Frau Müller sichtlich glücklich war. Als er jedoch zum nächsten Termin wieder nicht erschien, reagierte die Mutter erneut verärgert und ungehalten. Bei der Nachbesprechung des Besuchs konnten die Eltern jedoch einige alte Mißverständnisse klären und vereinbaren ein Gespräch, bei dem auch die Kinder anwesend sein sollten.

Beim nächsten Besuch waren Mutter, Vater und beide Kinder anwesend, und es herrschte eine familiäre und liebevolle Atmosphäre. Im Anschluß an den Besuch fand eine Besprechung statt, bei der sich die Eltern darauf einigten, sich vor Weihnachten privat, außerhalb des Besuchscafés, zu treffen. Um eventuelle Schwierigkeiten vorwegzunehmen, wurde mit allen Beteiligten eine Liste erarbeitet, die wesentliche Punkte des Umgangs miteinander enthielt: gegenseitiger Mindestrespekt, keine Streitigkeiten vor den Kindern, Probleme direkt ansprechen, keine negativen Äußerungen über den Expartner den Kindern gegenüber, Vermeidung der Anwesenheit von Verwandten und Bekannten.

Von Dezember bis Ende Februar kam es zu mehreren Treffen der Familie außerhalb des Besuchscafés. In diesem Zeitraum gelang es Frau Müller und ihrem Exgatten, sich über die Vermögensaufteilung zu einigen. Ende Februar fand ein weiteres Gespräch mit der Familie statt. Die Kontakte waren nach den Berichten von Melanie, Harald und den Eltern ohne Probleme verlaufen, und beide Elternteile führten dies vor allem auf die von ihnen erarbeiteten Umgangsregeln zurück. Aufgrund dieser positiven Erfahrungen entschlossen sich Frau und Herr Müller, unter Miteinbeziehung ihrer Kinder eine Besuchsregelung zu vereinbaren, die von allen Beteiligten unterzeichnet wurde. Auf Wunsch der Eltern sollte sie zunächst für einen Probezeitraum von drei Monaten wirksam sein, danach sollte in einem weiteren Gespräch eine endgültige Regelung getroffen werden.

Beim abschließenden Gespräch mit Familie Müller stellte sich heraus, daß sich die Vereinbarungen während der Probephase im wesentlichen bewährt hatten und für die endgültige Vereinbarung nur geringfügige Modifizierungen erforderlich waren.

Ein wesentlicher Punkt der endgültigen Vereinbarung war unter anderem der Passus, daß sich jeder Elternteil mit dem Besuchsrecht des anderen einverstanden erklärte und dieses nicht in Frage stellte. Für Melanie und Harald wurden individuelle, an ihren jeweiligen Bedürfnissen orientierte Regelungen getroffen und schriftlich festgehalten.

Der Ablauf dieser Besuchsanbahnung entspricht im wesentlichen den Schritten, die Gary Friedman und Jack Himmelstein in ihrem Phasenmodell einer Mediation anführen: In der ersten Phase werden die Parteien über Ablauf und Grundregeln des Verfahrens informiert und ihre Motivation, sich dem Verfahren zu unterziehen, geklärt. Erachten sowohl die Parteien als auch der Mediator die Mediation als geeignetes Konfliktlösungsverfahren, so wird dies in einem Mediationskontrakt schriftlich festgehalten.

In der daran anschließenden Phase der Bestandsaufnahme werden allgemeine Informationen sowie streitige Punkte und offene Fragen gesammelt und Übereinstimmungen bzw. Nichtübereinstimmungen der Parteien identifiziert. Dieser Phase folgt die Konfliktbearbeitung, in der die unterschiedlichen Bedürfnisse der Parteien geklärt, ihre Bezugs- und Wertsysteme identifiziert und gegenseitiges Verständnis ermöglicht werden soll.

In der Phase der Einigung werden Optionen und Lösungsmodelle entwickelt, die von den Parteien durch die Beiziehung externer Fachleute (z.B. Psychologen, Juristen) auf ihre Umsetzbarkeit überprüft werden. Haben die Parteien schließlich zu einem für beide Seiten befriedigenden Lösungsmodell gefunden, so wird eine schriftliche Vereinbarung entworfen und eventuell eine Probephase vereinbart. Der Abschluß der Mediation erfolgt, indem die Parteien einen schriftlichen Vertrag schließen, in dem auch Absprachen für zukünftige Änderungen enthalten sind (vgl. Friedman 1996, 32 ff.).

In ihrer Vereinbarung kamen Frau und Herr Müller überein, bei allfälligen nicht zu klärenden Problemen wieder die Hilfe der Besuchsbegleiterinnen in Anspruch zu nehmen. Dieser Punkt wurde ebenfalls schriftlich fixiert, es fanden aber keine weiteren Zusammentreffen mit Familie Müller statt.

Familie Meier oder
Die vielen Hindernisse, einander zu sehen

Familie Meier wurde aufgrund zahlreicher Probleme – unter anderem Drogenmißbrauch der Eltern – seit der Geburt ihrer Tochter Jutta durch das zuständige Amt für Jugend und Familie betreut. Im Februar 1989 war Frau Meier aufgrund dieser Probleme mit der Versorgung ihres Kindes zunehmend überfordert, und die einjährige Jutta wurde mit Einverständnis ihrer Mutter vorübergehend in einer Pflegefamilie untergebracht. Jutta sollte dort maximal ein halbes Jahr bleiben, und während dieser Zeit wollte sich Frau Meier einer stationären Drogentherapie unterziehen. Da sich aber herausstellte, daß die Therapie doch längere Zeit in Anspruch nehmen würde, kam es bereits nach wenigen Wochen zu einem Pflegewechsel, und Jutta wurde von der Schwester ihre Mutter, Frau Zeiser, und deren Gatten versorgt und betreut. Die Therapeutin von Frau Meier bewirkte in der Folge jedoch eine ambulante Therapie und setzte sich vehement dafür ein, daß Jutta wieder bei ihrer Mutter leben konnte. Diese übersiedelte bereits im Mai wieder in die Wohnung ihrer Eltern.

Einige Monate später, im August 1989, wurde Frau Meier nach einem heftigen Streit mit ihrem Gatten mit einem Schädelbruch und Gehirnblutungen ins Spital eingeliefert und Jutta abermals bei Familie Zeiser untergebracht. Bereits im September wurde Jutta wieder in die Obhut der Mutter übergeben – in einer ärztlichen Bestätigung wurde versichert, daß Frau Meier wieder in der Lage sei, ihr Kind zu versorgen, und daß sie wegen ihrer Drogenprobleme psychiatrische Betreuung sowie eine ambulante Therapie erhalte.

Juttas Vater zeigte kein Interesse an ihr, mißhandelte seine Gattin und war nicht bereit, sich wegen seiner Drogensucht einer Therapie zu unterziehen. Die Ehe wurde 1990 geschieden; die Obsorge für Jutta wurde der Mutter zugesprochen, was zunächst für einige Zeit sehr gut klappte. Im August 1992 kam es wieder zu einem längerem Krankenhausaufenthalt Frau Meiers, in Zuge dessen sich herausstellte, daß sie auch Alkoholprobleme hatte. Seit damals lebte Jutta bei Familie Zeiser.

Familie Zeiser war zunächst bemüht, Jutta endlich eine stabile Familiensituation zu bieten. Dies führte jedoch zu vermehrten Konflikten mit Frau Meier, die fürchtete, ihre Tochter zu verlieren. Mit Hilfe des Amts für Jugend und Familie wurde zunächst eine Besuchsregelung getroffen, die es der Mutter ermöglichte, Jutta jedes zweite Wochenende für vier Stunden bei Familie Zeiser zu besuchen. Frau Meier betrachtete diese Form des Besuchsrechts jedoch als „Entmündigung", die wenigen Besuchskontakte, die sie wahrnahm, verliefen sehr konfliktreich. Jutta wollte der Mutter nicht zugehen und klammerte sich an die Pflegemutter. Sie konnte nachts nicht mehr ohne Licht einschlafen und wurde zusehends aggressiv.

„Kinder in diesem Alter (3 bis 5 Jahre)", schreibt John Haynes, „befinden sich zwar im Übergang zu einer größeren Selbständigkeit, brauchen aber noch sehr viel Sicherheit und Vertrautheit. Sie übernehmen die Gefühle, die die einzelnen Parteien zueinander empfinden, deren gegenseitige Ablehnung oder deren Ambivalenz. Sie reagieren durch ein erhöhtes Maß an Ängsten, vor allem Trennungsängsten, durch Schlafstörungen und trotziges, verweigerndes Verhalten" (Haynes 1993, 136).

Im September 1993 gebar Frau Meier eine zweite Tochter, die jedoch kurz nach ihrer Geburt bei Pflegeeltern untergebracht wurde. Frau Meiers Besuche bei Jutta und Familie Zeiser gestalteten sich zunehmend schwieriger. Einerseits kam es oft zu Streitigkeiten zwischen Frau Meier und ihrer Schwester, andererseits erschien Frau Meier teilweise nicht zu den vereinbarten Terminen. Jutta reagierte mit Wutausbrüchen, die sich vor allem gegen Frau Zeiser richteten. Bei den wenigen Zusammentreffen mit ihrer Mutter war Jutta, da sie durch Frau Meier in Loyalitätskonflikte gebracht wurde, überfordert. Immer wieder schmiedete Frau Meier mit Jutta unrealistische Pläne einer gemeinsamen Zukunft und machte ihr unhaltbare Versprechungen.

„Kinder in den ersten Schuljahren wissen", schreibt John Haynes, „daß sie an der Trennung nichts ändern können, sind jedoch weiterhin mit dem Elternteil verbunden, von dem sie getrennt wurden. Sie sehnen sich nach ihm und fordern den Kontakt zu ihm. Die Trennung macht sie traurig und hilflos (...). Das Gefühl der Verbundenheit mit beiden bringt sie häufig in Loyalitätskonflikte, vor allem dann, wenn sie sich für etwas entscheiden sollen, was beide betrifft" (Haynes 1993, 136).

Da die Mutter die Besuche bei Familie Zeiser mehr oder weniger boykottierte und ihr ein vierstündiges Zusammentreffen mit ihrer Tochter ohne Begleitung auch wegen ihres psychischen Zustands nicht zugemutet werden konnte, fanden die Besuche schließlich im Amt für Jugend und Familie statt. Die Besuchszeiten wurden im Jänner 1995 reduziert (einmal monatlich für zwei Stunden) und fanden im Beisein einer Sozialarbeiterin statt. Dabei fiel auf, daß sich Frau Meier mit ihrer Tochter kaum beschäftigen konnte und diese den Vorstellungen der Mutter (v.a. mit ihren schulischen Leistungen) nicht gerecht werden konnte. Mutter und Pflegemutter begegneten sich nur bei der Übergabe von Jutta und wechselten kein Wort miteinander. Diese Feindseligkeit belastete das

Mädchen sehr. Möglicherweise wäre in dieser Situation der Versuch einer Vermittlung in bezug auf die Umgangsformen der beiden Frauen hilfreich gewesen.

Im März 1995 wurden die Besuche schließlich in das Besuchscafé Freiraum verlegt. Aufgrund der veränderten äußeren Bedingungen – Jutta und ihre Mutter hatten genug Raum für sich, die Besuchsbetreuung erfolgte nicht mehr länger durch die fallführende Sozialarbeiterin, sondern durch das Freiraum-Team, das ausschließlich für die Besuchsanbahnung und nicht für die anderen Probleme der Familie zuständig war – verbesserte sich zunächst auch die Beziehung von Frau Meier und ihrer Tochter. Das positive Verhältnis dauerte jedoch nur kurz, da sich Frau Meier nun zunehmend in der Rolle der kontrollierenden und an schulischen Erfolgen interessierten Mutter zeigte. Juttas eher unterdurchschnittliche Leistungen waren für Frau Meier der Beweis der unzulänglichen Erziehung Frau Zeisers. Frau Meier selbst versuchte ihre Unsicherheit gegenüber Jutta zu verbergen und nahm fallweise Verwandte oder Freundinnen zu den Besuchen mit.

Obwohl sie gebeten wurde, dies zu unterlassen und die Besuchszeit ausschließlich mit Jutta zu verbringen, kam Frau Meier im August 1995 in Begleitung ihrer jüngeren Schwester, Frau Beer, zu einem Besuchskontakt. Als Frau Zeiser Jutta zum Besuch brachte, war sie von der Anwesenheit Frau Beers, mit der eine jahrelange Feindschaft bestand, überrascht, stimmte jedoch der Anwesenheit ihrer Schwester zu, da für diesen Besuch der Geburtstag Juttas gefeiert werden sollte. Die Spannungen zwischen Frau Zeiser und Frau Beer nahmen zu, als Frau Zeiser nach dem Besuch informiert wurde, daß Frau Beer bei Gericht einen Antrag auf Besuchsrecht eingebracht hatte.

Die weiteren Besuche verliefen bis November 1996 weniger wechselhaft und spannungsgeladen als bisher, die Konflikte der drei Schwestern überlagerten nicht mehr die Besuche, was sich auch auf Juttas Beziehung zu ihrer Mutter positiv auswirkte. Bei einem Zwischengespräch forderte Frau Meier die Ausdehnung ihres Besuchsrechts. Frau Zeiser sprach sich gegen eine generelle Ausweitung des Besuchsrechts aus und vereinbarte mit Frau Meier drei Zusatztermine während Juttas Weihnachtsferien. Der letzte dieser Termine wurde von Frau Meier ohne vorherige Absage nicht mehr wahrgenommen. Mehrmalige schriftliche Aufforderungen an Frau Meier, sich wegen der Besuchskontakte zu melden, blieben ohne Reaktion. Nach etwa fünf Monaten setzte sich Frau Meier mit den Besuchsbegleiterinnen in Verbindung und verlangte die Fortsetzung der Besuchskontakte.

In der Folge fanden Gespräche mit allen Beteiligten statt, und da auch Jutta wieder mit ihrer Mutter zusammentreffen wollte, wurde ein Besuch vereinbart. Frau Meier wurde dazu angehalten, Jutta zu erklären, warum sie sie so lange nicht besucht hatte. Zwei weitere Kontakte verliefen ohne Probleme. Beim nächsten Besuch war Frau Meier sichtbar alkoholisiert und fiel anläßlich Juttas Zeugnis in die Rolle der kontrollierenden und tadelnden Mutter zurück. Die zehnjährige Jutta war vom Zustand ihrer Mutter sehr betroffen, sprach sich aber in einem kurzen Gespräch mit den Besuchsbegleiterinnen gegen einen Abbruch des Besuchs aus. Sie bat diese, sie nicht mit der Mutter alleine zu lassen und an den gemeinsamen Spielen teilzunehmen. Nach dem Besuch wurde versucht, Frau Meier auf ihre Trunkenheit anzusprechen, was aber aufgrund ihres Zustands scheiterte.

Im November 1997 erwirkte Frau Beer bei Gericht ein Besuchsrecht im Ausmaß der Besuchskontakte der Mutter. Das führte zu einer Veränderung der festgefahrenen Situation. Frau Beer erwies sich für die Mutter, die im Umgang mit Jutta zunehmend überfordert wirkte, als große Hilfe. Auch Jutta fühlte sich von Frau Beer unterstützt und konnte wieder unbefangener mit ihrer Mutter umgehen. Frau Zeiser, die sich dazu gedrängt sah, nun sogar zwei Schwestern die Besuche zu Jutta zu ermöglichen, wollte nun zumindest die Besuche von Frau Beer verhindern und versuchte Jutta in ihrem Sinne zu beeinflussen. Das Mädchen ergriff zunehmend Partei für Frau Zeiser, die ihr erklärt hatte, daß sie ohne sie in ein Heim gesteckt worden wäre. Um die Situation zu klären, wurde mit allen Beteiligten ein Gespräch vereinbart. Dabei sollte ähnlich einer Shuttlemediation vorgegangen werden, bei der der Mediator mit den zwar gleichzeitig anwesenden, aber räumlich getrennten Konfliktparteien Gespräche führt, über deren Inhalt er der jeweils anderen Partei berichtet.

Frau Meier und Jutta hielten sich in einem, Frau Zeiser und Frau Beer mit einer Sozialarbeiterin in einem anderem Raum auf. Um Befindlichkeiten und Lösungsmöglichkeiten zu klären, sollte eine der Besuchsbegleiterinnen zwischen den zwei Gruppen pendeln. Da jedoch Frau Zeiser und Frau Beer ihre Meinungsverschiedenheiten so lautstark austrugen, daß das Kind trotz räumlicher Trennung alles mitanhören mußte, mußte das Vorhaben abgebrochen werden. Frau Beer verzichtete daraufhin auf künftige Kontakte zu Jutta, da sie einsah, daß jede weitere Konfrontation das Mädchen noch stärker belasten würde. Frau Meier setzte sich seit diesem Gespräch weder mit Jutta oder Frau Zeiser noch mit den Besuchsbegleiterinnen in Verbindung, ihr Aufenthaltsort ist derzeit nicht bekannt.

Anhand der Geschichte von Familie Meier wird deutlich, daß der Mediationsprozeß dort an Grenzen stößt, wo seitens der Konfliktparteien gewisse Grundvoraussetzungen nicht gegeben sind. Nach Gary Friedman (Friedman 1996) sind diese Kriterien, die jede Konfliktpartei erfüllen muß, die Motivation zur Mediation, die Bereitschaft, am Entscheidungsprozeß mitzuwirken und das Ergebnis zu verantworten, den eigenen Standpunkt zu vertreten und auf beiderseitig annehmbare Entscheidungen hinzuarbeiten. Gerade der Wille, auf eine beiderseitig annehmbare Besuchsregelung hinzuarbeiten, war bei Frau Meier und Frau Zeiser nicht gegeben. Vielmehr bemühten sich beide Schwestern – wohl aufgrund ihrer jahrelangen Erfah-

rungen im Umgang mit Gerichten und Jugendämtern –, die Besuchsbegleiterinnen für sich einzunehmen, um auf diese Weise jeweils eine Besuchsregelung in ihrem Sinne herbeizuführen.

Familie Huber oder Von Regeln und anderen Ärgernissen

Frau Huber ertrug die jahrelangen Gewalttätigkeiten und die Abwertung ihrer Person durch den Gatten nicht mehr und zog nach einem Ehestreit, bei
dem sie derart zusammengeschlagen worden war, daß ein Polizeieinsatz
notwendig war, mit ihren drei Kindern ins Frauenhaus. Die Ehe wurde sieben Monate später geschieden, das Obsorgerecht für die neunjährige Martina, den sechsjährigen Michael und den dreijährigen Maximilian der Mutter zugeteilt. Ein Gerichtsbeschluß räumte Herrn Huber ein 14tägiges Besuchsrecht im Ausmaß von vier Stunden ein und sah vor, daß dieses im Besuchscafé Freiraum ausgeübt werden sollte.

Sowohl Herrn Huber als auch dem Gericht wurde daraufhin mitgeteilt,
daß die Durchführung der Anbahnung im Besuchscafé in dem vom Gericht
festgesetzten Ausmaß unmöglich sei: Einerseits standen weder Kapazitäten
für vierstündige Besuche zur Verfügung, andererseits war dieses Zeitausmaß
auch nicht mit dem Konzept des Freiraums vereinbar. Wie bereits erwähnt,
sieht das Konzept nur die Anbahnung von regelmäßigen Besuchskontakten
im Besuchscafé vor. Ziel der Anbahnung ist nicht die Ausübung des Besuchsrechts, sondern das Erarbeiten einer Besuchsregelung, die schließlich
von allen Beteiligten in privatem Rahmen durchführbar ist. Nach gründ-
licher Information über die Rahmenbedingungen und Modalitäten der Be-
suchsabläufe willigte Herr Huber ein, die Besuchsanbahnung entsprechend
diesen Bedingungen durchzuführen, und es wurden zunächst sechs Termine (zwei Stunden in 14tägigen Abständen) vereinbart.

Beim ersten Kontakt bereitete Herr Huber für seinen Sohn Michael ein
Geburtstagsfest vor. Martina, die älteste Tochter, die am meisten von den
Ehestreitigkeiten und Gewalttätigkeiten ihres Vaters mitbekommen hatte,
erschien jedoch nicht zum Besuch. Dies konnte Herr Huber nur schwer akzeptieren, was große Spannungen zwischen den Eltern erzeugte. Im Anschluß an den Besuch wurde mit den Eltern die Vorbereitung Martinas auf
das Treffen mit dem Vater besprochen. Die Mutter erklärte sich bereit, diese Aufgabe zu übernehmen, versprach Martina beim nächsten Besuch mit-
zunehmen und ihr vorher zu versichern, daß sie die Räumlichkeiten jederzeit verlassen könne.

Beim nächsten Besuch erschien Frau Huber wieder mit ihren beiden
Söhnen und erklärte, daß Martina nicht zum Mitkommen zu bewegen gewesen sei. Sie habe mit Schreikrämpfen und Atembeschwerden reagiert, als
die Mutter sie auf den Besuch vorbereiten wollte. Herr Huber beschuldigte
die Mutter, Martina nicht genügend motiviert zu haben, und warf ihr vor,
sich nicht um den Gesundheitszustand der Kinder zu kümmern – seine
Söhne würden sichtlich unter Verstopfung leiden. Die medizinische Ver-

sorgung der Kinder war schon während der Ehe ein wesentlicher Streitpunkt der Eltern, da Herr Huber als Medizinstudent immer schon die pflegerischen Qualitäten seiner Frau, einer Kinderkrankenschwester, bemängelt hatte.

Herr Huber wies während des Besuchs immer wieder auf die angebliche Verstopfung seiner Söhne hin und forderte schließlich, Stuhlproben entnehmen zu dürfen. Als er darauf hingewiesen wurde, daß er zum Besuch seiner Söhne gekommen sei und eine medizinische Untersuchung weder erlaubt noch möglich sei, reagierte Herr Huber wütend und warf den Besuchsbegleiterinnen vor, das Kindeswohl zu mißachten. Herr Huber wurde gebeten, sich auf das Spiel mit seinen Söhnen zu konzentrieren, nach Ende der Besuchzeit wurde ihm mitgeteilt, daß weitere Vorkommnisse dieser Art den Abbruch der Besuchsanbahnung im Besuchscafé zur Folge haben würden.

Zum dritten Besuchskontakt erschien auch Martina, die für etwa 20 Minuten unbefangen mit ihrem Vater plauderte. Danach verließ sie auf eigenen Wunsch mit ihrer Mutter die Räumlichkeiten und wartete das Ende der Besuchszeit in einem Park ab. Herr Huber war glücklich, seine Tochter gesehen zu haben, und widmete sich für den Rest der Besuchzeit sehr liebevoll seinen Söhnen.

Beim nächsten Besuch kamen die Brüder wieder ohne Martina. Laut Frau Huber war Martina durch einen Anruf ihres Vaters, der ihr mitgeteilt hatte, er würde verreisen und sie mit ins Ausland nehmen, völlig verstört und verängstigt. Herr Huber reagierte auf das Nichterscheinen Martinas aggressiv und beschimpfte auch die Besuchsbegleiterinnen auf obszöne Weise. In der Folge wurde er aufgefordert, sein Verhalten auch im Interesse der Söhne zu ändern oder das Besuchscafé zu verlassen. Er beruhigte sich daraufhin und widmete sich wieder seinen Söhnen. Als die Mutter in Begleitung einer Frauenhausmitarbeiterin eintraf, um die Kinder nach der Besuchszeit abzuholen, weigerte sich Herr Huber, das Spiel mit seinen Söhnen zu beenden. Er sagte, daß ihm laut Gerichtsbeschluß ein vierstündiges Besuchsrecht zustünde und er beabsichtige, dieses auch auszuschöpfen – bevor die Zeit um sei, würden weder er noch seine Söhne die Räumlichkeiten verlassen.

Als Herr Huber von den Besuchsbegleiterinnen auf die im Erstgespräch getroffenen und von ihm auch unterschriebenen Vereinbarungen hingewiesen wurde, reagierte er abermals aggressiv und bedrohte die Sozialarbeiterinnen. Herr Huber wurde mehrmals aufgefordert, die Räumlichkeiten zu verlassen, da ansonsten die Polizei gerufen werden müsse, was vor allem auch für seine Söhne eine sehr belastende Situation sein würde. Er verharrte jedoch weiter auf seinem Standpunkt und beschimpfte alle Anwesenden, sodaß schließlich die Polizei gerufen wurde, die den Vater aus dem Besuchscafé wies. Durch diese Vorkommnisse wurden die Besuchskontakte für die Söhne Herrn Hubers leider auf drastische Art und Weise beendet.

Herr Huber, der sich nach diesem Vorfall noch einmal mit den Besuchsbegleiterinnen in Verbindung setzte, teilte mit, daß er sein Besuchsrecht nicht nur auf dem Gerichtsweg durchzusetzen gedenke, sondern auch aufgrund der Erziehungsinkompetenz seiner Exgattin die Obsorge für seine Kinder beantragen würde.

Marianne Gumpinger definiert Mediation als „Konfliktregelungsverfahren, das sich an den Grundsätzen der Fairneß, des Interessensausgleichs und der Vertraulichkeit orientiert" (Gumpinger 1996, 12 f.). Ist ein Konflikt bereits so weit eskaliert, daß die Verhandlungs- und Paktfähigkeit der Parteien nicht mehr gegeben ist, oder herrscht zwischen den Konfliktparteien ein großes Machtungleichgewicht, wie etwa in Fällen familiärer Gewalt, so ist eine Mediation nicht sinnvoll.

Im Fall von Familie Huber zerstörte die ungleiche Machtverteilung sowie Herrn Hubers Weigerung, die vereinbarten Rahmenbedingungen anzuerkennen, die für eine Einigung zwischen den Eltern erforderliche Gesprächsbasis.

Literatur

Bastine, R. & Link, G. & Lörch, B. (1992): Scheidungsmediation – Möglichkeiten und Grenzen. Themenheft Familienmediation. In: Familiendynamik 4/1992, 379–394

Bundesministerium für Umwelt, Jugend und Familie (Hg.) (1997): Familienberatung bei Gericht. Mediation. Kinderbegleitung bei Trennung oder Scheidung der Eltern. Bericht über ein gemeinsames Modellprojekt. Wien

Figdor, H. (1994): Kinder aus geschiedenen Ehen. Zwischen Trauma und Hoffnung. Mainz

Fischer, R. & Ury, W. & Patton, B. (1996): Das Havard-Konzept. Sachgerecht verhandeln – erfolgreich verhandeln. Frankfurt a.M./New York

Friedman, G. (1996): Die Scheidungsmediation. Anleitungen zu einer fairen Trennung. Hamburg

Gumpinger, M. (Hg.) (1996): Mediation. Wenn zwei sich streiten, hilft der Dritte. Linz

Haller, M. (1997): Kontakte zwischen Kindern und getrennten Eltern. Voraussetzungen eines Weges zur Linderung von Scheidungsfolgen im Lichte soziologischer Befunde. In: Der Österreichische Amtsvormund 1/1997, 3–17

Haynes, J. M. (Hg.) (1993): Scheidung ohne Verlierer. Ein neues Verfahren, sich einvernehmlich zu trennen. München

Pillhofer, G. (1996): Chance Mediation. In: Der Österreichische Amtsvormund 6/1996, 178–184

Doris Kaufmann

Die Bedeutung von Trennungsritualen für den Mediationsprozeß bei einer Scheidung

Rituale sind Bestandteil unseres Lebens. Sie verleihen dem Alltag Struktur und können das Zusammenleben erleichtern. In unseren Breiten sind es vor allem die Religionen, die uns Rituale anbieten, um Veränderungen im Lebenszyklus hervorzuheben. Immer mehr Menschen kehren ihnen jedoch den Rücken zu und versuchen, für Übergänge neue, weltliche Rituale zu schaffen. Ein schwieriges Unterfangen, liegt die Kraft des Rituals doch im Vertrauten. Es lebt von Wiederholungen, der Akzeptanz und dem emotionalen „Mitschwingen" der Beteiligten. Die Gefahr, daß ein „neues Ritual" nicht ernst genommen oder gar belächelt wird, ist groß.

Folgender Beitrag soll zeigen, inwieweit Rituale auch für die Mediation eingesetzt werden können, daß nämlich eine Scheidungszeremonie als Abschluß einer Mediation unterstützend für alle Beteiligten wirken kann.

Rituale im Wandel der Zeit

Rituale standen bereits zu Beginn der Menschheitsgeschichte im Mittelpunkt des gesellschaftlichen Lebens, meist in engem Zusammenhang mit magischen Kulten oder Religionen. Mit bestimmten Worten, Gebärden und Handlungen – wie Opfern, Tänzen etc. –, die einem genau festgelegten Ablauf folgten, beschwor man – um Angst einzudämmen – die Natur und die Götter, hob wichtige Ereignisse hervor und stärkte so auch den Zusammenhalt der Gruppe.

Rituale waren also überall dort zu finden, wo es darum ging, der Glaubensgemeinschaft, den Untertanen, der Familie oder dem einzelnen etwas Wichtiges mitzuteilen oder ihr bzw. ihm über eine neue, verunsichernde Situation hinwegzuhelfen. Diese standardisierten Verhaltensweisen waren fest in den Gesellschaftsstrukturen verankert. Durch ständige Wiederholung wurden Rituale zu etwas Vertrautem, etwas, das sich bewährt hatte.

Mit der Gesellschaft verändert sich auch die Bedeutung von Ritualen. Der Mensch der sogenannten „Postmoderne", in der sich alle verbindlichen Werte und Bezugssysteme in Auflösung befinden, zeichnet sich durch seinen Drang zum Individualismus aus, durch Egoismus und Liberalismus. Die wachsende Vereinsamung des Menschen ist die Folge dieser Suche nach dem persönlichen Glück. Die Bedeutung traditioneller Familienstrukturen sinkt, Scheidungen stehen auf der Tagesordnung[1], der einzelne

---

[1] *In Österreich wurde 1996 insgesamt 18.079 Ehen geschieden, allein in Wien 5295. Insgesamt werden in Österreich 38,3 Prozent aller gegenwärtig geschlossenen Ehen geschieden, in Wien sogar jede zweite Ehe (50 Prozent). Die meisten Ehen werden nach dem dritten Jahr aufgelöst (Statistisches Zentralamt, April 1998).*

zieht sich immer mehr aus dem gesellschaftlichen Leben zurück. Technische Hilfsmittel wie das Internet und Teleshopping unterstützen diese Trends – in der modernen Kommunikationsgesellschaft wird die interpersonale Kommunikation durch technische Errungenschaften immer mehr zurückgedrängt.

Mit diesen Entwicklungen haben besonders die Religionsgemeinschaften zu kämpfen. Die Rolle der Kirche als Erklärungsinstanz für Unerklärliches und als gemeinschaftsbildende Organisation ist weitgehend verlorengegangen, ihr Einfluß auf das tägliche Leben wurde stark zurückgedrängt. Ihre Rituale wurden im Zuge dieser Entwicklung oft ausgehöhlt und sind zu bloßen Konventionen verkommen, über deren eigentliche Bedeutung kaum mehr jemand Bescheid weiß. Der wachsende Zulauf zu Sekten, die für viele Menschen eine Alternative darstellen, kann als Gradmesser für diese Orientierungslosigkeit gesehen werden.

Alltagsrituale unterscheiden sich von kirchlichen dadurch, daß sie keinen festgefügten Rahmen, keine traditionellen Regieanweisungen haben. Sie bestehen meist aus nicht mehr als einer Geste oder einer kurzen Zuwendung. Dennoch haben sie große Bedeutung für das Zusammenleben: Sie strukturieren es und prägen die Beziehungen und Umgangsformen innerhalb eines sozialen Gefüges wie beispielsweise der Familie. Alltagsrituale gewinnen ihre Kraft nicht aus einer besonderen Originalität heraus, es ist vielmehr das Vertraute, Verläßliche, durch das Nähe entsteht. Aus diesem Grund werden derartige Rituale oft zu Eckpfeilern der Erinnerung an die Kindheit. Hinter allen Ritualen lauert die Gefahr, daß sie irgendwann zu leblosen Formeln erstarren. Es ist daher sinnvoll, sie dann und wann zu „überprüfen" und sicherzustellen, daß sie der gegenwärtigen Beziehung zueinander noch entsprechen. Und alle Rituale, seien das nun Alltags- oder kirchliche Rituale, haben gemeinsam, daß sie die Beteiligten zu Stellungnahmen zwingen. So nehmen beispielsweise Ehepartner beim Ritual der kirchlichen Eheschließung Stellung zum Bund der Ehe, indem sie sich vor Zeugen an den Partner binden. Gleichzeitig ist diese Stellungnahme auch ein Bekenntnis zur katholischen Kirche. Vergangenes und Zukünftiges wird in Beziehung gesetzt.

Rituale stehen in engem Zusammenhang mit dem Überqueren von Grenzen sowie Status- und Zustandswechsel. Für den Fall der Scheidung sind von kirchlicher Seite – da sie diese ablehnt – keine Rituale vorgesehen. Hier kann die Mediation einspringen, indem sie – mit Hilfe der Beteiligten – neue Rituale entwickelt, die in diesem schwierigen Prozeß unterstützend wirken. In diesem Zusammenhang ist es interessant, über den Tellerrand des eigenen Kulturkreises zu schauen. Auf Hawaii etwa wird Mediation in unterschiedlichen Konfliktfeldern (Scheidung, Nachbarschaftskonflikte etc.) angewandt. Der Mediationsprozeß wird stets mit einem kulinarischen Fest eröffnet. Das gemeinsame Essen ist für die Konfliktparteien ein bekanntes Ritual, es hilft ihnen, auf dem ihnen neuen Terrain der „Mediation" Sicherheit zu erlangen. Aus unseren Breiten sind mir keine derart spektakulären Mediationsrituale bekannt.

Rituale im Kontext von Scheidung und Trennung

Trennungen sind meistens sehr schmerzhaft und bringen eine Vielzahl von Veränderungen mit sich, mit denen die Ehepartner, besonders aber die Partner in nichtehelichen Gemeinschaften alleingelassen sind. „Darum braucht es gerade in dieser Situation ein sinnvolles Ritual, eines, das Halt und Stütze bietet, das Raum und Zeit gibt für Tränen und Trost, für die Feier des Gewesenen, den Abschied und den Aufbruch ins Weiterleben" – was Brigitte Beil über den Tod schrieb, läßt sich auch auf Trennung und Scheidung übertragen (Beil 1997, 202). Es erscheint sinnvoll, für einen solch einschneidenden und schmerzvollen Übergang Riten zu entwickeln, die den Abschied erleichtern und die Chance für einen Neubeginn erhöhen.

Für die herkömmliche Ehescheidung gibt es ein sozial anerkanntes und institutionalisiertes Trennungsverfahren. Durch den Prozeß vor Gericht und den richterlichen Beschluß hat die Angelegenheit den Rahmen des Privaten verlassen, und das Ende der Ehe wird zu einem öffentlichen Akt. Die Konfliktparteien erhalten den Status „geschieden", womit dem sozialen Umfeld der neue Lebensabschnitt der Konfliktparteien zumindest formal kundgetan wird. Der emotionale Aspekt der Trennung wird im gerichtlichen Verfahren jedoch nicht bearbeitet. Ebenso stellt das Verfahren keine Unterstützung für das Paar dar, das zum Teil noch mit Tabus behaftete Thema im sozialen Umfeld zu besprechen.

Für nichteheliche Lebensgemeinschaften gibt es nicht einmal die begrenzte rituelle Bearbeitung der Trennung durch ein Gerichtsverfahren. Die Getrennten müssen, da es keine formalen und sozial anerkannten Lösungsmuster gibt, nach einer individuellen Lösung des Problems suchen. Während in einer Trennung durch ein Gerichtsverfahren zumindest die Möglichkeit einer gerechten Lösung besteht, wird der schwächere Partner in einer „inoffiziellen" Trennung noch mehr geschwächt. Interessant ist in diesem Zusammenhang auch, daß es keine klare Bezeichnung für den Beziehungsstatus nach der Auflösung einer unehelichen Gemeinschaft gibt. Redewendungen wie „Sie haben sich getrennt" oder „Er hat eine andere" zeigen, wie groß die Verunsicherung im Umgang mit Trennungssituationen ist (Heller 1989).

Unsere Rituale sind Spiegelbild unseres Weltbilds und unserer Ideologien. Wenn man annimmt, daß Scheidung und Trennung gesellschaftlich immer noch nicht überall akzeptiert sind, verwundert es nicht im geringsten, daß die Schließung und Aufrechterhaltung einer Partnerschaft gefeiert wird, für das Auseinandergehen – außer bei der schicksalhaften Trennung etwa durch den Tod eines Partners – jedoch keine Rituale existieren.

Da Krisen oft tabuisiert werden, wird auch der Neuanfang nach einer schweren Krise nicht entsprechend gewürdigt. Dies hat zu Folge, daß Menschen auch nach einer Trennung von unserer Gesellschaft und der Kirche allein gelassen werden (Jellouschek 1995). – Eine Ausnahme stellt diesbezüglich Dänemark dar. Dort setzt sich eine Gruppe von Priestern dafür ein, neben kirchlichen Trauungen künftig auch Scheidungen vor dem Altar abzuhalten, und zwar mit der Begründung, daß ein Scheidungsritual mit Orgelspiel und Kerzenlicht in einer Kirche den „Schmerz der Betroffenen lindern könne" („Der Standard", 22.4.1998).

Rituale und die Mediationssitzung

Mediation stellt als Form der Konfliktbewältigung ein sinnstiftendes Ritual in Umbruchsituationen dar. Die „Rollen" der Beteiligten sind klar verteilt, die Mediatorinnen und Mediatoren fungieren sozusagen als Zeremonienmeister und legen die Regeln fest. Das Festlegen der Gesprächsregeln, die Unterzeichnung des Mediationsvertrags zu Beginn der Sitzung, die Erklärung des Sitzungsablaufs (Themensammlung, Gesprächsprotokoll etc.) bieten einen klaren Rahmen, in dem sich die Konfliktparteien bewegen können, und vermitteln ihnen durch ihre durchsichtige Struktur Sicherheit. Da diese Regeln in der klassischen Mediation in der ersten Sitzung eingeführt werden, kommt dieser eine besondere Bedeutung zu.

Rituale sind größtenteils anerzogene Handlungen und haben – obwohl sie meist nicht bewußt als solche erlebt werden – innerhalb des Mediationsprozesses eine große Bedeutung. Es sind aber nicht unbedingt die großen, spektakulären Rituale, die das Um und Auf in der Mediation sind, sondern die kleinen, unscheinbaren. Ein besonderes Augenmerk sollte auf die Begrüßung der Konfliktparteien gelegt werden. Jemandem zum Gruß die rechte Hand zu geben ist ein Zeichen dafür, daß man ihn willkommen heißt, und seit jeher ein Ausdruck dafür, daß man dem Gegenüber „unbewaffnet" entgegentritt. Diese Geste ist ein wichtiger Gradmesser für die Verhandlungs- und Versöhnungsbereitschaft: Ist es den Konfliktparteien beim Abschluß der Mediationssitzung nicht möglich, sich die Hände zu reichen (d.h., sich für eine faire Verhandlung zu bedanken), bestehen Zweifel, daß die getroffenen Vereinbarungen langfristig tragfähig und nützlich sind.

Ein weiteres kleines, aber wichtiges Ritual ist die Platzzuweisung des Paares. Die von den Mediatoren festgelegte Sitzordnung dient als Orientierungshilfe für die Konfliktparteien, demonstriert aber auch, daß erstere die „Regie führen".

Eine Trennungsritual als Abschluß eines Mediationsprozesses

Rituale heben die Bedeutung von bestimmten Ereignissen heraus. Sie stellen Symbole und Formulierungen zur Verfügung, die uns ermöglichen, in Wort und Geste zum Ausdruck zu bringen, was wir spontan schwer sagen und ausdrücken könnten. Dadurch gewinnen sie Bedeutung für das kritische Lebensereignis Scheidung oder Trennung. In den letzten Jahren ist die Akzeptanz von Scheidung und Trennung gewachsen. Daher gibt es – bisher vorwiegend in den USA – das Bedürfnis, Riten zu entwickeln, die den Abschied vom „Verheiratetsein", vom „Eine-Familie-Sein" strukturieren und die dabei helfen, diese schmerzvolle Erfahrung besser verarbeiten zu können.

Zwischen dem Entwurf eines angemessenen Rituals und seiner Durchführung sollte einige Zeit verstreichen, denn allein die Vorstellung einer möglichen Trennungszeremonie bietet den Konfliktparteien einen stabilen Rahmen in einer instabilen Zeit. Jutta Lack-Strecker und Harro Naumann berichteten in ihrem Workshop zum Thema Scheidungszeremonien beim internationalen Symposium „Die Welt der Mediation" im September 1997 in Klagenfurt, daß die Aussicht auf eine abschließende Trennungszeremonie den Mediationsprozeß speziell in schwierigen Phasen vorantreibe.

Ein Trennungsritual setzt die sorgfältige vorherige Begleitung des Paares durch die unterschiedlichen Phasen des Trennungsprozesses voraus. In der Zeremonie selbst geht es dann, unterstützt durch die Mediatorinnen und Mediatoren, um „eine Würdigung der positiven, früheren Anstrengungen, des meist hohen inneren Aufwandes um den Erhalt der Beziehung; des Kampfes um die Familie; des Lebensplanes, der nicht gelang" (Moser 1994, 136).

Dabei soll herausgearbeitet werden, wofür die Expartner einander danken, was durch die Partnerin bzw. den Partner im jeweils anderen positiv verändert wurde, was sie bereichert hat, was sie bzw. er nur durch die Zeit mit dem Partner bzw. der Partnerin erfahren konnte. Diese Tatsachen werden im Scheidungsritual häufig erstmalig bewußt wahrgenommen oder ausgedrückt, und diese Erfahrung führt nicht selten zu tiefer Ergriffenheit des Paares und aller Anwesenden. Damit sie aber möglich wird, müssen vor der Scheidungszeremonie diverse Trauerphasen (Verleugnung, Wut, Rache, Trauer) durchlebt worden sein. Erst dann wird eine Akzeptanz der Trennung möglich.

Zum Schluß möchte ich beschreiben, wie solch ein Trennungsritual konkret aussehen könnte. Die Grundzüge dieser Scheidungszeremonie stammen von Florence Kaslow; Jutta Lack-Strecker und Harro Naumann haben sie in einem Workshop auf dem Symposium in Klagenfurt 1997 vorgestellt.

Es ist zunächst einmal wichtig, sich für die Begrüßung aller Teilnehmer viel Zeit zu nehmen. Auch das Setting spielt eine große Rolle: Den Personen sollte ein stimmiger Platz zugewiesen werden. Das Paar steht sich auf gleicher Ebene gegenüber, die anderen Teilnehmer – Freunde, Familienangehörige, Kolleginnen und Kollegen – bilden einen Halbkreis hinter dem Paar.

In der Eingangsrede erklären die Mediatoren, wie es zu der Entscheidung kam, die Beteiligten zu dieser Zeremonie einzuladen. Danach werden die

Teilnehmer gebeten, während der Zeremonie innerlich aufmerksam zu sein und auf das zu achten, was sie sehen, hören, fühlen, erleben. Im Verlauf einer Scheidungszeremonie kommt es bei den Beteiligten meist zu starken Emotionen. Die Begrüßung der Teilnehmer weckt, da sie sehr feierlich ist, heftige Gefühle – die eigenen Erfahrungen mit Trennungen werden wach, Sehnsüchte kommen ans Tageslicht, vielleicht identifiziert man sich auch mit den Betroffenen.

Der strukturierte Rahmen der Zeremonie erleichtert jedoch die Bewältigung überstarker Gefühle. Häufig wurden im sozialen Umfeld des einstigen Paares negative Gefühle unterdrückt, in der Zeremonie schaffen die Mediatoren die Möglichkeit, einerseits Verletzungen noch einmal zu formulieren, andererseits aber auch über mögliche künftige Probleme zu sprechen, etwa zwischen Ehemann und bester Freundin der Exfrau: „Wie werden wir uns künftig verhalten, wenn wir einander auf der Straße begegnen?" Tilmann Moser betont, daß es für alle Beteiligten wichtig sei, „gesehen, gehört und verstanden zu werden" (Moser 1994).

Den Kindern sollte während des Rituals besondere Aufmerksamkeit geschenkt werden. Sie benötigen eine geschützte Situation; vertrautes Spielzeug etc. kann hier unterstützend wirken. Dadurch wird es ihnen erleichtert, die Beobachterposition einzunehmen. Besonders Kinder werden in der Zeremonie mit schmerzhaften Gefühlen und Impulsen konfrontiert. Sie können hier nicht nach gewohntem Muster ausweichen, können nicht zwischen den Eltern „vermitteln" oder das System Familie vor dem Ausdrücken tiefer Gefühle schützen, wie sie es oft tun. Je nach Alter werden Kinder diese Situation also zunächst oft nicht als Erleichterung erleben, sondern als verunsichernd oder als Angriff, sie werden sich vielleicht zurückgesetzt fühlen und aus ihrer (pseudo)mächtigen Position entlassen. Deshalb ist es wichtig, daß sie im Laufe des Rituals „heilende", zukunftsweisende Informationen bekommen, die ihnen Sicherheit geben.

Das Scheidungsritual sollte sich aber nicht ausschließlich auf die negativen Gefühle konzentrieren, die in jedem Fall frei werden, sondern das Augenmerk der Beteiligten, was besonders für die Kinder wichtig ist, auch auf positive Gefühle lenken. Richtungsweisende Fragen der Mediatoren könnten lauten:

• An die Eltern: „Wir wissen, daß es in der Trennungszeit für Sie beide viel Enttäuschung, Bitternis, Schmerz und Ärger gegeben hat. Können Sie heute Ihrer Frau, Ihrem Mann danken für die guten und glücklichen Jahre Ihrer Beziehung und ihr bzw. ihm sagen, was das Besondere und Schöne für Sie an dieser Zeit war?"

• „Können Sie Ihren Kindern erzählen, wie es war, als sie geboren wurden, von der Zeit, als Sie beide sich nahe waren, sich liebten und eine Familie wünschten?"

• „Bitte erzählen Sie jetzt Ihren Kindern, warum Sie sich Kinder gewünscht haben, was es für Sie damals bedeutet hat, Kinder zu bekommen."

- An das Kind: „Kannst du bitte deiner Mutter und deinem Vater sagen, wie es dir ging, als sie sich trennten und scheiden ließen?"
- „Bitte sage deinem Vater, deiner Mutter, wie es dir geht und was du in der Zukunft von ihnen brauchst."
- An den Vater: „Möchten Sie den Kindern sagen, was Sie in der Zeit empfunden haben, als Sie ausgezogen sind – damit die Kinder es besser verstehen können?"
- An die Mutter: „Können Sie den Kindern sagen, was sie Ihnen bedeuten und was Sie ihnen in Zukunft als Mutter geben wollen?"

Vor allem der rituelle Abschluß der Scheidungszeremonie ist sehr wichtig. Die Mediatoren sollten den Beteiligten Zeit für eine kurze Abschiedsrede, feierliche Erklärungen oder Versprechen geben. Das Auseinandergehen kann aber auch räumlich inszeniert werden, indem die Teilnehmer nacheinander gehen und beim Übertreten der Schwelle vom „Zeremonienmeister" begleitet werden. Als letztes sollte die neue „Kernfamilie" den Raum verlassen. Bei diesem Teil der Familie sollten auch die familiären „Übergangsobjekte" verbleiben, z.B. Fotoalben oder Gegenstände, die eine besondere Bedeutung besitzen.

Zusammenfassend läßt sich feststellen, daß ein Ritual in Form einer Scheidungszeremonie den Übergang „Scheidung" für alle Beteiligten erleichtern kann. Es wird wohl noch einige Zeit dauern, bis in Österreich Scheidungszeremonien praktisch durchgeführt werden, denn noch fehlt es an gesellschaftlicher Akzeptanz der Scheidung überhaupt – der Bedarf an Trennungsritualen wäre aber sicherlich gegeben.

Literatur

Beil, B. (1997): Schlummertuch und Hochzeitstag. München
Heller, A. (1998): Zusammenleben von Frau und Mann. Wien/Klagenfurt
Jellouschek, H. (1995): Warum hast Du mir das angetan? Untreue als Chance. München/Zürich
Moser, T. (1994): Familienkrieg und Friedenskonferenz. Reinbek bei Hamburg

3. Schule

Große Pause

Du bist fett.

Und du bist blöd.

Du stinkst.

Und dich mag keiner.

Du bist gemein. Jetzt hol' ich meinen großen Bruder, und der verhaut dich.

Dann hol' ich meinen Papa,
und der verhaut euch beide.

 Dann hol' ich meinen Papa und die Freunde von meinem Papa, und die verhauen euch alle.

Dann hol' ich alle Leute, die ich kenne, und die verhauen dich und deinen Papa und die Freunde von deinem Papa.

Dann hol' ich die Leute von der ganzen Welt, und die verhauen überhaupt alle.

 Traust dich eh nicht, traust dich eh nicht.

Und ob!

(Das Lamm holt seinen Bruder, der das Ferkel verhaut, daraufhin holt das Ferkel seinen Papa, der das Lamm und dessen großen Bruder verhaut, woraufhin das seinen Papa und die Freunde von seinem Papa holt, die ...)

KAI

Barbara Breuss

Konfliktfeld Schule
Mediation in einem hierarchischen System

In der Schule hat sich im Laufe der Jahre viel verändert. Vom einstmals autoritären, streng hierarchischen System versucht sich auch die öffentliche Schule hin zu einer demokratischen, partnerschaftlichen Institution zu entwickeln. Neue Aufgaben werden von der Gesellschaft an diese Institution delegiert: Bildung bedeutet heute nicht mehr allein Wissensvermittlung, sondern wird zunehmend in einem ganzheitlichen Kontext verstanden: Demokratie, Emanzipation, soziales Lernen, Team- und Projektarbeit, Umwelt und Friedenserziehung sind nur einige Schlagworte neuer Lernziele.

Mit diesen neuen Inhalten und dem wachsenden Wissensberg, der auch durch eine Lehrplanentrümpelung nicht wirklich kleiner geworden ist, sind viele Lehrerinnen und Lehrer überfordert. Die Rolle der Lehrenden hat sich gewandelt. Von ihnen wird nun einerseits wie bisher erwartet, daß ihre Schülerinnen und Schüler am Ende ihrer Schullaufbahn möglichst gebildet und gut ausgebildet sind, andererseits aber auch, daß sie ihre Schützlinge zu sozial umsichtigen, demokratisch denkenden, selbständigen, teamfähigen, aber doch leistungsorientierten Mitgliedern unserer Gesellschaft erziehen.

Lehrerinnen und Lehrer, die es jahrelang gewohnt waren, als Wissensvermittler tätig zu sein, und sich in ihrem Rollenverständnis auch als solche gesehen haben, sind durch den Wandel, den ihr Berufsbild durchgemacht hat, verunsichert. Sie beharren lieber auf ihren altbewährten Unterrichtsmethoden und tragen den Bildungsauftrag der Institution Schule als Schutzschild zur Rechtfertigung vor sich her. Lehrerinnen und Lehrer, die ihren Beruf in dem vorhin skizzierten weitergesteckten Rahmen ausüben, neue Methoden anwenden, sich Zeit für soziales Lernen nehmen, müssen mit der Kritik rechnen, daß in ihrem Unterricht zu wenig „Richtiges" gelernt wird.

Ob nun Wissensvermittlung oder soziale Lernziele an einer Schule im Vordergrund stehen, hängt einerseits von der Zusammensetzung des Lehrkörpers ab, aber auch von den Vorstellungen und Idealen der Schulleitung. Das Profil einer Schule wird immer mehr zum Aushängeschild in der Werbung um Schülerinnen und Schüler. Kritische Eltern suchen die in ihr Weltbild passende Schule für ihre Kinder aus und verknüpfen damit eine gewisse Erwartung an Inhalte und Methoden des Unterrichts.

Seit Bestehen der Schulpartnerschaft, einer Kooperation zwischen Eltern, Schülern und Lehrern, Anfang der neunziger Jahre haben nicht nur Lehrerinnen und Lehrer eines Schulstandorts, sondern auch Eltern, Schülerinnen und Schüler Mitspracherecht in wichtigen Schulbelangen. Auch die Schulautonomie wurde in den letzten zehn Jahren immer weiter vorangetrieben und gibt dem Schulgemeinschaftsausschuß (dem Gremium der Lehrerinnen-, Eltern- und Schülerinnenvertretung) noch mehr Entscheidungskompetenz und Mitsprachemöglichkeit als bisher. Da verschiedene Interessengruppen naturgemäß in manchen Fragen unterschiedliche Meinungen vertreten und unterschiedliche Ziele verfolgen, kann es zu Konflikten kommen, die nicht so leicht zu lösen sind.

Doch auch im Umgang mit Konflikten hat sich an Schulen vieles geändert. Klassikern wie Thomas Gordons „Lehrer-Schüler-Konferenz" (1974), einem unmittelbar anwendbaren Modell für Lehrerinnen und Lehrer im Umgang mit Konflikten im Klassenzimmer, oder Friedemann Schulz von Thuns „Miteinander reden" (1981), das Kommunikationsmechanismen und deren Störungen untersucht, sind unzählige Werke, die sich mit dem Klima und den Umgangsformen im Klassenraum auseinandersetzen, gefolgt. Allen diesen Werken ist gemeinsam, daß Störungen, egal, welchen Grades, behoben, gelöst, behandelt und geklärt werden müssen, damit Platz geschaffen wird für gute Verständigung und für das Lernen. Seit der Einführung des Projekts „Soziales Lernen" im Pflichtschulbereich hat Konfliktbearbeitung ihren Platz im Unterricht gefunden.

Vertrauenslehrerinnen, Psychagoginnen, Beratungslehrerinnen und das Schulservice der Landesschulräte sind zusätzliche Einrichtungen, die beweisen, daß Probleme, egal, von welcher Seite vorgebracht, ernst genommen werden. Ihre Existenz ist zugleich ein Hinweis darauf, daß auch im System Schule bereits die Meinung vertreten wird, daß es in gewissen Fällen hilfreich sein kann, sich an jemanden zu wenden, der/die nicht unmittelbar an einem Konflikt beteiligt ist. Die Methode der Mediation ist in Österreich noch so neu, daß sie in Schulen erst langsam als Begriff bekannt zu werden beginnt, während es in Deutschland schon erprobte Konzepte zur Schulmediation gibt, die bereits so weit gehen, Schülerinnen und Schüler zu Streitschlichtern auszubilden (vgl. dazu Faller u.a. 1996).

Die Einsatzmöglichkeit von Mediatorinnen und Mediatoren in der Institution Schule ist vielfältig, da die möglichen Konfliktparteien nicht nur unterschiedlichen Interessengruppen angehören können, sondern oft auch in einem hierarchischen Verhältnis zueinander stehen. Deswegen muß sich die Intervention nach dem jeweiligen Rahmen richten, in dem sich ein Konflikt bewegt. Solange er im mikrosozialen Rahmen bleibt, d.h., daß die Konfliktparteien, auch wenn es sich dabei um mehrere Personen handelt, noch in Face-to-face-Interaktion stehen, kann sich die Intervention direkt an die Konfliktparteien wenden (vgl. Glasl 1997, 60 f.).

So kann die Schlichtung oder Vermittlung von Streitigkeiten zwischen Schülerinnen und Schülern durchaus in die Kompetenz von Altersgenossen, die als Konfliktlotsen fungieren, gelegt werden. Sobald sich aber der Konfliktrahmen in ein meso- oder makrosoziales Feld ausweitet, sich also – beispielsweise infolge von Sachbeschädigung, Körperverletzung oder bei Unstimmigkeiten zwischen Lehrern und Schülern – nicht direkt am Vorfall beteiligte Personenkreise in den Konflikt einmischen (Eltern, Lehrer, Direktion, Schulwarte, Schulbehörde, Anrainer, Jugendamt, Polizei), die auch ihre Interessen geltend machen wollen, wird die Konfliktlösungsstrategie weitaus komplexer sein müssen. Für künftige Schulmediatorinnen und Schulmediatoren ist somit ein weites Aufgabenfeld gegeben.

Literatur

Faller, K. & Kerntke, W. & Wackmann, M. (1996): Konflikte selber lösen. Trainingshandbuch für Mediation und Konfliktmanagement in Schule und Jugendarbeit. Mülheim/R.

Glasl, F. (1997): Konfliktmanagement. Ein Handbuch für Führungskräfte, Beraterinnen und Berater. 5. Auflage. Stuttgart/Bern

Gordon, Th. (1974): Lehrer-Schüler-Konferenz. Wie man Konflikte in der Schule löst. Hamburg

Hagedorn, O. (1994): Konfliktlotsen. Stuttgart

Schulz von Thun, F. (1981): Miteinander reden: Störungen und Klärungen, Psychologie der zwischenmenschlichen Kommunikation, Band 1 u. 2. Reinbek bei Hamburg

Claudia Kappacher

Peer-Mediation
Warum es Spaß macht, mit jungen Menschen Mediation auszuüben

Warum werden Mediationsprojekte an Schulen und mit Gruppen von Jugendlichen durchgeführt? Zum Teil sicherlich deswegen, weil viele von uns an das Gute im Menschen glauben und hoffen, die Welt bzw. die Konfliktwelt hier doch ein bißchen beeinflussen, d.h. verbessern zu können. Zum anderen aber, weil Peer-Mediation – Gleichaltrige vermitteln unter Gleichaltrigen – sämtliche Elemente der Mediation, vor allem aber die Selbstbestimmtheit der handelnden Parteien, in sich vereinigt und vor sich her trägt. Denn in der Mediation unter Gleichaltrigen kommt die Komponente der Selbstbestimmtheit, eines der Grundprinzipien der Mediation, besonders zum Tragen, weil es keine wie auch immer geartete Autorität gibt – und sei es nur durch ein höheres Alter und mehr Lebenserfahrung. Hier geht es nicht nur darum, den Konfliktparteien von morgen gutes Handwerkszeug mitzugeben – die Erwachsenen, die glauben, „ schlichten" und „richten" zu müssen, können dabei lernen, daß es auch ohne sie geht, und zwar oft sogar besser. Das ist also der Grund, warum immer mehr Mediatorinnen und Mediatoren ihre Zelte in Schulen oder Jugendeinrichtungen aufschlagen – nicht nur, um dort zu lehren, sondern auch, um dort zu lernen.

Obwohl Mediation als Präventivmaßnahme die größte Wirkung entfalten könnte, wird sie nur allzu selten als solche eingesetzt, sondern zumeist erst dann, wenn ein Konflikt bereits eskaliert ist. Meine Erfahrungen mit Modellprojekten an unterschiedlichen Schultypen zeigen, daß eine Verbesserung der Konfliktkultur in jedem Fall möglich ist – auch wenn Jugendliche, die gelernt haben, gewalttätig zu agieren und zu reagieren, dieses Muster nicht durch sechs Trainingseinheiten Mediation – sozusagen von heute auf morgen – ablegen werden. Aber sie wissen dann, daß es auch anders gehen könnte und wie. Und damit stehen ihnen prinzipiell alternative Konfliktlösungsmodelle zur Verfügung.

Jüngere Untersuchungen in der BRD haben ergeben, daß bereits jeder vierte Schüler gewaltbereit ist oder Erfahrungen mit Gewalt gemacht hat. Ohne diese Untersuchungen verharmlosen zu wollen, möchte ich diese Gewaltbereitschaft auch als Zeichen von Verunsicherung verstehen. Die Welt, in der unsere Kinder und Jugendlichen aufwachsen, ist an Komplexität und Widersprüchlichkeit kaum mehr zu überbieten. Dazu kommen der allgemeine Werteverlust, die mangelnde Vorbildwirkung durch uns Erwachsene – ebenfalls in unseren Rollen und Werthaltungen stark verunsichert – und eine ungewisse Zukunft, die ein Drittel der Gesellschaft womöglich von Arbeit, Konsum und Wohlstand ausschließen wird. Man sollte sich deshalb weniger über die Gewaltbereitschaft von Heranwachsenden wundern, sondern ihnen vielmehr Modelle anbieten, wie sie ihre Interessen wahren können, ohne die anderer zu mißachten.

Die Modellversuche der Wiener Kinder- und Jugendanwaltschaft im Schuljahr 1997/98 an der Volksschule Landstraßer Hauptstraße 146 und an der Fremdsprachenhauptschule Greiseneggergasse sowie das Modellprojekt des Wiener Integrationsfonds an der Berufsschule Längenfeldgasse haben gezeigt: Mediation ist auch Heranwachsenden vermittelbar. In der Evaluation gab die Hälfte der Kinder und Jugendlichen an, einander jetzt besser zu verstehen und sich gegenseitig besser zuhören zu können. Und auch die Lehrer haben eine Verbesserung des Klimas in der Klasse bemerkt. Viele von ihnen interessieren sich für eine Fortbildung in Mediation, weil sie glauben, im Schulalltag davon profitieren zu können.

In den Modellversuchen wurden mit unterschiedlichen zeitlichen und personellen Ressourcen Kinder und Jugendliche in der Methode Mediation ausgebildet oder geschult, um Konflikte in ihrem Umfeld mit diesen Strategien besser regeln zu können. Gleichzeitig wurden auch erwachsene Betreuungspersonen (Lehrerinnen und Lehrer) darin weitergebildet, die Arbeit dieser Peer-Mediatoren zu unterstützen und zu fördern. Es ging dabei einerseits um den Ablauf einer Mediation, um eine Verbesserung der „Listening Skills", um ein Erlernen von Interventionstechniken und die Reflexion des bisherigen Umgangs mit Konflikten.

Der Erfolg des Trainings hängt davon ab, wie oft man mit den Jugendlichen arbeiten kann und ob sie freiwillig mitmachen oder „zwangsbeglückt" werden. Auf jeden Fall aber wurde die Wahrnehmung von Konflikten geschärft, ein höheres Maß an Eigenverantwortung erreicht („Wir probieren es erst einmal selbst") und die Einsicht in andere Möglichkeiten des Umgangs miteinander entwickelt.

Wesentlich ist, daß die Peer-Mediation an der Schule oder einer anderen Einrichtung als Prozeß verstanden wird, der von allen getragen wird, denn die Mediatorin bzw. der Mediator steht ja nur eine begrenzte Zeit zu Verfügung, und Schüler und Lehrer bzw. Jugendbetreuer müssen später auch ohne sie zurechtkommen.

Allerdings können weder Schüler noch Lehrer je wirkliche Mediatoren sein, denn sie sind in die Konflikte immer gleichzeitig involviert, können sie also nicht – was eigentlich das Wesen der Mediation ausmacht – von außen sehen. Deshalb kann es nur darum gehen, eine sinnvolle Verbindung zwischen Außenstehenden, den Mediatoren, und Leuten von „innen", also Schülern und Lehrern, herzustellen. Auch in den USA sind solche Modelle die erfolgreichsten. In San Francisco etwa veranstaltet eine gemeinnützige Einrichtung ebensolche Trainings für Peer-Mediatoren an Schulen, die sich dafür interessieren. Manche Schulen haben damit bereits 15 Jahre Erfahrung – und Erfolg.

Die Frage der Finanzierung ist hier wie immer die Gretchenfrage. Wer zahlt die Peer-Mediation oder Schulmediation in Österreich? Die Antwort lautet: derzeit niemand. Und das wird auch so bleiben, solange nicht genügend Nachfrage und Bedarf angemeldet werden.

Derzeit ist auch eine Peer-Mediationsausbildung für den außerschulischen Bereich geplant. Dabei geht es darum, die Prinzipien der Mediation, einfache Rituale und die sogenannten „Listening Skills" zu vermitteln. Die Lehrerinnen und Lehrer werden parallel zu den Schülern geschult, sie sollen ihre Rolle als Coach der Peer-Mediatoren wahrnehmen, also unterstützend für den jugendlichen Mediator wirken, aber ihm den Prozeß nicht aus der Hand nehmen.

Peer-Mediation gehört in den Bereich der Peer-Education und setzt beim „Empowerment" der Jugendlichen an, weil angenommen wird, daß Jugendliche ihre Konflikte selbst am besten regeln können. Aber sie hat auch Auswirkungen auf die beteiligten Erwachsenen: Peer-Mediation anzubieten und zu installieren verlangt von uns Erwachsenen ein völliges Umdenken in puncto Lernen und Lehren. Wir werden von Lehrern zu Coaches, die die Jugendlichen anleiten und unterstützen, sie befähigen, es so zu machen, wie sie selbst es für richtig halten.

Mich persönlich fasziniert dieser Prozeß sehr, weil hier alle Verantwortung tragen und voneinander lernen. Die Jugendlichen halten sich zwar nicht immer an den von uns ausgeheckten Ausbildungsplan, dafür finden sie oft verblüffend einfache und schnelle Lösungen, können rascher vergeben und verzeihen als wir Erwachsene und sind flexibler im Verhandeln. Aus der Teilnahme an diesen Projekten habe ich sehr viel gelernt.

Helga Hörndler

Konflikte im Klassenzimmer
Ein Konflikttrainingsprojekt an einer Hauptschule

Konflikte im Klassenzimmer – wann fänden sie nicht statt? Lehrerinnen und Lehrer klagen über eine Zunahme von Gewalt, über immer brutaler werdende Konflikte zwischen Schülern, denen die Schulverwaltung zunehmend machtlos gegenübersteht. Da Arbeitsgruppen, Lehrbehelfe wie Filme, Broschüren etc., Elternversammlungen oder Anzeigen und Gerichtsverfahren hier oft nicht mehr viel ausrichten können, gibt es mittlerweile in Deutschland, vereinzelt aber auch in Österreich Projekte der sogenannten Peergroup-Mediation, auch Peer-Mediation genannt (siehe dazu auch den Beitrag von Claudia Kappacher). Bei diesen Projekten werden Schülerinnen und Schüler auf der Grundlage der Prinzipien der Mediation als Konfliktlotsen ausgebildet, um in Streitfällen zwischen ihren Schulkollegen zu vermitteln.

Um die Schüler mit den dafür nötigen Kompetenzen auszustatten, bedarf es eines längeren Einschulungslehrgangs – etwa zwei Stunden pro Woche während eines Schuljahrs – und auch einer Begleitung danach. Ideal wäre es, dafür drei bis vier Schüler aus jeder Klasse nach Absprache mit ihnen selbst und dem jeweiligen Klassenlehrer auszubilden und sie generell in der ganzen Schule als „Streithelfer" zu titulieren. Allen Schülern muß klargemacht werden, was die Aufgabe dieser Streithelfer ist.

An manchen Schulen ist die Einrichtung einer derartigen Ausbildung für Konfliktlotsen nicht möglich. Oft mangelt es an der Bereitschaft der Lehrer, neue Projekte zuzulassen und zu akzeptieren, oder es scheitert am Stundenkontingent, das die Schule zur Verfügung hat. Ein weiteres Problem ergibt sich daraus, daß die Kinder – je nach sozialem Umfeld und Schultyp – unterschiedliche Sozialkompetenzen mitbringen. In den Hauptschulen etwa der Ballungszentren ist das Potential für friedliche Konfliktlösung oft sehr gering. Deshalb sollte der Rahmen einer Vermittlung von Mediation an Schülerinnen und Schüler – ihrem jeweiligen Horizont entsprechend – möglichst flexibel gehalten werden.

Auf jeden Fall aber sollte ein solches Training eine Förderung im Bereich soziales Lernen bieten und in die Technik von Mediationsgesprächen einführen. So können die sozialen Kompetenzen weiterentwickelt und konkretes Handlungswissen vermittelt werden, das es den Konfliktparteien ermöglicht, sich in emotional geladenen Situationen nicht ganz zu verlieren, und es außenstehenden Personen erleichtert, schlichtend tätig zu werden.

In Konflikt- und Gewaltsituationen im Schulbereich gibt es gewöhnlich drei Handlungsträger: Täter, Opfer und die soziale Kontrollinstanz (Lehrer oder andere Schüler). Deshalb sollten alle drei Handlungsträger Zielgruppe für das Erlernen bewußter Selbststeuerung und aktiver Situationssteuerung sein. Zumeist nehmen sowohl Täter als auch Opfer, also beide Konfliktparteien, Gefühle, Motive oder Ziele der anderen nicht wahr – vor allem solche, die sie selbst auslösen, und also ihre eigene, verursachende Kraft. Die Person des Gegners wird so auf die Rolle des Provokateurs reduziert. Bei unbeteiligten Dritten dominieren oft Angst, Sprachlosigkeit, Lähmung.

Da Kinder in Konfliktsituationen also mit unerkannten oder schwer zu bewältigenden Gefühlen konfrontiert sind, die sie daran hindern, adäquat zu reagieren, ist es wichtig, beim Konflikttraining Wert auf die Sensibilisierung der Kinder bzw. auf die Bewußtmachung bestimmter Vorgänge, Gefühle etc. zu legen. Die Vermittlung von Kompetenzen im Erfahrungsbereich Konflikt kann also nur funktionieren, wenn zuvor diverse Randbereiche des Konflikts behandelt werden. Kompetenzen, die dabei entwickelt werden müssen, sind:

- kommunikative Fähigkeiten: Sprechen und Zuhören, Sensibilisierung für verbale und nonverbale Kommunikation;
- Selbstwertgefühl und Identität: Bewußtmachen und Akzeptieren der eigenen Person;
- Wahrnehmung von Gemeinsamkeiten und Unterschieden, ohne zu werten;
- Wahrnehmung von Gefühlen und konstruktiver Umgang damit;
- Erkennen und Verstehen von Konflikten, der Dynamik von Gewaltsituationen;
- gewaltfreies Austragen von Konflikten: Ziel ist es, den Schülern diese Voraussetzungen näherzubringen, um sie zu einem gewaltfreien Austragen von Konflikten zu erziehen.

Für die Entwicklung dieser Voraussetzungen bietet ein mehrtägiges Projekt bzw. ein Modulsystem, das aus mehreren solcher Projekte besteht, eine Alternative zum System der kontinuierlichen Erziehung zu Konfliktlotsen. Dabei sind im ersten Modul alle Schüler gleichsam als potentielle Opfer, Täter oder Helfer am Projekt beteiligt. So werden die Kinder im Hinblick auf Konflikte sensibilisiert und mit Grundkompetenzen ausgestattet, um nicht als am Konflikt beteiligte Person lediglich Hilflosigkeit wahrzunehmen. (In einem weiteren Modul, das hier nicht näher erläutert werden kann, wäre es möglich, sich intensiver mit konstruktiven Konfliktgesprächen zu beschäftigen. Hier könnten Mediationssituationen simuliert werden, um den Schülern einen Einblick in die Dynamik der Mediation zu ermöglichen.)

Das Projekt

Am Beginn jedes Tages gibt es Auflockerungsspiele, die munter machen und vor allem verdeutlichen sollen, daß ein gemeinschaftlicher Prozeß stattfindet, an dem sich alle beteiligen sollen. Der Hauptteil hat jeden Tag einen anderen Schwerpunkt. Am Schluß jedes Projekttags bekommen die Schüler die Gelegenheit zu berichten, wie ihnen der Tag gefallen hat. Da gewöhnlich nicht alle Teilnehmer bereit sind, ihre Meinung und Gedanken vor einem Plenum auszusprechen, wird mittels Punktevergabe ein Stimmungsbarometer erstellt. Wichtig ist auch, den Schülern – je nachdem, wie angespannt oder entspannt sie sind – einfache Spiele zum Austoben anzubieten, bei denen es durchaus auch schon zur Anwendung des Erlernten kommen kann. Gerade bei sportlichen Spielen läßt sich aufgrund ihres akzentuierten Handlungscharakters leicht ein Ansatzpunkt zur Vermittlung positiver Selbst- und Sozialerfahrungen finden.

Erster Projekttag

Im Hauptteil des ersten Tages geht es darum, ein gutes und angenehmes Gruppenbewußtsein herzustellen und auf dieser Grundlage Gruppenvereinbarungen zu treffen. Bewährte Regeln für dafür sind (vgl. dazu Faller u.a. 1996):

- Sprich für dich selbst: Meide Verallgemeinerungen und sage nur, was du von dir selbst sagen kannst.
- Laß den anderen ausreden: Andere haben genauso Wertvolles beizutragen wie du selbst.
- Melde dich selbst: Selbst aktiv zu werden ist meist besser, als sich etwas „aufdrücken" zu lassen.
- Jedem steht der gleiche Raum, die gleiche Zeit zur Verfügung.
- Respektiere Unterschiede: Beschneide nicht die Vielfalt der Gruppe, sondern versuche sie als Reichtum wahrzunehmen.
- „Störungen" haben Vorrang: Fragen, Schmerz, Irritation oder Einwände von einzelnen können wichtiger sein als ein reibungsloser Ablauf des Programms.
- Vertraulichkeit wahren: Was einander im geschützten Rahmen der Gruppe anvertraut wird, darf nicht ohne Zustimmung der Gruppe hinausgetragen werden. Diese Regel soll das Vertrauen innerhalb der Gruppe fördern, ein besseres Klima schaffen.

Anschließend werden die Vor- und Nachteile von Gemeinsamkeiten und Unterschieden erörtert: Die Schüler sollen ein Wappen gestalten, das vier Felder hat, in die sie jeweils etwas anderes hineinzeichnen, etwa: Was ich gut kann. Was ich besser können möchte. Das wichtigste Ereignis in meinem Leben. Mein glücklichster Moment im letzten Jahr (vgl. Walker 1997, 64). Mit diesem Wappen stellt sich jeder in der Gruppe vor. Mit Wollfäden können die Kinder dann die Felder verbinden, die ihnen als Gemeinsamkeiten erscheinen. So wird ein Netzwerk innerhalb der Gruppe geschaffen.

Zweiter Projekttag

Eine wichtige Grundlage für gewaltfreie Konfliktaustragung ist das Funktionieren der Kommunikation – nur dann können positive Lernerfahrungen gemacht werden. Das setzt aber die Bereitschaft voraus, sich mit seinen Wertvorstellungen, vorgefaßten Meinungen, Wahrnehmungen und seinem Kommunikationsstil auseinanderzusetzen. Deswegen ist Kommunikation das Thema des zweiten Tages. Dabei wird behandelt, was jemanden zum Zuhören motiviert, wie es zu Mißverständnissen kommt und wie man mit ihnen umgehen kann, was es bedeutet, Informationen zu verzerren, etc. Den Kindern soll auch vermittelt werden, daß Körpersprache für die Kommunikation von großer Bedeutung ist, d.h., in welchem Zusammenhang Gefühle und Körperhaltung stehen. Zur Veranschaulichung möchte ich kurz zwei Übungen vorstellen. „Gleichzeitig reden": Bei dieser Übung geht es darum zu erkennen, was für eine Fehlkommunikation verantwortlich sein kann. Zwei sitzen einander gegenüber und fangen gleichzeitig über ihr eigenes Thema zu reden an – der andere soll auf das eigene Thema gelenkt werden. „Muster legen": In Partnerarbeit legt einer mit Figuren ein bestimmtes Muster und erklärt es dem anderen, der dieses Muster nicht sehen kann, damit dieser die Figuren auf die gleiche Wiese hinlegen kann. Dann wird das Ergebnis verglichen.

Dritter Projekttag

Die Übungen zum Thema Körpersprache und Gefühle bieten eine gute Überleitung zum nächsten Tag, an dem es darum geht, Gefühle zu erkennen, wahrzunehmen und auszudrücken. Dabei soll auch geübt werden, Gefühle in ihrem Verhältnis zu bestimmten Orten, Situationen und Menschen zu sehen. Ein wichtiger Prozeß besteht darin, daß die Kinder entdecken, daß ihre Gefühle in bestimmten Situationen denen anderer ähneln, aber durchaus auch voneinander divergieren können. Diese Erkenntnis ist eine wichtige Voraussetzung für den Umgang mit Konflikten und für die Mediation insofern von Bedeutung, als der Vermittler klare Grenzen zwischen sich selbst und den anderen ziehen können muß.

Hier wird mit Porträtfotos gearbeitet, wobei es darum geht, Gefühle, die die Gesicher ausdrücken, zu erkennen, aber auch zu besprechen, warum es zu einem Gesicht mehrere Meinungen bzw. unterschiedliche Eindrücke geben kann. Ein weiteres Spiel, das sich gut eignet, sich dem Bereich Gefühle anzunähern, ist das „Drei-Farben-Spiel". Es wird zu viert gespielt. Ein Schüler bekommt 18 rote „Ereigniskarten", ein anderer 18 blaue Karten, die Gefühle repräsentieren, und zwei Schüler 18 grüne Karten, die Meinungen darstellen. Rot löst durch Ausspielen einer Karte eine Situation aus, und Blau ordnet ein Gefühl zu, das in ihm ausgelöst wurde. Grün beraten sich und entscheiden gemeinsam, welche Meinung sie dazu haben, und legen die entsprechende grüne Karte dazu (vgl. Hagedorn 1995, 67–70).

Vierter Projekttag

Anhand verschiedener vorgelesener Situationsbeschreibungen sollen die Kinder zunächst erkennen lernen, was einen Konflikt überhaupt ausmacht. Dabei geht es vor allem darum, daß andere einen Sachverhalt ganz anders wahrnehmen können als man selbst. In einer Gruppenübung werden zu jedem Buchstaben des Alphabets Wörter zum Begriff „Konflikt" gesucht. Diese Liste dient als Hilfestellung für einen Brief an einen Außerirdischen, dem erklärt werden soll, was ein Konflikt ist. Nachdem auf diese Weise ein Bewußtsein für Konflikte geschaffen worden ist, kann daran gearbeitet werden, wie man in bestimmten Konfliktsituationen reagieren kann, etwa wie man sich gegenseitig helfen kann.

In einem Spiel zu acht bekommt jeder eine Situationskarte und drei Helferkarten. Der erste deckt seine Situationskarte auf und erklärt aus seiner Perspektive die dargestellte Notsituation, in der er sich befindet. Nun bieten ihm die Mitspieler ihre Hilfe an. Es können bis zu drei Helferkarten angenommen werden. Vor der zweiten Runde ergänzt jeder Mitspieler seine Helferkarten aus dem Kartenstoß wieder auf drei Karten. Dann kann der zweite Spieler sein Situationsbild aufdecken, die Notsituation erklären, sich Hilfe anbieten lassen und Hilfe annehmen usw.

In dieser Phase wird auch darauf eingegangen, warum manche Hilfestellungen unbrauchbar sind, warum andere nicht angenommen werden etc. Anhand eines Bildes, auf dem zwei aneinandergebundene Esel in entgegengesetzte Richtungen ziehen, werden Lösungsmöglichkeiten erörtert.

Wie man sich in Situationen, in denen es mehrere Lösungsmöglichkeiten gibt, für eine bestimmte entscheidet und ob Lösungen dem einen immer Vorteile und dem anderen immer Nachteile bringen müssen, wird ebenfalls reflektiert. Zum Abschluß des vierten Tages kann auch geübt werden, wie man sich in einem Konflikt sprachlich ausdrücken kann, wenn man dabei seine Selbstbehauptung festigen und gleichzeitig Raum für konstruktive Bearbeitung schaffen will. Auch wie man Ärger kommuniziert, ohne den anderen zu verletzen, wird anhand von Übungen bewußtgemacht.

Auf eine derart abstrakte Weise ließen sich diese Inhalte natürlich nicht an die Kinder vermitteln – sie müssen durch ein breitgefächertes Spektrum an Aktivitäten, Spielen, Übungen etc. motiviert und interessiert werden. Dabei werden möglichst viele Methoden angewandt, die geeignet sind, die Unterschiedlichkeit von Sichtweisen und Wahrnehmungen nachzuvollziehen: Spiele in Groß- und Kleingruppen, Zeichnen und Gestalten, etwa von Plakaten, Gespräche, Brainstorming, Interviews, Pantomime, Raten, Arbeitsblätter, Übungen mit dem Körper, Erfinden von Geschichten, Arbeit mit Fotos oder Skizzen, Rollenspiele, Situationsanalysen usw. usf.

Dieses viertägige Projekt kann als Einzelaktion durchgeführt werden, es kann aber auch die Basis für weitere Module sein, die sich dann konkreter mit Mediation und dem Training von Mediationsgesprächen beschäftigen können. Ein möglicher Schwerpunkt könnte sein, die Kinder in einem Anschlußmodul herausfinden zu lassen, welcher Konflikttyp sie sind.

Evaluation

Ein halbes Jahr nach der Durchführung eines solchen Projekts im Oktober 1998 an einer vierten Klasse Hauptschule in Wien füllten die Schüler Feedbackbögen aus, aus denen hervorging, daß 81 Prozent der Befragten gerne wieder an solchen Projekttagen teilnehmen würden. Der Großteil der Schüler gab an, es wichtig zu finden, mit anderen zu sprechen. Die Ursachen von Mißverständnissen scheinen für die Mehrheit der Befragten seitdem besser wahrnehmbar geworden zu sein, ebenso wie nonverbale Kommunikation, d.h. Körpersprache. Mehr als 60 Prozent der Kinder gaben an, mit Gefühlen wie Wut, Freude etc. besser umgehen zu können als früher. Aus der Umfrage geht auch klar hervor, daß die Kinder bei sich Fortschritte in den Bereichen feststellen konnten, die während des Projekts bearbeitet wurden. Zwar glaubten sie mit Streit bzw. Konfliktsituationen nicht so gut umgehen zu können – aber das ist nach lediglich einer Projektphase auch nicht weiter verwunderlich. Die Spiele jedenfalls waren gut angekommen, die Mehrheit gab an, es als schön erlebt zu haben, anderen zuzuhören und sich selbst zu artikulieren. Vor allem aber betonten sie, daß es ihnen Spaß gemacht habe – und das ist wohl das Wichtigste.

Literatur
Faller, K. & Kerntke, W. & Wackmann, M. (1996): Konflikte selber lösen. Trainingshandbuch für Mediation und Konfliktmanagement in Schule und Jugendarbeit. Mülheim/R.
Hagedorn, O. (1995): Konfliktlotsen. Stuttgart
Walker, J. (1995): Gewaltfreier Umgang mit Konflikten in der Sekundarstufe I. Spiele und Übungen. Frankfurt/M.

Katharina Eder & Sabrina Hofer

Miteinander statt gegeneinander
Mediative Konfliktschulung mit Volksschulkindern

„Konflikte begleiten uns ständig und haben im Leben des Menschen einen wichtigen Platz, ja sie scheinen ein Hauptthema menschlicher Existenz zu sein", stellt Th. Fleischer in seinem Buch „Zur Verbesserung der sozialen Kompetenz von Lehrern und Schulleitern" fest. In der Familie, unter Freunden, in der Schule – überall sind wir schon als Kinder mit Konflikten konfrontiert. Die Schule als Ort des Lernens bietet sich dabei besonders an, den Umgang damit zu überdenken und neue Strategien zu erproben. Müssen Konflikte unbedingt mit Gewalt gelöst werden, oder gibt es auch andere Möglichkeiten, sich zu einigen?

Kinder greifen oft nur deswegen zu Gewalt als Konfliktlösungsmittel, weil sie keine anderen effektiven Möglichkeiten zur Beilegung eines Streits kennen. In der Erwachsenenwelt sehen sie, daß derjenige siegt, der sich aggressiv und rücksichtslos durchzusetzen vermag. Sie sehen Filme, die belegen, daß man mit Gewalt etwas erreichen kann, und sie wollen in ihrer Peergroup nicht als schwach abgestempelt werden.

Bekommen Kinder und Jugendliche jedoch Anleitung zu einem anderen, gewaltfreieren Umgang miteinander, sind sie sehr wohl in der Lage, sich in Streitsituationen konstruktiv zu verhalten. Konflikte sind im Zusammenleben etwas völlig Normales und müssen unserer Meinung nach grundsätzlich als etwas Positives betrachtet werde. Nicht der Konflikt ist also das Problem, sondern die Art und Weise, wie damit umgegangen wird. Dieser Umgang mit Konflikten ist ein wesentliches Element sozialen Lernens und daher auch Kindern und Jugendlichen vermittelbar.

Das Basisprogramm

Für Kinder der 3. und 4. Volksschulklasse haben wir ein „Basisprogramm" erarbeitet, das in spielerischer und kindgerechter Form einen breitgefächerten Umgang mit Konflikten in einer Klasse vermitteln soll. Es enthält die Eckpfeiler Selbstwertgefühl, Kommunikation, Gefühle, Kooperation, geschlechtsspezifische Interaktion und gewaltfreie Konfliktaustragung.

Wir verstehen dieses Basisprogramm als Grundbaustein für Schulmediation. Die Inhalte werden mit einem großen Spektrum didaktischer Möglichkeiten vermittelt: Brainstorming, Rollenspiele, Zeichnen, Visualisieren auf dem Flipchart. Einen eindeutigen Schwerpunkt stellen die spielerischen Möglichkeiten und die bereits bestehenden Erfahrungen der Kinder zum Thema Konflikte dar.

Das Programm erstreckt sich über drei Vormittage zu je vier bis fünf Stunden. Dabei werden gemeinsam mit den Kindern und der Lehrkraft Verhaltensregeln in Konfliktfällen erarbeitet und Klassenregeln für den Umgang der Kinder untereinander besprochen. Vor der Durchführung des Projekts bieten wir einen Elternabend an, um die Erziehungsberechtigten über Zweck und Ziel der Schulmediation zu informieren.

Außerdem bitten wir die Lehrkraft um Vorinformationen über die Klasse, sodaß wir die Themenschwerpunkte gut vorbereiten können. Wir beziehen uns vorwiegend auf die Grundlagen und das didaktische Konzept von Jamie Walker, „Gewaltfreier Umgang mit Konflikten in der Grundschule". Im Februar und März 1998 haben wir unser Konzept erstmals an zwei Volksschulen angewandt. Unsere Erfahrungen damit sollen im Folgenden geschildert werden.

Konfliktmanagementprojekt in einer 4. Klasse Volksschule

Der Kontakt zur ersten Schule wurde durch eine Sozialarbeiterin hergestellt. Die Direktorin der Schule zeigte von Anfang an Interesse und fragte uns für eine 4. Klasse mit vier Mädchen und 13 Buben an. Zunächst wurden die Direktorin und die Lehrerin der Klasse über unser Basisprogramm informiert, und wir klärten unsere Bedingungen und Wünsche für die drei Vormittage ab, die das Projekt in Anspruch nehmen würde. Dabei gingen wir besonders auf die Sorgen und Probleme der Lehrkraft mit ihrer Klasse ein. Schon in dieser Phase erzählte sie, daß ein bestimmter Bub immer wieder durch Gewalttätigkeit gegenüber anderen Kindern auffalle. Wir betonten, daß wir keine Einzeltherapie für diese Kinder anbieten könnten, da das in den Zuständigkeitsbereich der Schulpsychologen und Beratungslehrer falle. Aber da sich eine Veränderung im Verhalten einer Gruppe auch auf das der einzelnen Mitglieder auswirkt, waren wir zuversichtlich, hier trotzdem etwas bewegen zu können.

Ein weiterer Punkt, über den wir im vorhinein Konsens erzielen wollten, war die Frage, wer von unserem Programm profitieren sollte. Es stellte sich heraus, daß primär die Direktorin daran interessiert war. Die Lehrkraft wollte sich unser Basisprogramm lediglich ansehen und sich Anregungen holen, da sie das Gefühl hatte, sie habe ihre Klasse jetzt gut im Griff. Sie bat sich aus, während der Arbeit Notizen machen zu dürfen.

Wir vereinbarten die Termine für die Durchführung des Basisprogramms und baten die Lehrkraft, einen Fragebogen auszufüllen, der uns Aufschluß über das Klassenklima und die wichtigsten Konflikte der Kinder geben sollte.

Erster Projekttag

Am Morgen des ersten Tages verwendeten wir zunächst einige Zeit darauf, das Klassenzimmer nach unseren Vorstellungen umzugestalten, um eine angenehme Arbeitsatmosphäre zu schaffen, und schrieben unsere Namen, eine freundliche Begrüßung und den Titel unseres Basisprograms, „Miteinander statt gegeneinander", an die Tafel. Wir baten die Klasse, alle Sessel und Tische zur Seite zu stellen, damit in der Mitte ein großer Platz frei würde. Außerdem führten wir Namenskärtchen ein, um die Kinder gleich mit ihrem Namen ansprechen zu können.

In der ersten Stunde erklärten wir den Grund unseres Kommens und unser Programm. Danach vereinbarten wir mit der Klasse die Spielregeln für diese drei Tage – ein wichtiger Punkt, für den wir uns viel Zeit nahmen. Wir einigten uns auf folgende drei Grundregeln:

• Spiele fair.
• Tue niemandem weh.
• Alle spielen mit.

Die Mediatorinnen wollten darauf achten, daß diese Spielregeln auch eingehalten würden. Außerdem hatten wir zwei Jonglierbälle mitgebracht, die als „Redehilfe" dienen sollten. Wer sprechen wollte, bekam den Ball – so sollte verhindert werden, daß alle durcheinanderschrien. Eine kleine Glocke zeigte Beginn und Ende der Spiele an.

Die kleinen Pausen dieses Tages entfielen ausnahmsweise, damit wir im Block arbeiten konnten. Dafür gab es eine verlängerte große Pause im Schulhof. Nachdem wir die Kinder gebeten hatten, gleich zu sagen, wenn ihnen etwas auffiel oder mißfiel, konnte es losgehen.

Als erstes beschäftigten wir uns mit dem Themengebiet Unterschiede und Gemeinsamkeiten. Dazu hatten wir Arbeitsblätter, Spiele und soziometrische Übungen mitgebracht, die wir anschließend im Sitzkreis gemeinsam besprachen. Es handelte sich dabei um themenspezifische Fragen, zu denen sich die Kinder in verschieden benannten Ecken des Klassenzimmers positionieren sollten. Ziel dieser Übung war das Bewußtwerden sozialer und individueller Unterschiede und Gemeinsamkeiten in der Gruppe. Das nächste große Thema war das Selbstwertgefühl der Kinder, ihr Lebensraum und die Orte und Tätigkeiten, die sie am liebsten hatten. Hier war es sehr wichtig, die Gruppe aufzusplitten und in verschiedenen Räumen zu arbeiten, damit die Kinder Zeit und Ruhe zum Zuhören hatten.

„Was ich an der Schule mag und nicht mag" – zu diesem für Schüler natürlich sehr wichtigen Thema wurden am Flipchart von jedem Kind Meinungen gesammelt, anschließend wurde das Blatt für alle gut sichtbar im Klassenraum aufgehängt. Leider beteiligte sich die Lehrerin nicht an dieser „Bewertung".

Die letzte Stunde des ersten Tages war dem Thema Kommunikation gewidmet. Dazu machten wir wiederum Übungen und Spiele und betrachteten Arbeitsblätter zum Thema Körperhaltung und nonverbale Kommunikation. Es war uns wichtig, die Kinder erfahren zu lassen, daß es verschiedene Arten der Kommunikation gibt und daß es deswegen immer wieder zu Mißverständnissen im Umgang miteinander kommen kann.

Reflexion

Nach dem ersten Tag hatten wir das Gefühl, viel erarbeitet zu haben. Wir hatten uns in der Abschlußrunde zufrieden von der Klasse verabschiedet und ein gutes Feedback bekommen. Die Klasse galt als schwierig, und wir hatten festgestellt, daß einige stark auffällige Buben den Ton angaben. Diese Kinder waren sehr aggressiv und nur schwer zu beruhigen gewesen, was andere sehr gestört hatte. Die Lehrkraft disziplinierte ihre Klasse stark und ließ den Kindern kaum Freiraum, da sie befürchtete, daß sie sich gegenseitig weh tun würden – was einen Tag zuvor auch tatsächlich geschehen war.

Die Themen Disziplin und Gewalt waren daher für die Kinder und uns ein vorrangiges Thema. In einer der ersten Reflexionsrunden hatten sich viele Kinder weniger Gewalt untereinander gewünscht. Der Widerspruch zwischen diesem Wunsch nach weniger Gewalt und dem tatsächlichen Umgang der Kinder miteinander war allerdings eklatant, und es war uns klar, daß es nicht leicht sein würde, dieses Verhalten wenigstens ansatzweise zu verändern.

Zweiter Projekttag

Der zweite Tag wurde mit einer Reflexionsrunde eröffnet, in der wir die Kinder fragten, wie es ihnen ginge, was sie sich vom Vortag gemerkt hätten und ob noch „Reste" zu besprechen seien. Die Lehrkraft beteiligte sich an dieser Diskussion leider nicht.

Das Programm des Tages umfaßte die Schwerpunkte verbale und nonverbale Kommunikation, die bereits am Vortag vorbereitet worden waren. Da die Fähigkeit, dem anderen zuzuhören, für die Kommunikation von besonderer Wichtigkeit ist, wurde aktives Zuhören und unmittelbares Kommunizieren in Kleingruppen geübt. Eine etwas „lautstarke" Wortübung als Auflockerung wurde sehr gerne angenommen und brachte bei der anschließenden Reflexion neue Erkenntnisse über den Umgang miteinander.

Nach der großen Pause sammelten wir anhand von Arbeitsblättern Gefühle, die in Zusammenhang mit Konflikten auftauchen. Dann wurden Emotionen und Reaktionsweisen, die mit Wut zusammenhängen, an die Tafel geschrieben, und die Kinder strichen gemeinsam mit uns alle Punkte durch, die für andere schmerzhaft oder zerstörerisch sein könnten. Wir überlegten, wie man in solchen Situationen anders reagieren könnte. Einige Übungen für eine bessere Zusammenarbeit beschlossen den Vormittag.

Reflexion

Einige Kinder waren von Anfang an unruhig gewesen und hatten andere, die gerne mitarbeiten wollten, durch Tratschen, Zwicken und Hauen gestört. Wir hatten das Gefühl, daß die Kinder einfach ausprobieren wollten, wie leicht wir zu provozieren waren und wo unsere persönlichen Grenzen lagen. Die Klasse glich durch die ständige Disziplinierung der Lehrkraft einem Dampfdruckkochtopf, der kurz vor dem Explodieren war – und das beim Arbeiten an den Themen und bei den Spielen auch tat. Zudem waren die Kinder nicht an Sitzkreise und Reflexionsrunden gewöhnt und hatten große Schwierigkeiten, einander zuzuhören und sich gegenseitig ausreden zu lassen. Wir hatten zwar immer wieder auf die Spielregeln hingewiesen, aber das hatte wenig geändert.

Wenn wir unsere Irritation angesprochen hatten, waren wir zwar angehört worden, aber es hatte sich immer wieder eine Gruppe von Buben gefunden, die auf Kosten der anderen störte. Wir hatten den Kindern erklärt, daß wir in dieser Unruhe nicht weiterarbeiten wollten und überlegen würden, ob wir am dritten Tag überhaupt noch kommen sollten. Bei der ersten Kurznachbesprechung waren wir Mediatorinnen in diesem Punkt erstmals geteilter Meinung gewesen. Eine meinte, daß es gut wäre, den Kindern unsere Bedenken mitzuteilen, weil diese Intervention sie eventuell zum Nachdenken veranlassen würde. Die andere befürchtete, daß diese Mitteilung ein Machtgefälle erzeugen könnte und als Maßnahme daher zu massiv für die Kinder wäre.

In einer Nachbesprechung mit der Direktorin und der Lehrkraft baten wir diese um Unterstützung für den dritten Tag. Sie sollte diejenigen Kinder, die nicht mehr mitarbeiten wollten, zu sich nehmen und beschäftigen, damit die Kinder, die Interesse am Programm hatten, davon profitieren könnten. Wir einigten uns darauf, die Kinder vorher zu ermahnen, zu warnen und sie dann zu bitten, mit der Lehrerin zu arbeiten.

Dritter Projekttag

Zwischen den ersten beiden Tagen und dem Abschlußtag lag ein Wochenende, und so waren Kinder, Lehrerin und wir am dritten Tag ausgeruht. Auffällig war, daß ein Kind, das sehr viele Konflikte verursacht hatte, fehlte.

In der ersten Reflexionsrunde erklärten wir der Klasse, welche Vereinbarung wir mit der Lehrkraft getroffen hatten. Wir betonten, daß wir gerne wiedergekommen seien und uns auf die Arbeit mit den Kindern freuten, vor allem, weil wir das Gefühl hätten, daß einige Kinder an unserem Programm, das freiwillige Mitarbeit erfordere, auch wirklich interessiert seien.

Dieser letzte Tag war den Konflikten im engeren Sinn gewidmet. Wir erklärten den Begriff „Konflikt" und besprachen, welche Arten von Konflikten es geben kann. Die Kinder erstellten am Flipchart eine Landkarte der Konflikte, die sie immer wieder erlebten. Auch die Konfliktpartner und die Orte, an denen Konflikte stattfinden, waren Thema dieser Stunde. Vor allem ging es uns aber darum zu vermitteln, daß jeder zur Eskalation und Deeskalation von Konflikten beitragen kann. Die Kinder erzählten ihre Erfahrungen mit Konflikten, und wir Mediatorinnen verdeutlichten mit Rollenspielen unterschiedliche Verhaltensweisen in Konfliktfällen.

Nach der großen Pause waren Konfliktlösungsstrategien das Thema, und die Kinder entwarfen anhand eines Schaubilds von zwei Eseln verschiedene Strategien. Wir schauten uns das einige Tage zuvor erarbeitete Blatt zum Thema „Was tue ich, wenn ich wütend bin?" nochmals an und besprachen mögliche Verhaltensweisen in dieser Situation. Diesmal war die Klasse sehr interessiert, und es stellte sich heraus, daß hier wahre Konfliktprofis saßen. Einige Kinder hatten so viel über Gewalt und deren Auswirkungen zu berichten, daß sie gar nicht mehr aufhören wollten zu erzählen.

Wir sprachen die Kinder auf wichtige Konfliktthemen innerhalb ihrer Klasse an, und sie erstellten drei für sie wichtige Themen: Besitz, Bevorzugung anderer und Gewalt. Als wir besprachen, zu einem dieser Themen Klassenregeln zu erstellen, stellte sich heraus, daß Gewalt das wichtigste Thema war. Also sammelten wir an der Tafel alles, was zur Gewalt gehört, und die Situationen, die die Kinder verändern wollten. Dann entwarfen sie selbst Lösungsmöglichkeiten und erstellten gemeinsam mit uns Klassenregeln, an die sich alle zu halten versprachen. Mit der Lehrkraft wurde vereinbart, daß diese Regeln am nächsten Tag auf ein großes Plakat geschrieben und gut sichtbar aufgehängt werden würden. Es war klar, daß an der Einhaltung dieses Übereinkommens immer wieder gearbeitet werden müßte.

Beim abschließenden Sitzkreis gab es sehr positive Reaktionen, aber auch Kritik an unserer Vorgangsweise: Die Kinder erzählten, wie schlimm es für sie gewesen sei, daß wir überlegt hatten, unser Basisprogramm nach dem zweiten Tag abzubrechen.

Reflexion

Wichtige Erkenntnisse aus diesen drei Tagen:

• Wenn die persönliche Erfahrung der Kinder, ihre Klassensituation und ihre Probleme angesprochen werden, sind die sie leicht zu interessieren.
• Abstrakte Wissens- und Lerninhalte müssen in Bezug zur Erfahrung der Kinder gesetzt werden.
• Das Thema Disziplin war für diese Klasse von besonderer Bedeutung und hätte bereits im Vorfeld besser mit der Lehrerin abgesprochen werden müssen.
• Der zweite Tag des Programms war sehr wichtig für die Mediatorinnen. Die Kinder prüften unsere Belastbarkeit und unsere Grenzen, und wir konnten aus dieser Situation viel lernen.
• Die gute Zusammenarbeit mit der Lehrkraft ist von großer Bedeutung, denn die Kooperation von Kindern und Lehrerinnen und Lehrern verändert den Unterricht und trägt zum Aufbau einer Klassenkonfliktkultur bei. Das Klassenklima wird freundschaftlicher, demokratischer, und die Klassengemeinschaft wird zusehends gestärkt.

Konfliktmanagementprojekt in einer 3. Klasse Volksschule

Nach unseren Erfahrungen in Volksschule 1 war es uns wichtig, eine Vergleichsmöglichkeit mit anderen Schulen bzw. Klassen zu gewinnen, in denen ein weniger konfliktbeladenes Klima herrscht. Über persönliche Kontakte kamen wir in eine dritte Klasse einer anderen Volksschule. Es gibt in dieser Klasse 24 Kinder, das Verhältnis von Buben zu Mädchen ist in etwa ausgeglichen.

Die erste Vorbesprechung mit der Lehrkraft fand diesmal nicht in der Schule, sondern an einem neutralen Ort statt. Wir stellten unser Basisprogramm vor und klärten die Rahmenbedingungen für diese drei Tage ab. Diesmal besprachen wir schon im Vorfeld die große Bedeutung der Mitarbeit der Lehrkraft. Die Frage nach möglichen Disziplinierungsmaßnahmen war uns sehr wichtig, und wir wünschten uns schon jetzt Unterstützung, falls sich einige Kinder nicht an unserem Projekt beteiligen wollten – eine Befürchtung, die sich als unbegründet erweisen sollte. Nachdem die Termine für diese drei Tage geklärt waren, bekam auch diese Lehrkraft einen Fragebogen zu ihrer Klasse.

Erster Projekttag

Die Kinder dieser Klasse waren im Durchschnitt ein bis zwei Jahre jünger als die der Klasse von Volksschule 1, daher waren wir sehr neugierig, wie unser Programm aufgenommen werden würde und ob wir die Kinder damit überfordern würden.

Wir nahmen uns also genug Zeit für die Vorstellungsrunde und das Erklären unseres Programms. Die Spielregeln und die Bälle als „Redehilfe" wurden sehr gut aufgenommen. Danach begannen wir, wie in Volksschule 1, zu den Themen Unterschiede und Gemeinsamkeiten, Selbstwertgefühl, Kommunikation und Körpersprache zu arbeiten.

Die Zusammenarbeit mit den Kindern dieser Klasse lief ausgezeichnet. Sie waren interessiert und aufgeschlossen und ließen uns von Anfang an ihre Zuneigung spüren. Es war spürbar, daß sie an offenes Lernen und Arbeiten im Sitz- oder Sesselkreis gewöhnt waren. Sie erlebten oft Studenten, hatten andere Unterrichtsprojekte und betrachteten uns als angenehme Abwechslung im Unterricht. Auch das Arbeiten mit Brainstorming an der Tafel und am Flipchart klappte hier sehr gut. In den Reflexionsrunden mußten wir oft den Ball mehrmals im Kreis herumreichen, weil so viele Anregungen kamen.

Die Lehrkraft beteiligte sich an den Reflexionsrunden, schuf aber auch die nötige Arbeitsruhe, wenn es etwas lauter wurde. Das war sehr angenehm für uns Mediatorinnen, da wir uns auf unsere Arbeit konzentrieren konnten. Die Kinder waren am Thema interessiert, und wir konnten gemeinsam einiges erarbeiten. In der Feedbackrunde bestätigten wir einander diesen ersten positiven Eindruck.

Zweiter Projekttag

Der zweite Tag begann mit einer Reflexion des vorangegangenen und Platz für Fragen oder Wünsche. Danach arbeiteten wir zu den Themen nonverbale Kommunikation und Körpersprache, verbale Kommunikation und gutes und schlechtes Zuhören. Wir Mediatorinnen spielten kleine Rollenspiele, sammelten Beiträge, übten dazu in spielerischer Form, besprachen das Durchgenommene mit den Kindern nach. Nach der großen Pause ging es mit den Themen angenehme und unangenehme Gefühle weiter. Die Gruppe wurde immer wieder geteilt, um bestimmte Problemkreise ruhiger und intensiver in kleinerem Rahmen besprechen zu können.

Dritter Projekttag

Nach dem Wochenende ging es wieder weiter. Ein Mädchen, das krank gewesen war, kam hinzu. Wir erklärten ihr gemeinsam die Spielregeln und baten sie, bei Unklarheiten nachzufragen.

Wir begannen wieder mit einer Reflexion und einem kurzen Spiel, bevor wir uns an diesem Tag, wie in Volksschule 1, den Konflikten im engeren Sinn widmeten. Die Themenkreise „Was ist ein Konflikt?", „Wo und wobei erlebt ihr Konflikte?", „Wie fühlt ihr euch dabei?" und „Wie handelt ihr dabei?" wurden besprochen, am Flipchart beschrieben und an der Tafel sowie anhand von Schaubildern verdeutlicht.

Auffällig war, daß die Kinder viel weniger Erfahrung mit eskalierenden Konflikten hatten als die Klasse aus Volksschule 1. Wir überlegten, was jeder von uns tun kann, wenn er wütend ist, und besprachen Situationen, in denen jeder wütend wird. Ein Bub erzählte in diesem Zusammenhang von einer Pausensituation, in der die Lehrkraft wütend geworden war und bei der sich einige Kinder ungerecht behandelt gefühlt hatten. In der Großgruppe sprachen wir dieses Thema dann nochmals an und beschlossen, eventuell später nochmals darüber zu reden.

Danach folgte ein Rollenspiel zum Thema „Wie trage ich Konflikte aus?", und die Kinder erarbeiteten mit Hilfe unseres „Eselsbilds", daß miteinander zu reden und zu verhandeln eine Lösungsalternative zum Streiten oder Nachgeben sein kann. Nun fragten wir die Kinder, ob sie Lust hätten, verhandeln zu üben. Da sie zuerst geteilter Meinung waren, erklärten wir ihnen den Ablauf einer Verhandlung oder Mediation.

Wir griffen ein Problem heraus, von dem die Kinder uns einige Tage zuvor erzählt hatten: Differenzen beim Basketballspiel. Es gab hier eine Buben- und eine Mädchengruppe, die miteinander immer wieder in Konflikt gerieten. Wir fragten die Kinder, ob sie alle mitmachen wollten, um sie darauf hinzuweisen, daß bei einer Verhandlung ihre Freiwilligkeit gefordert war.

Das Setting sah so aus: Zwei Buben saßen zwei Mädchen gegenüber. Sie erhielten nacheinander den Sprechball und durften ihre Meinungen, Bedürfnisse oder Erklärungen formulieren. Die restlichen Kinder saßen auf dem Boden hinter ihren „Vertretern" und durften, wenn sie etwas sagen wollten oder eine Idee hatten, mit jemandem aus der Sitzgruppe den Platz tauschen. Je eine Mediatorin saß bei einer Interessengruppe und unterstützte diese beim Verhandeln.

Zuerst erklärten wir den Kindern die Gesprächsregeln und den Ablauf der Verhandlung:

- Wer sprechen will, tauscht Platz mit einem aus der „Sprechgruppe" – die Mediatorinnen würden dafür sorgen, daß alle, die sprechen wollten, auch gehört würden.
- Wir hören einander zu.
- Wir sitzen freiwillig bei dieser Verhandlung.
- Wir fallen einander nicht ins Wort.

Danach konnte die Mediation beginnen. Jede Gruppe begann ihre Situation darzustellen, wir hörten zu, spiegelten, fragten nach und formulierten positiv um. Die Kinder waren sehr diszipliniert, hielten sich an die Spielregeln und sprachen wirklich nur dann, wenn sie auf einem Sprechplatz saßen.

Sehr schnell begannen sie, einander zuzuhören und in einem anderen Tonfall miteinander zu sprechen. Später bekamen wir die Rückmeldung der Lehrkraft, daß die Kinder sehr viel aufmerksamer und geduldiger miteinander umgegangen waren als sonst. Auch Lösungsmöglichkeiten und gegenseitige Angebote wurden von beiden Seiten rasch formuliert.

Die Parteien vereinbarten, daß die Buben den Mädchen die Basketballregeln erklären und mit ihnen trainieren würden. Die Mädchen sollten dafür keinen Spielvorteil mehr erhalten und versprechen, nicht zu kratzen. Ein wichtiges Ergebnis war, daß Buben und Mädchen in gemischten Gruppen spielen wollten, damit nicht in einer Mannschaft nur starke oder nur schwache Spieler vertreten waren. Sowohl die Buben- als auch die Mädchengruppe war zufrieden mit dem Ergebnis dieser Mediation. Für die Lehrerin war es erstaunlich, wie wichtig dieses Problem für die Kinder war.

Das nächste Thema, bei dem es um die Pausenregeln ging, sollte auf einen anderen Zeitpunkt verschoben werden. Die Lehrkraft bot uns an, daß sie am nächsten Tag mit den Kindern darüber sprechen würde, da einige Kinder daran unbedingt weiterarbeiten wollten. Diesbezügliche Vereinbarungen wurden im anschließenden Sitzkreis getroffen.

Die abschließende Reflexion zeigte, daß unser Basisprogramm allen gut gefallen hatte. Wir waren uns einig, zusammen drei schöne Tage verbracht zu haben.

Reflexion

Wichtige Erkenntnisse aus diesen drei Tagen:

- Es ist von großem Vorteil, wenn eine Schulklasse bereits Erfahrungen mit sozialem Lernen gemacht hat, gewohnt ist, im Sitzkreis zu arbeiten, öfters Studenten in der Schule zu Gast sind und auch andere Projekte durchgeführt werden.
- Schulmediation kann auch in einer 3. Klasse Volksschule positive Ergebnisse bringen.
- Im Vorgespräch mit der Lehrkraft über den Umgang mit aktuell auftretenden Störungen konnten wir Zuständigkeiten klären.

- Die Erfahrung, daß sich sowohl die Schüler als auch die Lehrkraft an unserem Basisprojekt beteiligten, war nützlich.

Etwa drei Wochen nach Beendigung unseres Projekts trafen wir uns nochmals mit der Lehrkraft zu einer Nachbesprechung. Das Programm hatte den Kindern und ihr sehr gut gefallen, und sie bedankten sich bei uns mit kleinen Fotomappen und Briefen. Erfreut nahmen wir zur Kenntnis, daß die Lehrkraft Teile des Basisprogramms immer wieder anwenden konnte, auffrischte und ergänzte. Der Lerninhalt, so meinte sei, sei durch Spiele und Auflockerungen unkompliziert vermittelt worden und habe dem Niveau der Kinder entsprochen. Und er habe Wirkung gezeigt: Die Kinder würden selbstbewußter auftreten, besonders die Mädchen trauten sich mehr zu und lösten nun auch Konflikte, ohne die Lehrkraft um Hilfe zu rufen. Der Umgangston der Kinder habe sich zumindest kurzfristig verändert. Vieles des Erarbeiteten wurde im Unterricht aufgegriffen. Die Lehrkraft erzählte auch, daß sie die Kinder an diese drei Tage erinnern würde, wenn die Klasse Vereinbarungen treffen wolle.

Resümee

Entgegen unserer Vorannahmen konnten wir feststellen, daß sich der Altersunterschied zwischen den Schülern der Volksschulklassen nicht auf die Aufnahme der Lerninhalte ausgewirkt hatte. In der 3. Klasse konnten wir, obwohl die Schüler jünger waren, mit den Kindern wesentlich mehr herausarbeiten, da uns nicht so viel Widerstand entgegengebracht wurde. In der vierten Klasse war vor allem das Aufbrechen der disziplinären Struktur auffällig. Wenn die „strenge Hand" der Lehrkraft fehlte, eskalierte die Situation.

Die Aufteilung in Kleingruppen gestaltete sich in der 4. Klasse schwierig, da wir von den Kindern nicht als regelleitende Autoritäten angesehen wurden. Arbeiten im Sessel- oder Sitzkreis und auch Brainstormingübungen an der Tafel oder am Flipchart funktionierten nicht immer. Daher mußte die Einhaltung der Spielregeln immer wieder eingefordert werden. Diese Kinder waren allerdings besonders konflikterprobt und konnten sehr viele persönliche Erfahrungen einbringen, über die sie auch gerne sprachen. Im Vergleich dazu war die 3. Klasse an offenes und soziales Lernen gewöhnt und hatte daher ganz andere Stärken in puncto Kooperation.

Wir schließen daraus, daß das Alter und die Entwicklung der Kinder, der „übliche" Umgang miteinander, das soziale Umfeld und vor allem auch die Erziehung und Führung durch die Lehrkraft eine große Rolle bei Konfliktverhalten und sozialem Lernen spielen.

Ein „Klassenklima" entwickelt sich, es wird geschaffen – das heißt, es „passiert" nicht einfach. Damit ist es auch beeinflußbar. Genau hier sollte das Konflikttraining ansetzen. Dabei sollten *alle*, nämlich Kinder, Lehrkräfte und Mediatorinnen bzw. Mediatoren, gemeinsam an der Idee einer für alle stimmigen Konfliktkultur arbeiten.

Zukunftsperspektiven für Mediation im Volksschulbereich

Wir haben uns entschlossen, uns auf Schulmediation zu spezialisieren, weil wir glauben, daß gerade dieser Bereich in nächster Zeit an Aktualität gewinnen wird. Die Gewaltbereitschaft bei Kindern und Jugendlichen steigt, die Kompetenz, Konflikte konstruktiv zu bewältigen, ist mangelhaft. Erziehung durch soziales Lernen wird zu Hause und an den Schulen somit immer wichtiger. Denn Lehrer zu sein bedeutet nicht nur, mit den Schülern den vorgeschriebenen Lehrstoff zu bewältigen, sondern auch erzieherische Tätigkeit im weitesten Sinne. Wir sehen unser Engagement in diesem Bereich nicht als Einmischung in den Kompetenzbereich der Lehrerinnen und Lehrer, sondern viel mehr als Unterstützung und Hilfestellung an.

Das Basisprogramm stößt auf reges Interesse bei den Pädagogen, wie wir in zahlreichen Gesprächen mit Eltern, Lehrkräften und Direktoren feststellen konnten. Leider gibt es gegenwärtig für solche Projekte, die u.a. der Gewaltprävention dienen, noch kein Budget und somit keine gesicherte Finanzierung. Es müssen daher mit jeder Schule individuelle Lösungen gefunden werden.

Literatur
Faller, K. & Kerntke, W. & Wackmann, M. (1996): Konflikte selber lösen. Trainingshandbuch für Mediation und Konfliktmanagement in Schule und Jugendarbeit. Mülheim/R.
Fleischer, Th. (1990): Zur Verbesserung der sozialen Kompetenz von Lehrern und Schulleitern. Hohengehren
Glasl, F. (1997): Konfliktmanagement. Ein Handbuch für Führungskräfte, Beraterinnen und Berater, 5. Auflage. Stuttgart/Bern
Jefferys, K. & Noack, U. (1995): Streiten – Vermitteln – Lösen. Lichtenau
Hagedorn, O. (1996): Konfliktlotsen. Leipzig
Walker, J. (1995): Gewaltfreier Umgang mit Konflikten in der Grundschule. Gewaltfreier Umgang mit Konflikten in der Sekundarstufe. 2 Bde. Frankfurt/M.

4. Wirtschaft

 Eines Tages

Eines Tages werd' ich's dem schon noch zeigen.
Ich werd's ihm so richtig reinsagen, dem arroganten
Schwein. Mit mir kann man das nicht machen,
mit mir nicht. Was glaubt der eigentlich, wer er ist.
Nur weil er in einem Schweinekoben zur Welt
gekommen ist, ist er noch lange nichts Besseres.

Herr Kollege, gehn S', können S' bitte
schauen, daß das heut noch erledigt wird.

Jawohl, Herr Chef, wird sofort erledigt, auf der
Stelle, ich eile, ich fliege, bin schon fort.
(Pause.) Eines Tages ...

KAI

Michael Zumtobel

Wozu Mediation in der Wirtschaft?
Wirtschaftsmediation in Österreich

Der amerikanische Konzern Motorola hat sein Budget für Gerichtsstreitig-keiten durch Beiziehung von Mediatoren um 75 Prozent reduziert. Toyota konnte die Anzahl gerichtsanhängiger Verfahren verschiedenster Art bin-nen weniger Jahre durchschnittlich von fast zweihundert auf drei pro Jahr verringern, und beim Computerriesen NCR spricht man glücklich davon, daß heute immerhin 60 Prozent der Konflikte in einer ohnehin span-nungsgeladenen Branche mittels Mediation gelöst werden (Quelle: San Die-go Mediation Center).

Wer jetzt an Entspannungsübungen denkt, hat nicht genau genug gele-sen. Das Verfahren der Mediation bezeichnet vielmehr eine Vermittlungs-tätigkeit in Konfliktfällen durch unparteiische Dritte. Das Wort „mediare" stammt aus dem Lateinischen und bedeutet soviel wie „in der Mitte sein". Mediatoren sind demnach allparteilich und achten im Rahmen der Kon-fliktbearbeitung auf die Balance zwischen den Parteien. Sie fungieren nicht als Experten für Fachfragen, sondern als Experten für die Steuerung des Ver-handlungsprozesses.

In diesem Rahmen sorgen Mediatoren unter anderem für eine kon-struktive Gesprächskultur und die Aufrechterhaltung der Kooperationsbe-reitschaft der Konfliktparteien. Man nennt diese in der Mediation demge-mäß auch Konflikt*partner*. Ziel der Mediation ist die Unterstützung der Konfliktpartner beim Auffinden einer für beide Seiten passenden Vereinba-rung. Die Lösung des Problems kommt also von den Parteien. Sie sind die Experten in eigener Sache. Die Mediatoren dagegen verstehen sich als Kom-munikationsexperten, die versuchen, durch entsprechende Interventions-techniken festgefahrene Kommunikationsmuster transparent zu machen und aufzulösen.

Ist die Mediation aus dem amerikanischen Wirtschaftsleben schon lan-ge nicht mehr wegzudenken, beginnt ihre Saat in Österreich erst langsam aufzugehen. Eine erste zarte Pflanze wächst mit der ARGE Wirtschaftsme-diation heran, einem seit 1997 bestehenden Verein, dem Juristen, Psycho-logen, Kommunikationswissenschaftler und Unternehmensberater ange-hören – eine berufliche Vielfalt, die Fachwissen und Erfahrung aus den unterschiedlichsten Bereichen in die Mediationsarbeit einbringt. Die Mit-glieder arbeiten im Team, wobei die Art des Konflikts über die Zusammen-setzung des Mediatorenteams entscheidet.

Wie erklärt eine Mediatorin aus der Praxis den Begriff der Wirtschafts-mediation? Ruth Krumböck von der ARGE Wirtschaftsmediation: „Wirt-schaftsmediation ist eine Verhandlungsmethode, die Streitparteien bei

Konflikten an einen Tisch bringt. Mediation setzt eine Unstimmigkeit voraus bzw. geht davon aus, daß die Streitparteien etwas als Konflikt wahrnehmen. Das muß noch nicht von allen, aber von den unmittelbar Betroffenen so gesehen werden. Jetzt kommt es darauf an, welche Richtung dieser Konflikt nehmen soll. Das heißt, ob mehr auf die emotionale Seite eines Konflikts oder auf die sachliche Ebene abgezielt werden soll. Wirtschaftsmediation ist eine effiziente Methode, mit der Unternehmen unbürokratisch und schnell offene oder latente Konflikte lösen können. Hohe Kosten, die durch die Lahmlegung mitunter ganzer Abteilungen entstehen, können so beseitigt werden."

Die Entdeckung der Mediation durch die Wirtschaft

Die Mediation als professionelles Verfahren zur Konfliktlösung wurde bereits in den sechziger Jahren in den USA entwickelt und zuerst als Alternative zur gerichtlichen Ehescheidung eingesetzt. Sehr bald aber erkannte auch die Wirtschaft den Nutzen dieses Instruments. In den Chefetagen der großen Betriebe war es schon lange kein Geheimnis mehr, welche Unsummen verdeckte und offene Konflikte verschlangen – ob geplante Königsmorde, Grabenkämpfe, verursacht durch falsche Eitelkeiten oder starre Positionen. Wenn dadurch die Lahmlegung ganzer Abteilungen droht, muß das Management handeln. In den USA, in denen Managern zusätzlich zu den Gehältern auch noch Aktienoptionen zuerkannt werden, mußte auf das vergleichsweise billige Verfahren der Mediation nicht lange hingewiesen werden. Den Managern war klar, wie empfindlich Konflikte jedweder Art das Betriebsergebnis und damit ihr eigenes beeinträchtigen.

Wo steht aus der Sicht von Ruth Krumböck die Wirtschaftsmediation in Österreich heute? „Ganz am Anfang. Ich denke, es wird viel an Öffentlichkeitsarbeit und einiger Anstrengungen bedürfen, um zu vermitteln, daß Mediation eine Methode ist, die den Betroffenen sehr schnell nützen kann. Es muß einmal klar werden, daß das keine Besserwisserei von oben herab ist, daß da nicht einfach schon wieder jemand etwas erfunden hat. Die Erfahrung muß zeigen, daß Mediation nützt – dann wird die Mundpropaganda ein übriges tun. Ich denke, es wird an die fünf Jahre dauern, bis es ein paar Präzedenzfälle gibt, die beweisen, daß es gut funktioniert hat – und das kolportiert, beschrieben und allgemein veröffentlicht worden ist."

Konflikte als Entwicklungschance

Betriebsinterne Machtkämpfe zwischen Einzelpersonen, Gruppen oder ganzen Abteilungen, Konflikte zwischen Arbeitgebern und Arbeitnehmern oder konzernübergreifende Konflikte gibt niemand gerne zu, obwohl fast alle Betriebe in der einen oder anderen Form davon betroffen sind. Wo jedoch Konflikte nur als Schwäche und nicht auch als Entwicklungschance gesehen werden, ist deren Verdrängung die Regel.

Der Manager Reinhard Artaker versucht in seinem eigenen Betrieb diese Regel zu durchbrechen. „Im Rahmen meiner Mediationsausbildung habe ich erkannt, daß Mediation eine Untermenge der Organisationsentwicklung ist. Bei dieser kommt es darauf an, daß sich eine Firma autark weiterentwickelt, ihre Probleme selbst löst bzw. von sich aus Problemlösungen und Alternativen findet. Genau diese Elemente entsprechen den Grundprinzipien der Mediation, insbesondere die Übernahme von Eigenverantwortung und einer Problemlösungsstrategie, die aufgrund des Perspektivenwechsels neue Optionen eröffnet.

Ich habe versucht, diese Prinzipien für meinen Betrieb zu übernehmen. Das heißt, mich als Konfliktregler nicht zu wichtig zu nehmen, sondern darauf zu achten, daß die beiden Konfliktpartner während einer Konfliktlösung so viel lernen, daß sie im nächsten Konflikt ohne Mediator auskommen. Natürlich ist es teilweise sehr schwer und manchmal unmöglich, Führungskraft *und* Mediator zu sein. Das läßt sich nicht immer vereinbaren, weil man manche Voraussetzungen für einen Mediator bzw. eine Mediatorin nicht mitbringt, etwa die der Allparteilichkeit oder die, daß man nur den Prozeß und nicht die Inhalte sehen soll – als Führungskraft kann man von den Inhalten oft nur schwer abstrahieren. Man kann aber sehr wohl versuchen, durch die mediative Begleitung die Mündigkeit der Konfliktpartner zu erhöhen und dadurch vielleicht sogar zukünftige Konflikte zu vermeiden."

Konfliktmanagement versus Mediation

Konflikte gibt es seit Menschengedenken – und ebenso lange versucht sich der Mensch auch schon in Strategien, diese zu lösen. Der Entwicklungsstand menschlicher Konfliktlösungsstrategien zeigt sich an der Art und Weise, wie Konflikte gelöst werden: konsensual oder mit dem Sieg über den Gegner bzw. dessen Vernichtung. Daß in der heutigen Wirtschaft immer mehr Wert auf konsensuale Lösungsfindung gelegt wird, zeigt die berufliche Praxis des Managers.

Worin sieht ein österreichischer Unternehmer die Besonderheit der Mediation gegenüber den üblichen Konfliktlösungsstrategien in der Wirtschaft? „Mir scheint, daß das herkömmliche Konfliktmanagement, das ich in gar keiner Weise abwerten möchte, relativ stark mit Techniken arbeitet. Vielleicht sogar mit bestimmten Rezepten, nach denen man vorgeht, wo ganz bewußt ein Prozeß nicht nur begleitet, sondern auch beeinflußt wird. Mediation ist weniger beeinflussend und weniger eingreifend."

Und zu welcher Erkenntnis kommt ein Manager, der die Methode der Mediation in seinem eigenen Betrieb anwendet? „Den Konfliktpartnern und mir selbst war vor allem eines wirklich nützlich: die aus dem Klassiker ‚Das Harvard-Konzept. Sachgerecht verhandeln – erfolgreich verhandeln' bekannte Erkenntnis, daß es wichtig ist, die Interessen und nicht die Positionen zu sehen. Bei Wirtschaftskonflikten zeigt sich – im Gegensatz zu

Konflikten in Familien – sehr oft, daß die Interessen genau dieselben sind. In einer Firma ist es relativ leicht, sich auf den wirtschaftlichen Erfolg als gemeinsamen Nenner zu einigen."

Der befragte Unternehmer veranschaulicht diese Tatsache anhand eines Beispiels aus seiner betrieblichen Praxis: Die Firmenverwaltung wurde zwischen zwei Vertriebsgruppen aufgerieben. Die eine Vertriebsgruppe wollte nur reine Vertriebsaufgaben übernehmen, die andere übernahm auch Verwaltungsaufgaben, weil sie den Kunden länger begleiten wollte. Die Verwaltung wurde also von den beiden Gruppen ungleich belastet, aber die Kosten sollten zu gleichen Teilen übernommen werden. Die Lösung war einfach: Die Gruppe, die die Verwaltung mehr in Anspruch nahm, weil sie sich weniger um den After-Sales-Service kümmerte, wurde seitens der Verwaltung mit Mehrkosten belegt, die andere mit weniger Kosten. Beide Gruppen waren mit der Lösung glücklich. Die eine konnte sich mehr auf den Vertrieb konzentrieren und ihren wirtschaftlichen Erfolg auf diese Art steigern, die andere konnte ihr Ergebnis durch Minimierung der Verwaltungskosten verbessern. Die Positionen waren unvereinbar, aber das gemeinsame Interesse, der wirtschaftliche Erfolg, ermöglichte eine einvernehmliche Lösung.

Einsatzbereiche der Wirtschaftsmediation

Ausgehend von diesem Beispiel, erhebt sich die Frage, welche generellen Einsatzmöglichkeiten für eine Mediation im Bereich der Wirtschaft bestehen. Gerhart Fürst, Mediator bei der ARGE Wirtschaftsmediation: „Einer der namhaftesten österreichischen Organisationsentwickler, Friedrich Glasl, nennt folgende Einsatzbereiche in der Wirtschaft für Konfliktbearbeitung und Mediation: die mikrosoziale Ebene zwischen zwei Einzelpersonen, die mesosoziale Ebene zwischen zwei Gruppen und die makrosoziale Ebene zwischen zwei noch größeren Gebilden, also etwa zwischen zwei Unternehmen." Kommt es zwischen zwei Unternehmen beispielsweise zu einer Fusion, was auch in Österreich immer häufiger geschieht, gilt es nicht nur eine Unzahl von Sachfragen zu regeln, sondern auch anstehende Konflikte zu lösen.

Welche Problematik zeichnet sich aus Sicht des Mediators in diesem Zusammenhang ab? „Oft wird der Auftrag für eine Fusion abgeleitet aus wirtschaftlichen oder finanziellen Interessen nach dem Motto: Gemeinsam sind wir stärker, wir haben einen größeren Marktanteil und größere Macht auf der Einkaufsseite, weil wir gemeinsam einen größeren Bedarf haben. Was man nicht so sehr betrachtet, ist, wie die einzelnen Unternehmen mit ihren unterschiedlichen Unternehmenskulturen zusammenpassen. Kürzlich war ich mit einer Fusionsüberlegung zwischen einem kleinen österreichischen Pionierunternehmen im High-Tech-Bereich und einer wesentlich größeren Gruppe in Deutschland befaßt, die eigentlich nur von Übernahme gesprochen hat. Hier kann man methodisch sehr gut auf die Möglichkeiten der Mediation zurückgreifen. Die Frage ist: Was ist das eigentliche Interesse? Wenn der eine sagt, er wolle einen Partner, und der andere spricht von Übernahme, dann sind die Interessen unterschiedlich, und das muß angesprochen werden. Und wenn man die Situation offenlegt, läßt sich leicht eine Vereinbarung finden – man kann aber auch zu dem Ergebnis kommen, daß Mediation hier keinen Sinn hat."

Trotz der Zukunftsgerichtetheit der Mediation liegt die Ursache für Konflikte in der Vergangenheit. Und diese gilt es – ähnlich wie in einer Psychotherapie – bewußtzumachen. Wo liegt für den Mediator die Schnittstelle zwischen Therapie und Mediation? Gerhart Fürst: „Ich würde das gerne an einem konkreten Beispiel festmachen. Wir hatten im vergangenen Jahr einen Konflikt zwischen zwei Führungspersonen, die schon über zehn Jahre durchaus erfolgreich zusammengearbeitet hatten und in letzter Zeit zunehmend in Konflikt gerieten. Wir sind in Co-Mediation in diesen Fall hineingegangen. Meine Co-Mediatorin hat auch eine Ausbildung als Therapeutin, ich selbst komme aus der Organisationsberatung. Beides war wichtig, denn es waren bestimmte Verhaltensmuster in der Art, miteinander umzugehen, sichtbar. Hätte das die Therapeutin nicht relativ schnell erkannt und gezielt ansprechen können, dann wären wir rein lösungsorientiert an das Problem herangegangen. Es hätte aber keine Garantie gegeben, daß diese Verhaltensmuster bei einem neuen Problem nicht wieder virulent geworden wären. Durch therapeutische Elemente konnten diese Verhaltensmuster sichtbar gemacht und aufgelöst werden."

Das Berufsbild des Wirtschaftsmediators

Mediatoren befassen sich in ihrer Arbeit mit Konflikten unterschiedlichster Provenienz – ein Umstand, der an Erfahrung und Kompetenz hohe Anforderungen stellt. Wie kann ein Mediator oder eine Mediatorin diesen gerecht werden, und welches sind die Voraussetzungen zur Ausübung dieses Berufs?

Gerhart Fürst: „Um als Wirtschaftsmediator bzw. -mediatorin tätig werden zu können, braucht es meines Erachtens drei Komponenten. Das eine ist eine gewisse fachliche Kompetenz, d.h. eine Ausbildung in einem Quellberuf, Berufserfahrung und Erfahrung in einem sozialen Arbeitsfeld. Das zweite ist natürlich die Ausbildung zum Mediator bzw. zur Mediatorin, die in Österreich von mehreren Instituten angeboten wird und schwerpunktmäßig im Bereich der Scheidungsmediation liegt. Das ist aber gar kein Fehler, denn die Scheidungsmediation ist ein recht gutes Übungsfeld – von der Gesprächsdynamik, vom Konfliktverlauf und von der Emotionalität her –, um sich auf spätere Fälle in der Wirtschaft vorzubereiten. Das dritte, ein sehr wichtiger Punkt, ist die soziale Kompetenz. Dazu gehören Faktoren wie Alter, Lebenserfahrung und ähnliches. Ich bin etwas über 40 Jahre alt – und für viele Fälle einfach zu jung. Andere Mediatoren haben vielleicht mit 35 Jahren eine soziale Kompetenz erreicht, mit der sie ein sehr großes Arbeitsspektrum abdecken können – und wieder andere haben mit 50 oder 60 Jahren noch nicht die Überzeugungskraft erlangt, um in Konflikten als Mediator anerkannt zu werden."

Diese abschließende selbstkritische Einschätzung des Mediators gibt dem reiferen Lebensalter einen Wert, den es für viele anderen Berufe verloren zu haben scheint. So gesehen muß die Kunst der Mediation nicht nur erlernt, sondern vor allem erfahren werden.

Literatur

Fisher, R. & Ury, W. & Patton, B. (1996): Das Harvard-Konzept. Sachgerecht verhandeln – erfolgreich verhandeln. Frankfurt a.M./New York
Glasl, F. (1997): Konfliktmanagement. Ein Handbuch für Führungskräfte, Beraterinnen und Berater. 5. Auflage. Stuttgart/Bern

Ruth Krumböck & Gerhart C. Fürst

Wirtschaftsmediation: hoher Bedarf – geringe Nachfrage
Erfahrungen aus der Praxis zweier Mediatoren

Im Februar 1997 fand in einem Wiener Hotel ein Workshop zum Thema Mediation statt, an dessen Ende u.a. ein Arbeitsvorhaben mit dem Titel „Wirtschaftsmediation" auf eine Pinwand geschrieben wurde. Kurz darauf standen darunter zehn Namen, die noch im selben Jahr für die Gründung des „forums wirtschaftsmediation" verantwortlich zeichnen sollten. Vielleicht war das der Ursprung dieses neuen Arbeitsfelds in Österreich.

Wir beschäftigen uns seit mehr als zwei Jahren mit Mediation in Unternehmen, Umwelt und öffentlicher Verwaltung. Dabei interessieren uns sowohl theoretische Fragen als auch praktische Erfahrungen. Unsere Tätigkeit in Co-Mediation sehen wir als besonders wichtig an. Dabei kommt uns unsere mehr als zehn Jahre lange Berufserfahrung – als Psychologin und Psychotherapeutin in einem Familienunternehmen bzw. als Organisationsberater in der Industrie – ebenso zugute wie die Kombination unserer Kompetenzen.

In den nachfolgenden Abschnitten versuchen wir eine kleine Standortbestimmung der Wirtschaftmediation aus heutiger Sicht, bei der wir folgende Fragen beantworten wollen: Welche Anwendungsgebiete für Mediation in der Wirtschaft gibt es? Was ist der Nutzen für den Auftraggeber? Was unterscheidet Wirtschaftsmediation von Scheidungsmediation? Was ist ein mediierbarer Konflikt? Welche Bedeutung hat das „System um den Konflikt"? Wir wollen damit jene Punkte beleuchten, die für unsere Arbeit handlungsbestimmend sind.

Mediation und Wirtschaftskonflikte

Ein österreichisches Großunternehmen hatte sich vorgenommen, seine Personalstruktur zu verändern. Es war von Anfang an klar, daß das mit einer erheblichen Reduktion des Personalstands verbunden sein würde. Dazu war es notwendig, den zukünftigen Personalbedarf und die Aufgabenverteilung nach der Reorganisation neu zu berechnen. Mit diesem Thema hatten sich – unabhängig voneinander – seit Jahren zwei Abteilungen auseinandergesetzt. Jede war davon überzeugt, die bessere Berechnungsmethode zu haben. Ein vom Vorstand als „Schiedsrichter" zugezogener Berater gab jedoch eine Empfehlung zugunsten einer der beiden Methoden ab, was die Abteilung mit der anderen Methode veranlaßte, die erstere umso schärfer zu kritisieren und deren Methode zu boykottieren.

Ungeachtet dieser Situation waren nun beide Abteilungsleiter in das Projektteam zur Personalumstrukturierung entsandt worden. So wurde der Konflikt – ohne daß dies für die externen Berater anfangs sichtbar war – in das Projekt hineingetragen. Als es daran ging, die Personalberechnungen neu anzustellen, wurde der Machtkampf offensichtlich und drohte den weiteren Projektablauf zu behindern.

Im ausführlichen Gespräch mit einem Mediator wurden vor allem die übergeordneten Unternehmens- und Projektinteressen besprochen und somit gemeinsame Interessen der beiden Konfliktpartner gefunden. In Anerkennung dieser Priorität vereinbarten sie, den thematischen Konflikt nicht als persönliche Auseinandersetzung zu betrachten, die Sachdiskussion auszulagern und vor allem die vom Vorstand damit beauftragte Abteilung ungestört ihre Arbeit machen zu lassen. Der Schaden durch eine Verzögerung des Projekts wäre u.a. verspäteter Personalabbau, nicht optimal genutzte Beraterkapazität und Verlust von Glaubwürdigkeit für alle Beteiligten gewesen. Durch eine minimale Intervention von nur zwei Stunden war es möglich, das Projektteam wieder arbeitsfähig zu machen.

Wenn das Gespräch auf Mediation als Methode zur Konfliktlösung in der Wirtschaft kommt, sind sich alle einig, daß die Wirtschaft ein schier grenzenloses Anwendungsgebiet für Mediatorinnen und Mediatoren ist: Bearbeitbare Konflikte gibt es unzählige. Ebenfalls wahr ist allerdings, daß Unternehmen schon seit langem von unterschiedlichsten Beratern und deren Methoden zur Problemlösung überrannt werden. So ist es nicht verwunderlich, wenn sie gelernt haben, neuen Ideen gegenüber eine gesunde Portion Skepsis an den Tag zu legen. Seriöse Berater sind Kummer gewöhnt: Kaum jemanden verwundert ein Medienbericht über „Wirtschaftsmediation". Der Beraterbranche wird einfach alles zugetraut ...

Mediation setzt in der Regel bei einem Konflikt an. Daß jede Organisation mit kleineren und größeren Konflikten zu kämpfen hat, ist kein Geheimnis. Normalerweise neigen Unternehmen aber zu der Ansicht, daß es nicht opportun sei, „innere" oder „äußere" Konflikte sozusagen im Bauchladen vor sich her zu tragen. Hierzulande beklagt jeder lieber die mangelnde Konfliktkultur des anderen, als vor seiner eigenen Türe zu kehren – was zur Veränderung dieses Umstands nicht viel beiträgt.

Wirtschaftsmediation braucht daher Mediatorinnen und Mediatoren, die sich nicht auf den Kompetenzen ihrer ursprünglichen Profession ausruhen, sondern sich mit Werbung, Marketing und Akquisition auseinandersetzen wollen. Dieser Lernprozeß ist meist langwierig und mühsam. Viele Menschen mit psychosozialem oder juristischem Herkunftsberuf reagieren auf diese Anforderung mit dem Besuch zahlloser Fortbildungsseminare, die nur zu einer höheren Qualifizierung im fachlichen Bereich führen, aber selten Hilfen für Fragen der eigenen Marktpositionierung in einem unbekannten Terrain aufzeigen. Daher ist eine Zusammenarbeit mit Mediatoren, die über Wirtschaftserfahrung verfügen, sehr erfolgversprechend.

Um Mediation als Alternative zum üblichen Weg einer Konfliktlösung bekannt zu machen, wird es allerdings noch einiger Öffentlichkeitsarbeit bedürfen.

Anwendungsgebiete in der Wirtschaft

- Vermittlung in allen unternehmensinternen persönlichen Konflikten zwischen Einzelpersonen, Gruppen, Abteilungen und bei Mobbing;
- Vermittlung in streitigen Verhandlungen zwischen Management und Betriebsrat;
- Analyse von Konflikten innerhalb und zwischen Unternehmen;
- Beratung bei der Auswahl der Verhandlungspartner oder Verhandlungsteams;
- Vermittlung in der gemeinsamen Verhandlung anstehender Streitpunkte
- Begleitung bei der Umsetzung (eventuell Nachverhandlung) der erzielten Vereinbarung;
- Vermittlung zwischen Unternehmern bei der Verhandlung grundsätzlicher Strukturfragen, wie z.b. Unternehmensnachfolge, Kooperationen, Fusionen;
- Vermittlung in streitigen Verhandlungen zwischen Unternehmen, z.B. Lieferant und Abnehmer, zwischen Mitbewerbern, Konzernfilialen usw.

Wozu Mediation?

Der Nutzen für den Auftraggeber läßt sich leicht erklären: Mediation ist sofort einsetzbar. Sie ist unbürokratisch, schnell und effizient – d.h. nerven- und ressourcenschonend. Langwierige, kostenintensive Gerichtsverfahren können dadurch vermieden werden, aber auch offene oder verdeckte Kosten, die durch ungelöste innerbetriebliche Konflikte entstehen. Mediation führt zu kooperativen und konstruktiven, d.h. zu nachhaltigen Lösungen, die die Bedürfnisse und die konkrete Situation der Konfliktpartner berücksichtigen. Dadurch trägt sie zur Wahrung oder Wiederherstellung eines positiven Betriebsklimas bei und bedeutet eine persönliche Kompetenzerweiterung der Konfliktpartner.

Scheidungsmediation und Wirtschaftsmediation

Der Einsatz von Mediation in der Arbeitswelt hat sich – zumindest in Österreich – erst nach ersten Erfahrungen mit Familienmediation entwickelt. Noch heute steht im Mittelpunkt der meisten derzeit in Österreich angebotenen Ausbildungen die Scheidungsmediation. Inwiefern unterscheidet sich Wirtschaftsmediation von Scheidungsmediation? Die Antwort erfolgt nach mehreren Kriterien.

Die Zusammensetzung der Parteien

Wir haben es bei Organisationen häufig mit juristischen Personen zu tun, die in der Verhandlung durch ihre Organe, etwa Geschäftsführer, oder eigens Bevollmächtigte vertreten werden. Dabei ist sicherzustellen, daß die Verhandlungsteilnehmer auf beiden Seiten in der Konfliktfrage im wesentlichen volle Entscheidungsautonomie haben. Nichts ist mühsamer als ein Verhandlungspartner, der oft rückfragen muß.

Die Anzahl der beteiligten Personen und Parteien

1995/96 kam es bei der Swissair zu einem Arbeitszeitkonflikt zwischen Vorstand und Pilotengewerkschaft, der sogar in einen Streik auszuarten drohte. Nachdem man sich grundsätzlich auf eine kooperative Streitbeilegung geeinigt hatte, meldeten sich beim dafür ausgewählten Mediator Ulrich Egger von Management und Pilotengewerkschaft je zwölf (!) Personen zur Verhandlung an – ein Ding der Unmöglichkeit. Erst nach einem gemeinsamen Seminar über Verhandlungsführung mit allen 24 einigten sich die Streitparteien intern auf jeweils vier Bevollmächtigte, die verhandeln sollten. In diesem Rahmen ist die Mediation dann auch erfolgreich über die Bühne gegangen.

Wir müssen in der Wirtschaft mit mehr als zwei Verhandlungsparteien rechnen. Dadurch kommt es zu komplexeren Verfahren als bei der Scheidungsmediation. Durch die höhere Anzahl an Personen steigt auch die Komplexität der Informationen, die man sich merken und berücksichtigen muß. Daher arbeiten wir in der Wirtschaftsmediation in der Regel zu zweit. Besonders viele Teilnehmer gibt es natürlich bei Umweltverfahren. Im Rahmen der Bürgerbeteiligung bei großen Projekten (z.B. bei Eisenbahnprojekten) kommt es vor, daß bei offenen Veranstaltungen mehrere hundert Personen im Raum sind. Und mitreden wollen! Wenn diese Veranstaltungen auch häufig eher wie eine Moderation ablaufen, so ist doch oft Konfliktmanagement gefragt.

In der Frage der zukünftigen Müllentsorgung im Ballungsraum Berlin-Brandenburg lautete die Aufgabe, eine kooperative Lösung zwischen Müllverursachern, Müllverwertern, den diversen Kommunen, Anrainern, Umweltschützern usw. herbeizuführen. Wir wissen von Horst Zilleßen, daß über 60 (!) anhörungsberechtigte Parteien zu beteiligen waren. Um dieses Verfahren überhaupt durchführen zu können, einigte man sich letztlich auf acht Interessengruppen mit je einem Sprecher. Seitens der Mediation gab es drei Beteiligte: den Mediator (das kann in der Arbeit mit großen Gruppen wiederum aus didaktischen Gründen nur eine Person sein), einen Protokollführer und einen Assistenten des Mediators, der ihn dabei unterstützte, den Überblick zu behalten.

Die Arbeitsweise

Wenn es zwei Streitparteien mit je einem Beteiligten gibt, ist die Sache ähnlich wie in der Scheidungsmediation: Zwei Vorstandsmitglieder können genauso heftig miteinander streiten wie ein altes Ehepaar ... Wenn allerdings mehrere Personen involviert sind, ist es notwendig, mit Moderationstechniken, wie sie z.B. in der Wirtschaft angewendet werden, vertraut zu sein. Dazu gehört genauso wie ein konsequentes Zeitmanagement eine gut lesbare Schrift am Flipchart oder die Fähigkeit, aussagekräftige Protokolle zu verfassen.

Die Rolle der Mediatoren

Während Scheidungsmediatoren vor allem gefordert sind, sich von zwei anderen Professionen – nämlich Therapie und Rechtsberatung – abzugrenzen, finden wir im Umfeld des Wirtschaftsmediators eine ganze Reihe von benachbarten Beratungstätigkeiten:

- Moderator: Dieser bearbeitet unterschiedliche Interessen, üblicherweise aber im konfliktfreien Bereich. (Der Mediator dagegen setzt normalerweise erst bei einem Konflikt an.)
- Teamcoach: Kann meist aus einer positiveren, weniger konfliktbeladenen Grundhaltung der Teammitglieder heraus an der Teambildung arbeiten.
- Organisationsberater: Unterstützt bei Veränderungsprozessen, bei denen Konflikte ein Teilaspekt, aber nicht das Hauptthema sind.
- Supervisor: Bleibt außerhalb der üblichen Arbeitssphäre von Klienten, weil die Beratung oder Begleitung in der Regel außerhalb stattfindet. Der Mediator steht mitten im Konfliktfeld, in das er alle Beteiligten einbezieht.

Allen gemeinsam ist, daß Rollentreue gefragt ist. Als Mediatoren dürfen wir nicht parteilich werden wie ein Anwalt, keine Sachlösungen anbieten wie ein Schlichter, keine bestimmten inhaltlichen Lösungen empfehlen oder Stellungnahmen abgeben wie ein Sachverständiger oder gar Entscheidungen treffen wie ein Richter.

Der Rollenwechsel vom Herkunftsberuf zur Mediatorin bzw. zum Mediator ist eine besondere Herausforderung: Ein Jurist, der seinen Klienten viele Jahre lang rechtlich korrekte Lösungen angeboten hat, ist davon genauso betroffen wie ein Manager, der gewohnt war, Entscheidungen zu fällen.

Feldkompetenz

In der Scheidungsmediation darf von den Mediatoren kein Punkt vergessen werden – auch derjenige nicht, an den das sich trennende Ehepaar vielleicht gar nicht denkt. In der Wirtschaft hingegen wissen die betroffenen Parteien selbst sehr gut, „worum es geht". Der zu Beginn zu erstellende Themenkatalog darf natürlich immer wieder ergänzt werden. Wenn seitens der Konfliktbeteiligten alle strittigen Punkte als abgearbeitet betrachtet werden, so ist es nicht Aufgabe der Mediatoren, nach neuen zu suchen.

Bei einer arbeitsrechtlichen Mediation, in der es bei Gericht seit Jahren u.a. um die Frage ging, ob es sich um eine Betriebsübergabe handelte oder nicht, überraschten wir die Klienten mit der Bemerkung, daß wir das diesbezügliche Gesetz gar nicht kennen würden. (Dies kam zur Sprache, als einer von uns die dazugehörige Abkürzung falsch auf die Themenliste schrieb.) Bei einer Mediation kann es nicht darum gehen, in Sachfragen besser zu sein als das Gericht, das den Fall nicht lösen konnte. Es geht einzig um die Interessen der Beteiligten – nur so gelang es in diesem Fall, die Gesetzesfrage aus der Mediation herauszuhalten.

Diese Haltung zur Frage der Feldkompetenz, d.h. zur inhaltlichen Kompetenz in der Streitfrage, ist kein Dogma. Verfahrensrelevantes Vorwissen über das Umfeld, in dem sich der Konflikt abspielt, kann sehr wichtig sein. Wir denken dabei etwa an das Wissen über Vertretungsbefugnisse in Kapitalgesellschaften („Was ist ein Prokurist?") oder Grundsätze der gesetzlichen Umweltverträglichkeitsprüfung in Österreich.

Diagnose: Konflikt

Bei der Frage, was ein mediierbarer Konflikt nun wirklich ist, halten wir uns in der ersten Phase einmal an die eigene Einschätzung der Klienten. Einige Kriterien helfen allerdings, diese Frage einzugrenzen.

Die Eskalation des Konflikts ist zum einen abhängig von der Zeit. Je mehr Zeit vergeht, desto mehr eskaliert ein Konflikt. Mediation ist dann sinnvoll, wenn die unternehmenseigenen Konfliktmechanismen nicht mehr greifen und die Gefahr droht, die Kontrolle über die Entwicklung zu verlieren. Wird die Zeitspanne, in der eine Lösung unter Hinzuziehung von Mediatoren möglich gewesen wäre, nicht genützt und ist der Konflikt schon bei Gericht anhängig, so hat Mediation normalerweise nur dann wieder eine Chance, wenn beide Parteien vom Verfahren – seiner Dauer, seinen Kosten etc. – frustriert sind oder sich von einer Rechtsantwort keine Lösung mehr erwarten und daher zum Verhandlungstisch zurückkehren.

Die Voraussetzungen für Mediationsverfahren sind hoch. Die Freiwilligkeit aller Konfliktparteien, sich diesem Prozeß zu unterziehen, ist auch in der Wirtschaft keine Selbstverständlichkeit. Wir gehen mittlerweile davon aus, daß es notwendig ist, beiden Parteien in einer Vorphase getrennt die Grundzüge des Verfahrens zu erklären und alle eventuellen Fragen zu beantworten.

Ein weiteres Kriterium für die Entscheidung zur Mediation ist die Erwartung, die die Streitparteien für die Zeit nach der Lösung des Konflikts haben. Wollen sie danach wieder zusammenarbeiten? Dann sind die Aussichten, die nächste inhaltliche Auseinandersetzung selbst zufriedenstellend zu lösen, schon sehr gut. Wird die Meinungsverschiedenheit als zu groß für eine eigene Bewältigung angesehen, dann ist ein Anruf bei den Mediatoren keine große Hürde mehr.

Als Beispiel für die Bedeutung der in der Zukunft gewünschten Zusammenarbeit sei kurz eine Konfliktlösung zwischen zwei Kollegen dargestellt: Zwei Geschäftsführer eines kleinen Bankinstituts arbeiteten seit vielen Jahren – wirtschaftlich übrigens erfolgreich – zusammen. In den letzten fünf Jahren hatten sich allerdings Konflikte gehäuft, was im täglichen Geschäft bereits zu Dauerspannungen führte, die sowohl für die Eigentümervertreter der Bank als auch für die Mitarbeiter immer deutlicher sichtbar wurden.

Diese Situation empfanden beide schließlich als so große nervliche Belastung, daß jeder für sich beschloß, sich nach einem anderen Job umzusehen, sollte sich keine Lösung der Konflikte finden lassen. Mögliche absehbare Folgen wären gewesen:
• Schlechterstellung in der (sehr attraktiven) Dotierung;
• längere Anreise zu einem anderen Arbeitsplatz;

- bei einvernehmlicher Lösung Abfertigungszahlungen in Höhe von bis zu 1,5 Mio. Schilling;
- Kosten der Suche und Einarbeitung eines Nachfolgers sowie
- die Unsicherheit, ob nicht die gleichen Konflikte auch mit einem neuen Kollegen wieder auftreten würden.

Mitte 1997 gelangten beide zu dem gemeinsamen Beschluß, ein Mediatorenteam zu kontaktieren. In der sechsmonatigen Zusammenarbeit gelang es zuerst, eine ganze Reihe von – vorwiegend sprachlichen – Mißverständnissen und Fehlinterpretationen aufzuklären, die immer wieder die Ursache für eine Konflikteskalation gewesen waren. Dann wurden die Konfliktszenen beleuchtet, wobei sich herausstellte, daß es auch viele unklare Zuständigkeitsschnittstellen gab.

Ende 1997 hatten die Klienten ihre Kommunikationsgewohnheiten wesentlich verändert, indem sie jetzt etwa regelmäßig über offene Punkte und Unklarheiten sprachen, sich als Team verstanden oder z.B. Aufsichtsratssitzungen gemeinsam vorbereiteten, die früher eine Bühne der Konfliktaustragung gewesen waren. Es wurde ein neuer Geschäftsverteilungsplan erarbeitet, der jedem der beiden größere Handlungsspielräume einräumte, aber auch klärte, wann der andere in welcher Form einzubeziehen war. Die Kosten der Mediation beliefen sich in diesem Fall auf ca. 70.000 Schilling.

Das System um den Konflikt: Wer darf mitreden?

Bei der Frage nach dem Umfeld, in dem der Konflikt stattfindet, fällt uns der Streit zwischen zwei Kärntner Landwirten ein. Es ging um einen zwischen deren Familien schon seit vielen Jahren schwelenden Konflikt. Der ursprüngliche Auslöser für die andauernde Mißstimmung war schon gar nicht mehr bekannt, möglicherweise war es ganz banaler Neid, weil der eine die sonnigeren Wiesen hatte oder mehr Glück bei der Ernte oder sonst etwas. Gegenstand des Streits waren die eigenmächtige Versetzung eines Grenzsteins durch den Bauern A und die unberechtigte Benutzung eines Wegs, der über das Grundstück von A führte, durch Mieter von B.

Die Streitparteien waren der etwa 60jährige Bauer B und der etwa 30jährige Jungbauer A, der den Hof von seinem Vater schon übernommen hatte. Juristisch waren die Verhandlungsmandate unbestritten: jeder war selbst betroffene, rechtlich voll handlungsfähige Streitpartei. Jedoch wiederholte sich mehrmals folgende Situation: Zwischen den beiden Bauern wurde eine Einigung erzielt, meist vor Ort, bei ihren Höfen, die Anwälte waren dabei, es erfolgte ein feierlicher Handschlag, und man konnte meinen, alles sei nun in bester Ordnung. Und dennoch kam es in der Folge wieder zu feindseligen Handlungen durch A, die neuen Streit nach sich zogen. Als wir der Sache auf den Grund gingen, stellte sich heraus, daß A selbst zwar gewillt war, die mit B getroffenen Vereinbarungen einzuhalten, jedoch immer wieder von seinen Eltern, die bei den Verhandlungen nicht dabei waren, gegen B aufgehetzt wurde. In diesem Fall gab es also außerhalb der Verhandlung

Personen, die eigene Interessen bezüglich der Lösung hatten und auf die Umsetzung der Vereinbarung Einfluß nehmen konnten und dies auch taten. – Das meinen wir mit *System* des Konflikts.

In der Mediation ist es allgemein notwendig zu wissen, wie groß das System ist, „wer alles dazugehört" (in der Scheidungsmediation z.B. die Kinder). In der Wirtschaftsmediation ist es genauso wichtig zu erkennen, welcher fördernde oder störende Einfluß von außenstehenden Personen ausgehen kann. Auch arbeitsrechtliche Fragen können im allgmeinen mit Mediation gut gelöst werden. Wenn die Vereinbarung jedoch Teile beinhaltet, denen die Personalvertretung zustimmen muß, so ist die Lösung gefährdet, solange man diese nicht in das System einbezogen, d.h. an den Verhandlungstisch geholt hat.

In der Wirtschaftsmediation kann so eine „Rechnung ohne den Wirt" viel unrentablen Aufwand bedeuten. Im Bereich Organisationsberatung hatten wir etwa 1997/98 ein Projekt, bei dem es um den Abbau von ca. 15 Prozent der Arbeitskräfte ging. Aufgrund großzügiger Angebote des Unternehmens fanden sich genug Mitarbeiterinnen und Mitarbeiter, die bereit waren, aus dem Unternehmen einvernehmlich auszuscheiden. Trotzdem war es nicht möglich, die Vereinbarung umzusetzen, ohne die Gewerkschaft einzubeziehen. Und diese hat den gesamten Vorgehens- und Sanierungsplan für das Unternehmen letztendlich durch ihr Veto vereitelt.

Um nicht an Lösungen zu arbeiten, die dann der Darstellung oder Rechtfertigung vor dem Betriebsrat, den Kollegen, dem Vorstand etc. nicht standhalten, ist es unabdingbar, alle für die Lösung relevanten Personen zu identifizieren, denn diese sitzen möglicherweise nicht mit am Verhandlungstisch. Es sollte auch geprüft werden, ob das Konfliktszenario nicht für irgend jemanden inszeniert wird, um etwas anderes verdeckt zu halten.

Die Frage, die man in einer Mediation also stellen sollte, sobald der Themenkatalog steht, lautet: Wer außer den im Raum Befindlichen ist von diesen Fragen noch betroffen und könnte an einer Lösung Interesse haben? Die anwesenden Konfliktparteien müssen zu einem Ergebnis kommen, wie man mit der Situation am besten zu Rande kommt, was aber oft schon als der erste Verhandlungserfolg gewertet werden kann. Ansonsten besteht die Gefahr, daß man sich zwar am grünen Tisch auf eine gute Lösung einigt, aber dann als Gruppe mit jenen in Konflikt gerät, die nicht einbezogen waren. Da hilft es auch nicht wirklich weiter, wenn jene Außenstehenden gar kein „Recht" eingeräumt bekommen haben, die Lösung zu boykottieren – siehe unsere obigen Altbauern.

Eine besondere Bedeutung kommt dieser Frage in Familienunternehmen zu, denn in diesen gibt es zwei Beziehungsebenen, die sich gegenseitig beeinflussen: Unternehmen und Familie (siehe dazu auch den Beitrag von Siegfried Suppan in diesem Band). Hier kann jemand, der im Unternehmen keine Funktion hat, über das Verwandtschaftsverhältnis noch immer sehr gut Einfluß auf einen Entscheidungsträger nehmen.

Etwas zu weit ging uns allerdings – bei aller Beherzigung obiger Grundsätze – ein Manager, der darauf bestand, seine Frau in die Mediation mitzubringen, weil sie letztlich mit dem von ihm erarbeiteten Geld den Haushalt führen müsse. Er mußte sich die Frage gefallen lassen, wie weit seine autonome Entscheidungsfähigkeit reiche.

Fazit

Jeder Konflikt hat also sein eigenes Szenario. Um jeden Konflikt bilden sich Systeme, die ihn stabilisieren oder auflösen. Mediatoren, die in der Wirtschaft arbeiten, sollen ihre Flexibilität immer wieder reflektieren, und zwar für den gesamten Prozeß, von der Akquisition bis zur abschließenden Vereinbarung. Gefordert ist aus unserer Sicht eine klare Haltung – nicht aber ein stures Konzept.

Reinhard Artaker

Von Gegnern zu Partnern
Über den Mehrgewinn von Mediation in der Wirtschaft

„Wichtig ist nicht das, was man tut, sondern das, was man danach tut."

(Robert Musil, „Der Mann ohne Eigenschaften")

„Freiheit bedeutet, zwischen Möglichkeiten wählen;
zu etwas Gegebenem ja und nein sagen."

(Romano Guardini, „Ethik"-Vorlesungen)

Mediation – ein neuer Trend auch für Wirtschaftstreibende?

Konflikte gibt es, seit Kain den Abel erschlug – und auch verschiedenste Ansätze, diese zu lösen, die allerdings nicht immer gleich erfolgreich sind. In diesem Zusammenhang taucht in Europa in den letzten Jahren eine Wort immer häufiger auf, hinter dem eine Methode gewaltfreier Konfliktlösung steht, die in den USA schon seit den siebziger Jahren bekannt ist: Mediation.

Daß die von der Mediation befürwortete Art der Konfliktlösung an Bedeutung gewinnt und sozusagen „im Trend liegt", läßt sich leicht erklären: Die hierzulande bewährten Methoden der Konfliktbeilegung kosten meist viel Zeit und Geld – wovon vor allem Dritte profitieren – und zerstören in der Regel die Basis, auf der die Konfliktparteien zu einer wirklichen, einvernehmlichen, für beide Seiten akzeptablen Lösung gelangen könnten. Sie verschärfen Rivalitäten und Feindschaften, statt dem menschlichen Bedürfnis nach Harmonie und Fairneß gerecht zu werden.

Während es bei der Konfliktbeilegung um Sieger und Besiegte geht – im Krieg wie vor Gericht –, also weniger Konflikte gelöst als Positionen verteidigt werden, geht es in der mediativen Konfliktlösung darum, eine Basis zu schaffen, die es beiden Streitparteien ermöglicht, danach in Würde weiterzuleben und sogar zusammenzuarbeiten. Obwohl in unserer kompetitiven Welt das Zauberwort „gewinnen" und nicht „ausgleichen" heißt, brauchen sowohl unser Gesellschafts- als auch unser Wirtschaftssystem den selbstverantwortlichen und mündigen Bürger, der in der Lage ist, den anderen zu akzeptieren und seine Interessen friedlich durchzusetzen.

Und genau darum geht es in der Methode der Mediation. Die Lösung des Konflikts wird – im Gegensatz etwa zum Gerichtsverfahren– von den Parteien selbst erarbeitet, dem Mediator fällt lediglich die Rolle eines Katalysators zu. Für eine echte Lösung müssen beide Parteien gemeinsam aktiv werden, eine – oft unfreiwillige – Streitbeilegung durch Schiedsrichte, Gerichte oder auch Parteienvertreter wie Rechtsanwälte und die damit verbundene Entmündigung der Parteien entfällt damit. Die Ei-

genverantwortung im Prozeß ermöglicht den Ausgang aus der selbstver-
schuldeten Unmündigkeit: Das Neue an der Mediation ist, daß sie Konfliktparteien die Möglichkeit bietet, ihre Probleme in Freiheit und Würde zu lösen.

Im Gegensatz zu einem Gerichtsverfahren können sich bei der Mediation beide Konfliktpartner freiwillig für diesen Prozeß entscheiden – sie haben die Wahlmöglichkeit, zu einer erarbeiteten Lösung ja oder nein zu sagen, und diese Wahl wird in der Regel dann positiv ausfallen, wenn die Lösung sowohl zukunfts- als auch interessenorientiert ist. Die Freiwilligkeit
gewährleistet auch die Nachhaltigkeit der Lösung.

Ein Mediator ist – wörtlich übersetzt – ein Vermittler (der in der Mitte
Stehende). Aber das sind ja auch Rechtsanwälte bei vorprozessualen Verhandlungen, Richter bei Vergleichsverhandlungen, Sozialpartner bei Kol-
lektivvertragsverhandlungen – die Beispiele ließen sich beliebig lange fortsetzen. Mediation – so könnte man schließen – ist also nur „alter Wein in
neuen Schläuchen", schließlich braucht jedes Wissensgebiet periodisch
neue Impulse.

Wahrscheinlich wenden die genannten Personengruppen tatsächlich
Elemente des mediativen Verfahrens an. Der Unterschied liegt darin, daß
die Energie in einer Mediation dafür eingesetzt wird, Lösungen zu suchen
und zu finden – und nicht dafür, vorhandene Standpunkte und Positionen
zu verteidigen bzw. auf Biegen oder Brechen durchzusetzen. Statt als Null-
summenspiel auszugehen, bei dem der eine gewinnt, was der andere ver-
liert, entstehen bei der Mediation Kooperationsgewinne: Es besteht die
Möglichkeit, daß der zu verteilende Kuchen größer wird, eine Win-Win-Situation entsteht. Dadurch wird Energie und Kreativität frei.

Zur Illustration dieser eher theoretischen Ausführungen möchte ich
zwei Fälle aus meiner eigenen Erfahrung wiedergeben, die helfen sollen,
das Wesen und den Nutzen der mediativen Haltung besser zu verstehen.

Fall 08/15 oder
Die herkömmliche Art, einen Konflikt zu „lösen"

1992 kauft Firma B von Firma C ein Softwareprodukt. Dieses entspricht
nicht ihren Erwartungen, worauf eine Firma D die Angelegenheit in Ordnung bringt. Nach der Lösung des Problems klagt Firma B (als Käufer) Firma C und „zur Sicherheit" auch noch eine Firma A.

1999, also sieben Jahre danach, läuft der entsprechende Prozeß noch immer, ein paar hunderttausend Schilling Anwaltskosten sind insgesamt an-
gelaufen, ein Sachverständiger wurde beigezogen, dessen Gutachten übrigens von den Firmen B und C als Bestätigung für ihre jeweils entgegenge-
setzten Standpunkte angesehen wurde. In ein paar Jahren wird es wahrscheinlich ein richterliches Urteil geben, denn die Chancen für einen Vergleich sind vertan. Es ist davon auszugehen, daß der verlierende Teil das Urteil in der nächsten Instanz anfechten wird.

Der Anschaffungswert der seinerzeitigen Software betrug 100.000 Schilling, aus tariflichen und prozeßtaktischen Gründen – so meine „böswillige" Vermutung – wird der Streitwert allerdings mit 500.000 Schilling festgelegt, was aber im Vergleich zum bisherigen Aufwand noch immer ein relativ bescheidener Betrag ist. Es gibt nun theoretisch folgende Möglichkeiten des Ausgangs:

• Die klagende Partei obsiegt zur Gänze. In diesem Falle wird die beklagte Partei zahlungsunfähig – das steht fest –, womit der „gerichtliche Sieg" ein theoretischer bleibt.

• Die klagende Partei obsiegt zum Teil (d.h., es wird ihr nur ein Teil der eingeklagten 500.000 Schilling zugestanden). In diesem Falle wird der zugesprochene Betrag mit hoher Wahrscheinlichkeit geringer sein als die Kosten des Verfahrens.

• Die Klage wird zur Gänze abgewiesen. Damit hätte die Klägerin den gesamten finanziellen Schaden (somit die Rechtsanwaltskosten beider Seiten) zu tragen, die beklagte Partei hätte lediglich jahrelang Zeit und Energie verschwendet.

Aber wie auch immer die Entscheidung ausfällt, sie hat letztlich nichts mit den eigentlichen Intentionen der Parteien zu tun – die zu befriedigen in einer Mediation im Vordergrund gestanden hätte. Diese wären (unter anderem) gewesen:

• Der Kläger (Käufer der Software) will und wollte eine funktionierende Softwarelösung.

• Der Lieferant der Software will und wollte einen guten Ruf bewahren, um damit weitere Kunden zu gewinnen.

Das Interesse des Klägers war schon vor Prozeßbeginn befriedigt, das Interesse der beklagten Partei kann nicht mehr befriedigt werden, und es fragt sich, ob der beklagten Partei ihr Interesse nicht einiges wert gewesen wäre: zum Beispiel die Garantie, daß die Updates (also die neuen Programmausgaben der bereits gekauften Software) für die nächsten drei Jahre für den Käufer kostenlos erfolgen. Damit wäre ein echter Kooperationsgewinn entstanden.

Ich behaupte somit, daß eine mediative Lösung und damit ein zukunftsorientiertes Vorgehen diesen Konflikt schneller, kostengünstiger und vor allem für alle Beteiligten wesentlich befriedigender gelöst hätte. Leider sind aber Fälle wie der eben geschilderte absolut nichts Außergewöhnliches und tägliche Praxis. Daß daraus Unbehagen und Unzufriedenheit entstehen, ist leicht nachvollziehbar, wird doch der Satz „Bei dem Streit verdienen nur mehr die Anwälte" fast als „Naturgegebenheit" hingenommen.

Fall „neu" oder
Ein mediativer Versuch, einen Konflikt nachhaltig zu lösen

Es wäre eine Illusion, zwischenmenschliche Konflikte vermeiden bzw. ausschalten zu wollen. Worauf es ankommt, ist die Art, wie sie ausgetragen werden. Gerade in der Wirtschaft gibt es eine Vielzahl von Konfliktquellen: Konflikte zwischen Vorgesetzten und Mitarbeitern, Konflikte zwischen Mitarbeitern wie Mobbing, Rivalitäten zwischen Abteilungen bis hin zu „normalen Arbeitskonflikten" – etwa Kompetenzstreitigkeiten, unterschiedliche Auslegung von arbeitsrechtlichen Gesetzen oder Ermittlung von „Endabrechnungen" bei Beendigung von Dienstverhältnissen. Anhand eines konkreten Falls möchte ich darstellen, inwiefern mediative Elemente bei der Bewältigung von Konflikten hilfreich sein können, und zwar auch dann, wenn kein Dritter, also kein Mediator, beigezogen wird.

Ein Bereichsleiter einer Firma verlangt eine Gehaltserhöhung und außerdem eine andere Form der Gewinnbeteiligung, als es seinem Vertrag entspricht. Der Vertragstext ist allerdings nicht eindeutig formuliert – ein „gefundenes Fressen" für Anwälte und andere Rechtsexperten, die in solchen Fällen leicht Argumente finden können, die die für ihren Mandanten günstigste Auslegung untermauern. Auch solch ein Konflikt könnte mit Anwälten, Arbeitsgericht, Gutachten und danach mit einem Urteil oder einem erzwungenen Vergleich enden.

Zunächst wird versucht, eine schnelle Lösung zu finden: Der Geschäftsführer bietet dem Bereichsleiter einen Kompromiß an, unter dem Motto „Treffen wir uns in der Mitte". Nachdem dieser den Kompromißvorschlag abgelehnt hat, schlägt der Geschäftsführer, der sich mit Mediation befaßt und eine diesbezügliche Ausbildung macht, den Einstieg in den Prozeß einer autonomen, freien Konfliktreglung vor. Begonnen wird mit der Festlegung des Prozedere.

Zunächst wird dabei zwischen dem Inhalt des Konflikts und der Lösungsstrategie unterschieden, d.h.: Bevor man den Inhalt des Konflikts bearbeitet, einigen sich die Parteien auf die Art und Weise, wie dies zu tun sei. Das ist unter anderem deshalb wichtig und hilfreich, weil es erfahrungsgemäß einfacher ist, einen gemeinsamen Nenner beim Prozedere, also bei der Vorgangsweise, zu finden als beim Inhalt. Außerdem wird damit die erste Basis für eine gemeinsame Lösung geschaffen.

Im vorliegenden Fall wird also zunächst schriftlich fixiert, wie man vorgehen will und welche Ziele erreicht werden sollen. Das sind:

• gegenseitige faire Behandlung und „Spielen mit offenen Karten";
• ein weiterhin motivierter und engagierter Bereichsleiter, der gute Leistungen erbringt und damit auch der Firma gute Gewinne „beschert";
• Suche nach möglicher Vergrößerung des Kuchens (also Kooperationsgewinnen);

- weiterhin ein gutes Verhältnis zwischen Arbeitgeber und Arbeitnehmer (denn beide sind aufeinander angewiesen);
- eine marktgerechte Lösung, die in das Einkommensschema des Unternehmens paßt;
- die in der Vergangenheit praktizierte Form der Gewinnausschüttungen wird nicht rückwirkend in Frage gestellt.

Es zeigt sich:

- Es ist relativ einfach, über Spielregeln und Ziele einen Konsens zu erzielen. Das läßt den Schluß zu: Gelingt nicht einmal dieser erste Schritt, so kann man sich in der Regel die Mühe sparen, den sensibleren inhaltlichen Bereich partnerschaftlich bzw. mediativ anzugehen.
- Nicht bei jedem betrieblichen Konflikt müssen alle – je nach Schule – fünf bis sieben Schritte[1] eines Mediationsverfahrens eingehalten werden. Im folgenden Fall genügten drei.

Der zweite Schritt ist hier die Bearbeitung des Konfliktinhalts. Aufgrund des Brückenschlags, der bereits mit dem ersten Schritt erfolgt ist, ist die inhaltliche Bearbeitung leichter und läuft sozusagen auf den Schienen, welche bereits im ersten Schritt gelegt wurden. Es werden mehrere Varianten von Gehaltserhöhungen bzw. Gewinnbeteiligungen durchgerechnet, wobei die Sachlichkeit den Blick für das Denken frei macht – für die Suche nach Kooperationsgewinnen. Und tatsächlich drängt sich ein solcher sehr schnell auf: Die Gewinnausschüttung soll zum Teil in Form einer Pensionszusage erfolgen – da Zahlungen an die Versicherung, die dem Mitarbeiter erst später zugute kommen, steuerfrei sind, ergibt sich für beide Seiten ein Vorteil.

Wichtig ist, daß die Zwischenresultate der Verhandlungen immer wieder auf ihre Verträglichkeit mit den im ersten Schritt definierten Zielen überprüft werden. Dabei entsteht sogar so etwas wie ein gemeinsamer Gegner – nämlich der Konflikt selbst. Normalerweise regiert der Konflikt die Parteien, macht sie unfrei, indem er sie in ihrer Sicht-, Handlungs- und Denkweise einschränkt. Festzuhalten ist also, daß der Prozeß der Lösungsfindung fast genauso wichtig ist wie die Lösung selbst – womit sich der leider etwas überstrapazierte Satz „Der Weg ist das Ziel" wieder einmal bewahrheitet.

Die Vereinbarung ist hier der dritte Schritt: Es wird eine finanzielle Lösung gefunden, die von etwaigen (in diesem Falle ja nicht in Anspruch genommenen) Rechtsvertretern als Ausgangssituation eines Prozesses sicher abgelehnt worden wäre – weil bei Rechtsstreitigkeiten zumeist ein „Maximalstandpunkt" eingenommen wird, um später möglichst viel Spielraum für einen Vergleich zu haben. Das Ergebnis: Nach vier Verhandlungen mit insgesamt weniger als zehn Stunden Dauer wird eine Lösung schriftlich formuliert, bei der beide Parteien sich wohl fühlen – und das bei einer poten-

---

[1] Das sind: 1. Abschluß des Mediationskontrakts, 2. Regelungspunkte klären (Bestandsaufnahme), 3. Positionen darstellen (verhandeln), 4. Lösungsvorschläge suchen, 5. Vereinbarungen protokollieren, 6. rechtliche Überprüfung, 7. Protokollausfertigung (Abschluß der Mediation).

tiellen Streitsumme, die wesentlich über dem im Fall „08/15" eingeklagten Betrag liegt. Wäre es zu einem Gerichtsverfahren gekommen, so wäre nämlich die Differenz zwischen tatsächlich erfolgter und der laut Vertrag (bei arbeitnehmerfreundlicher Interpretation) möglichen Gewinnbeteiligung – rückwirkend für drei Jahre – eingefordert worden.

Resümee

Interessant an dieser „echten" Lösung ist, daß durch die Einhaltung der Spielregeln für die Vorgangsweise trotz der naturgemäß gegensätzlichen Positionen ein Gesprächsklima möglich war, bei dem die Kreativität weniger darauf konzentriert wurde, den eigenen Standpunkt möglichst geschickt zu verteidigen, als vielmehr darauf, gemeinsame Interessen zu finden. Dadurch wurde es möglich, „kuchenvergrößernde" Ansätze zu finden. Selbst wenn die Lösung nichts anderes gewesen wäre als ein „Sich-in-der-Mitte-Treffen" – was nicht der Fall war –, ließen sich folgende Schlüsse aus dem „Fall neu" ziehen:

- Mediative Elemente bzw. Techniken können bei der Lösungsfindung auch dann eingesetzt werden, wenn man selbst Konfliktpartei ist. Diese Behauptung kann, so meine ich, nur durch eigene Erfahrung untermauert werden. Die Beschäftigung mit Konfliktlösungstechniken im allgemeinen bzw. Mediationstechniken im besonderen führt zwangsläufig zu einer geschärften Wahrnehmungsfähigkeit für die Mechanismen, die in einem Konflikt „ablaufen".

- Mit Hilfe dieser Wahrnehmungsfähigkeit gelingt es, den Konflikt leichter zu „beherrschen" und genügend Distanz zu gewinnen, um mediative Techniken – auch sozusagen im Do-it-yourself-Verfahren – anzuwenden. Das Sicheinlassen auf und das Sich-Zeit-Nehmen für den Prozeß führt zu Nebenschauplätzen, die zwar nicht unbedingt unmittelbar etwas mit dem Konflikt zu tun haben, aber zu einer Annäherung zwischen den Konfliktpartnern führen. So wurden zum Beispiel im beschriebenen Fall gemeinsame Interessen und auch Lebenseinstellungen entdeckt, die die Bewältigung etwaiger zukünftiger Konflikte sicherlich erleichtern.

- Daraus ergibt sich, daß ein Konflikt im wahrsten Sinne des Wortes eine Chance sein kann, ist er doch oft nur die Konsequenz von bisher nicht bekannten Interessen oder strukturellen Problemen, deren Entdeckung die Quelle neuer Erkenntnisse, von Verbesserungspotentialen und im Wirtschaftsleben von neuen Geschäftsmöglichkeiten sein kann.

So unterschiedlich die geschilderten Fälle auch sein mögen, eines ist unbestritten: Im zweiten Fall wurde der Konflikt nachhaltig gelöst, darüber hinaus hat der dabei gewählte Weg zu einem Kooperationsgewinn, zu neuen Erkenntnissen und auch zu einer Partnerschaft „danach" geführt. Genau das wäre auch im „08/15"-Fall möglich gewesen: So hätte zum Beispiel neben dem bereits erwähnten entgangenen Kooperationsgewinn eine Partnerschaft zwischen dem Kunden B und dem Lieferanten C entstehen können und im Rahmen dieser Partnerschaft neue Softwareprodukte, die einen Nutzen für beide Teile dargestellt hätten.

Mediation bzw. Anwendung mediativer Haltungen und Techniken – eine Modeerscheinung? Vielleicht! Sicher aber eine Chance zur Neuorientierung in der Haltung Konflikten gegenüber. Mediation ist ein Weg für eigenverantwortliche, mündige, freie Menschen. Es lohnt sich, sich mit diesem Modell auseinanderzusetzen – wie die oben angeführten Beispiele zeigen, nicht nur persönlich und menschlich, sondern auch rein wirtschaftlich.

Handeln, Denken und Fühlen sind nach einem mediativ gelösten Konflikt freier und offener als nach einem richterlichen Urteil, und das, so meine ich, unabhängig davon, ob man Verlierer oder Gewinner eines Prozesses ist. Ein Kontrahent, den ich besiegt habe, bleibt mein Gegner, ein Gegner, mit dem ich mich aus freiem Antrieb geeinigt habe, wird mein Partner.

Günter Domian

Wirtschaftsmediation: Ein Fallbeispiel aus der Erfahrung eines Wirtschaftstreibenden

„So eine rasche und schnelle Vertragsverhandlung habe ich noch nicht erlebt!"
„Ich habe nicht gedacht, daß das Beisein einer Psychologin so wichtig sein könnte."
„Wenn ich das vorher gewußt hätte, hätte ich mich noch viel schneller für diesen Prozeß entschieden."

Diese Statements der beteiligten Parteien fielen nach einer Vertragsunterzeichnung von drei Geschäftspartnern, die im Rahmen eines Mediationsprozesses zustande gekommen war. Allerdings gab es auch eine skeptische Stimme: „Die ganze Sache wäre doch auch alleine zu lösen gewesen, ohne Hilfe von außen. Es lief doch alles so glatt!"

Letztere Meinung wird vor allem diejenigen überzeugen, die neuartigen Methoden gegenüber Vorurteile haben. Stellt sich der erwartete Erfolg nicht ein, wird gerne auch die ungewohnte Methode als nicht zielführend abqualifiziert. Verläuft jedoch alles zur Zufriedenheit der beteiligten Parteien, so läßt sich im nachhinein leicht feststellen, daß es doch eigentlich überhaupt keine Probleme bei der Vertragsverhandlung gegeben habe. Aber ist nicht gerade dieser Eindruck eine Bestätigung für die gewählte Vorgehensweise? Wäre die Vertragsverhandlung ohne die Moderation eines Außenstehenden tatsächlich mit demselben Ergebnis abgeschlossen worden?

Im folgenden Beitrag möchte ich als Betroffener, das heißt als einer von drei Vertragspartnern in einem mediierten Konflikt, auf diese Fragen näher eingehen.

Die Schilderung des Falls und des Ablaufs der Mediation soll dem Leser die Methode Mediation näherbringen und ihre praktische Anwendung anhand eines konkreten wirtschaftlichen Konflikts demonstrieren sowie die Unterschiede zwischen Wirtschaftsmediation und vertrauten Einrichtungen für die Schlichtung von Wirtschaftsdisputen – wie Gerichten, Rechtsanwälten, Coaches, Unternehmens- und Steuerberatern – behandeln.

Die Ausgangslage

Vor ungefähr 30 Jahren pachtete ein Geschäftsmann, Herr A, ein Grundstück von Herrn B, um es zur Errichtung eines Handelsbetriebs an die Firma C weiterzuverpachten. Das bis zu diesem Zeitpunkt landwirtschaftlich genutzte Grundstück lag im Einzugsbereich einer Großstadt.

Zwischen A und B sowie zwischen A und C wurden Verträge auf eine Dauer von 40 Jahren abgeschlossen. Die Firma C zahlte eine Pacht an A. Ungefähr ein Drittel davon zahlte A an den Grundeigentümer B. Da B auch ein benachbarter Gewerbebetrieb gehörte, wurden in den Verträgen auf seinen Wunsch auch Einschränkungen hinsichtlich der geschäftlichen Tätigkeiten von A und C festgelegt, denn der Handelsbetrieb sollte für B keine Konkurrenz darstellen. Nach Abschluß der Verträge errichtete Firma C einen Handelsbetrieb, der bis heute aktiv ist.

Im Laufe der Zeit hatten sich nicht nur die Vertragspartner, sondern auch das Umfeld wesentlich verändert. A und B waren mittlerweile verstorben. Die jeweiligen Erben, die ich im folgenden Erbe A und Erbe B nennen werde, sind in die Verträge eingetreten. Auch die Firma C wird nunmehr von anderen Personen repräsentiert. Zudem hat sich das ursprünglich ländliche Vorstadtgebiet zu einem stark frequentierten und dicht besiedelten Stadtteil einer Großstadt entwickelt. Obwohl die Verträge eine Wertsicherung enthalten, entspricht die Pacht nicht mehr den ortsüblichen Grundstückspreisen – aus der Sicht des Grundeigentümers (Erbe B) auch deshalb nicht, weil er nur ein Drittel des Pachtschillings erhält.

Erbe B war also mit den bestehenden Verträgen unzufrieden und hatte sich diesbezüglich bereits an einen Rechtsanwalt gewandt, um Möglichkeiten zu einer vorzeitigen Vertragsauflösung zu finden. Seiner Meinung nach war das Pachtverhältnis auf jeden Fall auf 40 Jahre begrenzt, d.h. in ca. sieben Jahren zu Ende. Erbe A hingegen war der Meinung, daß die Verträge unbefristet seien und auch über die 40 Jahre hinaus Gültigkeit hätten – also an der Aufrechterhaltung der bestehenden Verträge interessiert. Firma C wiederum war an der Erhaltung des Standorts gelegen, sie erachtete aber die vertraglich festgelegten Beschränkungen hinsichtlich der geschäftlichen Aktivitäten als nicht mehr gerechtfertigt und wollte vor allem ein direktes Vertragsverhältnis mit dem Grundeigentümer.

Wege zur Klärung

Zu allen Punkten gab es also bei den Betroffenen unterschiedliche Wünsche und Ansichten. Anwälte waren bereits tätig, und die jeweiligen Positionen wurden durch entsprechende Rechtsinterpretationen untermauert – eine Klärung über das Gericht schien die einzige noch verbliebene Möglichkeit zur Schlichtung des Konflikts zu sein. Darüber hinaus spielten Emotionen eine große Rolle, da sich Erbe B über das seinerzeitige Verhalten der anderen Vertragspartner alterierte. Zudem hatte er sich in einer anderen Geschäftsbeziehung mit Erben A hintergangen gefühlt und brachte diesem eine starke Abneigung entgegen. Alle Beteiligten fühlten sich im Recht und sahen ihr Heil in einer Prozeßführung, die sie siegessicher bis zur Höchstinstanz führen wollten.

Für mich als Geschäftsführer der Firma C, die als Unterbestandnehmer aus geschäftlichen Gründen an der Erhaltung und am Ausbau des Standorts interessiert war, bestand die große Gefahr, unter die Räder zu kommen. Mein Bestreben war, relativ rasch und mit möglichst geringem finanziellem Aufwand ein optimales Verhandlungsergebnis zu erzielen. Ein vernünftiges und tragbares Ergebnis konnte aus meiner Sicht allerdings nur unter Mitwirkung aller Beteiligten zustande kommen.

Dazu konnte ich unter folgenden Strategien wählen:

• Ich delegiere die Verhandlungen an einen Rechtsanwalt mit dem Auftrag, das bestmögliche Ergebnis zu erzielen.

• Ich nehme selbst mit allen Beteiligten Verhandlungen auf und versuche Lösungen herbeizuführen.

• Ich verhandle selbst und suche zusätzlich einen Außenstehenden, der die Gespräche und Verhandlungen leitet.

Da es für mich zu den Aufgaben eines Managers bzw. Geschäftsführers gehört, Konflikte und problematische Aufgaben zu lösen, schied die erste Möglichkeit vorerst aus. In die engere Wahl kamen also der Lösungsversuch ohne Hilfe von außen und der mit kompetenter professioneller Unterstützung. Bei einer derartig komplexen Sachlage, die überdies durch persönliche Ressentiments gekennzeichnet war, schien mir die Beiziehung eines „Professionisten" angebracht.

Managen bedeutet den Einsatz der richtigen Personen und Instrumente. Das Erkennen der Notwendigkeit für den Einsatz von „Hilfsmitteln" zählt zu den wesentlichen Qualitäten eines Managers. Nicht in Frage gestellt wird dies bei Rechtsstreitigkeiten oder steuerrechtlichen Problemen, selbst Personalmanagement gehört bereits zu den Spezialisten vorbehaltenen Bereichen.

In einem Gespräch mit dem Grundeigentümer (Erbe B) wurde meine Einschätzung bestätigt, daß dieser von mir erwartete, zwischen Erben A und ihm zu vermitteln. Die Interessen meiner Firma wären dadurch sicher zu kurz gekommen. Wenn sich alle Betroffenen an einen Tisch gesetzt hätten, hätte für mich die Gefahr bestanden, in eine Schlichterrolle zu fallen.

Ich suchte also eine außenstehende, neutrale Person, die – geschult in Gesprächsführung, Moderation und Konfliktmanagement – alle drei Parteien anleiten würde, eine gemeinsame Lösung zu erarbeiten. Einen außenstehenden Dritten, der in keinem Naheverhältnis zu einem der Betroffenen stand und kraft seiner sozialen Kompetenz und Ausstrahlung eine Atmosphäre des Vertrauens schaffen und das Gefühl der Unabhängigkeit vermitteln könnte. Mit einem Wort: einen Mediator.

Mediation in Scheidungs- und Familienangelegenheiten war mir vertraut – mit Wirtschaftsmediation hingegen hatte ich noch keine Erfahrungen. Je mehr ich jedoch über die Problematik des geschilderten Falls nachdachte, desto klarer wurde mir, daß Mediation genau das Richtige wäre, um gemeinsam mit allen Beteiligten eine akzeptable Lösung zu erarbeiten.

Die ersten Schritte

Wer lädt alle Betroffenen ein, wer organisiert die Mediation? Welche Gefahren für den Initiator der Mediation gibt es? Ist eine derartige Initiative eine Positionsverschlechterung?

Es war mir bewußt, daß ich sehr vorsichtig sein mußte, um optimale Verhandlungsvoraussetzungen zu schaffen. So entschied ich mich für folgendes Vorgehen: In Einzelgesprächen schlug ich Erben A und Erben B die Mediation vor. Sie stimmten diesem zu, und ich wandte mich mit einer kurzen Sachverhaltsschilderung an ein entsprechendes Institut und bat um die Übermittlung einer Mediatorenliste. Das Mediatorenteam wurde aufgrund der beruflichen Qualifikationen, d.h. Stammberufe, von den betroffenen Parteien gemeinsam ausgewählt. Da die Parteien mehr als 100 Kilometer voneinander entfernt wohnten, schlugen die Mediatoren vor, sich irgendwo in der Mitte zu treffen. Jeder sollte ein gewisses „Entgegenkommen" zeigen. Der „neutrale Boden" erhielt dadurch besondere Bedeutung. Nachdem – sehr rasch – eine Einigung über die Örtlichkeit erzielt worden war, wurde der Termin für die erste Sitzung vereinbart. Dies bereitete kaum Schwierigkeiten, da jede Partei drei Terminalternativen bekanntgegeben hatte.

Schon an diesen Vorbereitungen zeigten sich Unterschiede zu den angestammten Verfahren und vertrauten Institutionen der Streitschlichtung. Hätte ich mich z.B. an meinen Rechtsanwalt gewandt oder hätte ein wirtschaftlicher oder rechtlicher Berater einer Partei eine derartige Vermittlungs- bzw. Moderationstätigkeit übernommen, wäre auf diese „Kleinigkeiten" vermutlich nicht geachtet worden. Höchstwahrscheinlich hätten wir uns in einer der Kanzleien getroffen. Auch bei noch so guten Absichten und redlichen Bemühungen des Anwalts, Coachs oder Steuerberaters einer Partei muß ein derartiges Unterfangen scheitern, da es für diese Berufsstände wesentlich ist, eine Beziehung zu und ein Vertrauensverhältnis mit ihren Klienten bzw. Mandanten aufzubauen und aufrechtzuerhalten.

Abgesehen davon liegen die Qualifikationen der angesprochenen Berufsstände in ganz anderen Bereichen. Schon die Berufsbezeichnungen wie Unternehmens- und Steuerberater oder Rechtsanwalt (laut Duden, Herkunftswörterbuch, „einer, der über etwas Gewalt hat") drücken aus, wo die Kompetenzen dieser Berufsgruppe in einem Konfliktlösungsprozeß liegen, nämlich in der Beratung und Vertretung ihrer eigenen Mandanten.

Diese „Vorbereitungsprozedur" hebt also das Mediationsverfahren von bisher gewohnten Vorgehensweisen deutlich ab. Aber gerade diese Details sind es, die eine gleichwertige Verhandlungsbasis für die Parteien schaffen. Psychologische Kriegsführung wird durch die bewußte Ausschaltung aller Tricks von vornherein verhindert (vgl. dazu Fisher u.a. 1997, 190 f.).

Die Frage bleibt allerdings, ob der Vorschlag, einen Mediator einzuschalten, mit einem Positions- bzw. Machtverlust verbunden ist. Nach meinen Erfahrungen ist die Gefahr eines Gesichtsverlusts hier geringer als bei einem Versuch der Überredung bzw. Überzeugung des Kontrahenten zu gemeinsamen Verhandlungen ohne außenstehenden Dritten, d.h., sich einfach nur an einen Tisch zu setzen. Derartige Angebote oder Aufforderungen können vom Kontrahenten leicht als Beziehungsbotschaft – im Sinne von „Bitte setze dich mit mir an einen Tisch" – gedeutet werden: Der „Gefühls-

bereich" des Kontrahenten wird angesprochen und nicht der „Verstand".
Die Gefahr, in die Beziehungsebene abzuleiten, ist also groß.

Der Vorschlag, gemeinsam ein Mediationsverfahren auf sich zu nehmen, ist eher einer sachbezogenen Aufforderung, „gemeinsam" in ein Gerichtsverfahren zu gehen, gleichzusetzen (siehe dazu ausführlich Schulz von Thun 1987). Die „Aufforderung", in ein rechtliches Verfahren einzusteigen, ist wiederum eine stärkere Machtdemonstration und darauf ausgerichtet, in eine bessere Position zu gelangen, als der Vorschlag zu einer Mediation, der eine gleichwertige Ausgangsposition voraussetzt.

Die Gefahr eines Machtverlusts wäre lediglich dort gegeben, wo ein wirtschaftlicher Konflikt bereits zu eskalieren begonnen hat. Auf dieser Stufe können sich Gegner meistens kaum mehr gemeinsame, konstruktive Lösungen vorstellen. Eine „Endlösung" sieht für den Gegner jedoch, wie Friedrich Glasl ausführt (Glasl 1997), keine Existenzposition vor. Falls der Konflikt sich schon in einem solchen Stadium befindet, ist die Frage nach Mediation nur mehr eine hypothetische, da Mediation als Interventionsmodell in einem derartigen Fall ungeeignet ist.

Die erste Sitzung

Die Parteien trafen sich also, teilweise in Begleitung ihres Anwalts, an dem gemeinsam festgelegten „neutralen Ort": Begrüßung, Small talk und schließlich formlose Platzwahl an einem runden Tisch. Es waren zwei Mediatoren anwesend, eine Frau (eine Psychologin) und ein Mann (ein Jurist). Nachdem sich die Mediatoren kurz vorgestellt hatten, ersuchten sie jeden, kurz zu beschreiben, warum er hier anwesend war, welche Position und Interessen er vertrat. Daraufhin erläuterten sie kurz den Ablauf der Mediation, wobei sie vor allem betonten, daß folgende Regeln einzuhalten seien: Fairneß und Offenheit.

Die Mediatoren fragten außerdem ausdrücklich nach, ob es in puncto Offenheit Einschränkungen geben solle, was verneint wurde. Die Anwesenden wurden nun aufgefordert, ihre Erwartungen für die erste Sitzung darzustellen. Der neutrale Ort und die Anwesenheit von Außenstehenden waren bei diesem ersten Zusammentreffen von größter Wichtigkeit. Wie bei einem Gerichtsverfahren wird alleine durch das „neutrale Setting" schon sehr viel bewegt.

Die Sorge der Mediatoren dafür, daß – im Gegensatz zum Gerichtsverfahren – keinerlei Bewertung, Beurteilung oder Begutachtung der Äußerungen der Parteien erfolgt, zählt zu den wesentlichen Voraussetzungen für zielführendes Verhandeln und legt den Grundstein für eine offene und ehrliche Kommunikation. Und durch die Schaffung einer Vertrauenssituation wird die Grundlage für einen autonomen Entscheidungsprozeß der Beteiligten gelegt. Maßgeblich dafür ist die soziale Kompetenz der Mediatoren.

Die Aufforderung zur Zieldarlegung nutzte der Anwalt von Erbe B allerdings sofort, um den Standpunkt seines Mandanten darzustellen – entsprechend dem Usus vor Gericht mit Interpretationen der Gesetzeslage und Rechtsprechung versehen. Der Anwalt geizte auch nicht mit Beschuldigungen und Vorwürfen gegen Erben A. Mit dem Hinweis auf Fairneß intervenierte die Mediatorin geschickt und konnte eine erste drohende unsachliche Auseinandersetzung so noch im Ansatz stoppen.

Gerade in der Anfangsphase zeigt sich die Bedeutung einer fundierten Ausbildung der Mediatoren in Kommunikation und Moderation. In unserem Fall war die Führung des Prozesses durch die Mediatoren – obwohl fest in ihrer Hand – kaum merkbar. Ob es sich nun um Geschäftsleute, Ehepartner oder andere Personen handelt, die in einer konfliktreichen Beziehung stehen, bei allen Beteiligten ist die Anfangssituation in einer Mediation von Mißtrauen geprägt (siehe dazu auch Berkel 1997). Eine vernünftige Gesprächsbasis kann sich jedoch erst ergeben, wenn sich die Gesprächspartner vertrauensvoll aufeinander einlassen. Die Mediation schafft dazu die Rahmenbedingungen.

Erst dadurch wird eine offenere Kommunikation möglich, unter der Voraussetzung, daß sich die Parteien an die Verpflichtung zu Offenheit und Fairneß halten. Am Verhalten des Rechtsanwalts von Erbe B zeigte sich deutlich, wie wichtig es ist, daß die Mediatoren auf die Einhaltung der „Spielregeln" achten. Beschuldigungen können nämlich dazu führen, daß der Angegriffene sich in eine Verteidigungsposition zurückzieht, wodurch die Kommunikation gestört und ein sachbezogenes Verhandeln unmöglich wird.

Dem Punkt Offenheit möchte ich hier einige Überlegungen widmen, da gerade ihm von Juristen und Geschäftsleuten oft Bedenken entgegengebracht werden. Nicht selten wird Offenheit als Naivität angesehen, Taktieren hingegen mit Verhandlungsgeschick gleichgesetzt. Dabei wird vergessen, daß sich dadurch die Dauer der Verhandlungen oft wesentlich verlängert und die zukünftigen Beziehungen darunter leiden. Zudem sind derartige Vorgehensweisen meist ausschließlich auf Gewinn, auf einen Sieg ausgerichtet – also muß es auch einen Verlierer geben. Jeder Verlierer „rächt" sich aber irgendwann einmal. Nur kurzfristig können auf diese Weise also, wenn überhaupt, gute Ergebnisse erzielt werden. Das sollte berücksichtigt werden, wenn auf zukünftige gute Geschäftsbeziehungen Wert gelegt wird.

Zu einem möglichen Mißbrauch der Offenheit ist anzumerken, daß in wirtschaftlichen Belangen die mögliche Verwendung der durch diese Offenheit erlangten Information in einem späteren Prozeß eine geringere Rolle spielt als vielmehr die Befürchtung, „sich in die Karten schauen zu lassen". Es stellt sich für mich jedoch die Frage, ob ohne Bekanntgabe der Strategien, Absichten und Positionen überhaupt eine langfristige gute Geschäftsbeziehung möglich ist.

In unserem Fall wurde durch die Darlegung der Interessen und Zielvorstellungen aller Beteiligten die Ausgangsbasis für die weiteren Verhandlungen geschaffen. Da die Mediatoren strikt auf die Einhaltung der Regeln achteten, wurden Machtdemonstrationen, Untergriffe und Einschüchterungsversuche – anders als bei unmediierten Auseinandersetzungen – sofort gestoppt. Die Grundlage für sachbezogenes Verhandeln war geschaffen.

Die Positionen sind klar – was nun?

Nachdem jede Seite ihre Erwartungen dargelegt hatte, wurde ein Themenkatalog erarbeitet und festgelegt, in welcher Reihenfolge die Punkte behandelt werden sollten. Bei der Auflistung zeigte sich, daß es unter den Beteiligten viele Ressentiments gab. Dies äußerte sich darin, daß jede Partei überzeugt davon war, vor einem Gericht recht zu bekommen, und daher erwartete, daß sich die andere Partei ihren Vorstellungen unterwerfen würde. Erhärtend kam noch hinzu, daß die rechtliche Beurteilung des Vertrags, wie so oft, keinesfalls eindeutig war, was zu heftigen Auseinandersetzungen der Anwälte führte.

In dieser Phase des Mediationsprozesses wurde also deutlich, daß eine Neugestaltung des Vertrags nur durch die Auflösung der Ressentiments und Beziehungsgeflechte möglich sein würde. Aus der Sicht meiner Firma war die unklare Situation unbefriedigend. Da es um erhebliche Geschäftsinteressen für den Standort ging, sollte im Sinne der Firma möglichst rasch eine befriedigende Lösung gefunden werden.

Mediation trägt dem Umstand, daß Konflikten oft Emotionen zugrunde liegen und Entscheidungen emotional gefällt werden, in besonderem Maße Rechnung, denn sie nimmt die subjektive Realität, die Sichtweise aller Beteiligten ernst. Die Mediatoren können durch Berücksichtigung der psychologischen Komponente zur Offenlegung unbewußter Interessen beitragen. Zwischen Beziehungskonflikten und geschäftlich bedingten Konflikten besteht in dieser Hinsicht also gar kein so großer Unterschied.

Nur die Aufgabe von festgefahrenen Positionen macht – hier wie dort – ein gemeinsames Erarbeiten von Lösungen möglich. Was wiederum nur gelingen kann, wenn die Möglichkeit geschaffen wird, die tieferliegenden Bedürfnisse zu erkennen und darzulegen. Mediatoren sind im Gegensatz zu anderen Berufsgruppen eigens für die Moderation solcher Verhandlungen geschult, sie stehen gewissermaßen zwischen psychologischer und juristischer Beratung.

Ist die Luft erst mal draußen ...

In dieser Phase stand die Artikulation von Gefühlen wie Ärger im Vordergrund. Die Anwesenheit der Mediatoren, deren Führung mit kaum merkbarer Hand gab jedem die Möglichkeit, sich ganz auf seine Interessen zu konzentrieren und seine Bedürfnisse in einem geschützten Raum zu äußern.

So hat es etwa die Verhandlungen entscheidend weitergebracht, daß Erbe B seinen Ärger über den vor 30 Jahren abgeschlossenen Vertrag zur Sprache bringen konnte, ohne befürchten zu müssen, daß die Gesprächsbasis verlorengehen könnte. Die Mediatoren achteten darauf, daß jeder zu Wort kam. Bei heiklen Vorwürfen wurde stets nachgefragt, ob die Position der Gegenseite auch richtig verstanden worden war. Erst nach der ersten Aufarbeitung der über Jahre angesammelten Vorurteile konnte an die gemeinsame Entwicklung von Lösungen herangegangen werden.

Obwohl sich diese lange Anfangsphase nicht mit lösungsbezogenen Themen beschäftigt und auf den ersten Blick unnötig erscheint, ist es gerade sie, die die Mediation für wirtschaftliche Streitigkeiten so interessant macht. Emotionale Unstimmigkeiten können, wie gesagt, geschäftliche Beziehungen genauso belasten wie partnerschaftliche. Solange sie nicht aufgearbeitet sind und sozusagen „unter dem Tisch" mitschwingen, läßt sich keine sachliche Lösung bzw. keine Win-Win-Situation realisieren, bei der es keine Verlierer gibt – die Grundlage guter Geschäftsbeziehungen.

In geschäftlichen Verhandlungen habe ich immer wieder erlebt, daß das Verhalten eines Partners von der Gegenseite falsch interpretiert wurde, woraus sich Spannungen in den Geschäftsbeziehungen ergaben. Da der Zeitfaktor im heutigen Geschäftsleben eine sehr große Rolle spielt, wird die Begründung einer Handlungsweise oftmals unterlassen und direkt auf ein Ergebnis hingearbeitet, wodurch Konflikte vorprogrammiert sind.

Eine Klärung der Konflikte oder Mißverständnisse mit Hilfe eines Rechtsanwalts ist dann gänzlich auf das „Gewinnen" ausgerichtet. Die Situation verfährt sich: Juristische Spitzfindigkeiten werden mehr und mehr über die eigentlichen Interessen gestellt, und es stellt sich oft nur mehr die Frage „Was kann ich erreichen?" und nicht mehr „Was will ich erreichen?".

Jetzt geht's um Lösungen

Bereits am Ende der ersten, dreistündigen Sitzung konnte damit begonnen werden, konstruktiv in der Sache selbst zu verhandeln, eine gemeinsame Zielrichtung zu suchen. Konkrete Lösungsvorstellungen sollten für die nächste Sitzung ausgearbeitet werden.

Nach ca. zwei Wochen trafen wir uns erneut. Da alle Beteiligten in der Zwischenzeit „Hausaufgaben" gemacht hatten, konnten wir in der zweiten Sitzung bereits direkt in die Sachverhandlungen einsteigen. Abschweifungen in Auseinandersetzungen über die juristische Lage wurden durch die Mediatoren schon im Ansatz gestoppt, und von den Ressentiments war kaum mehr etwas zu spüren – die intensive Bearbeitung der Entwicklung des Konflikts in der ersten Sitzung hatte bereits Früchte getragen.

Einigkeit konnte dahingehend erreicht werden, daß Erbe A (Bestandnehmer) aus dem Dreiecksverhältnis ausscheiden und Firma C (Unterbestandnehmer) in dessen Vertrag einsteigen würde. Weiters wurde zwischen Firma C und Erben B (Grundeigentümer) vereinbart, daß ein Teil des Grundstücks an Erben B abgetreten würde. Für den Geschäftsstandort von Firma C war diese Teilfläche nicht unbedingt notwendig, während für Erben B durch zusätzliche Verwertungsmöglichkeiten eine Ertragssteigerung des Gesamtgrundstücks ermöglicht wurde. Finanzielle Detailfragen wurden in diesem Stadium noch nicht behandelt.

Die Lösungen wurden nicht nur gemeinsam von allen Beteiligten erarbeitet, sondern es waren auch Ergebnisse, mit denen sich jeder Beteiligte identifizieren konnte. Dieses gemeinsame „Brainstorming" war erst in der durch die Mediatoren geschaffenen, von alten Gefühlen gereinigten Atmosphäre möglich geworden. Eine Grundvoraussetzung für Mediation ist, daß während der Dauer des Prozesses jede Partei Vorschläge und Überlegungen anstellen kann, ohne daß diese als verbindliche Zusage gedeutet werden. Diese zu Beginn des Prozesses getroffene Vereinbarung hatte wesentlich zur Findung von Lösungen beigetragen. In diesem Rahmen wurden für alle Involvierten Möglichkeiten und Varianten sichtbar, die ihnen vorher gar nicht in den Sinn gekommen wären.

Während der Verhandlungen achteten die Mediatoren darauf, daß Detailfragen nicht zu schnell abgehandelt würden, um die Suche nach Lösungsansätzen nicht zu behindern. Das bestätigte meine Erfahrungen aus geschäftlichen Verhandlungen. Sobald nämlich konkrete Preisvorstellungen oder Bewertungen am Tisch liegen, beginnt das Feilschen – andere Gesichtspunkte werden zunehmend vernachlässigt (siehe dazu auch Fisher u.a. 1997, 21 ff.).

Wenn die Mediatoren nicht eingegriffen hätten, wäre das auch in unserem Fall schon am Ende der zweiten Sitzung geschehen. Mit gezielten Fragen seitens der Mediatoren wurden die Parteien angeleitet, das Problem immer wieder aus anderen Blickwinkeln zu betrachten. Die Frage etwa, welche Möglichkeiten es geben könnte, den Gesamtertrag des Grundstücks zu steigern, brachte den entscheidenden Durchbruch. Es stellte sich heraus, daß Firma C überhaupt nicht die ganze Fläche benötigte und eine kleine Teilfläche an Erben B abtreten konnte, wodurch diesem zusätzliche Erträge ermöglicht wurden.

Sind die Lösungen klar, kommen die Juristen

Nach der zweiten Sitzung war in diesem Fall von den Lösungsansätzen her alles klar. Erbe A stieg gegen eine Abschlagszahlung aus dem Vertragsverhältnis aus. Die konkreten Verhandlungen über die Höhe der Zahlung waren nicht mehr Thema der Mediation und wurden aufgrund der Vorarbeiten zwischen mir als Vertreter der Firma C und Erbe A alleine geführt, da es nur noch um Zahlen und die entsprechende Abwicklung ging.

Bei der abschließenden, dritten Mediationssitzung waren somit nur noch zwei Parteien anwesend. Sie diente einer detaillierten Gestaltung der künftigen Geschäftsbeziehungen – jetzt berechtigterweise aufgrund von exakten Zahlen. Da es sich dabei um eine wesentlich komplexere Situation handelte, war die Ausarbeitung mit Hilfe der Mediatoren sinnvoll. Die wichtigen Punkte wurden von den Mediatoren in einem kurzen Protokoll zusammengefaßt und den Beteiligten übermittelt. Dieses Grundgerüst war die Basis für die Vertragsausfertigung durch die Rechtsanwälte.

In der letzten Sitzung wurden wesentliche Grundlagen für die Vertragsgestaltung geschaffen, die allerdings nicht mehr Thema der Mediation war. Obwohl einer der Mediatoren Jurist war, intervenierte und beriet er nicht in rechtlichen Belangen. Die von Rechtsanwälten des öfteren geäußerten

Bedenken, daß eine von einem Nicht-Anwalt durchgeführte Mediation die Gefahr berge, daß rechtliche Situationen entstehen könnten, die einem Beteiligten zum Nachteil gereichen würden, sind bei genauer Kenntnis der Methode der Mediation nicht aufrechtzuerhalten.

An diesem Fall wird erkennbar, worum es bei Mediation tatsächlich geht, nämlich um die Schaffung der Grundlagen für einen guten, alle Parteien zufriedenstellenden Vertrag. Die Vertragsgestaltung selbst und ganz besonders die rechtliche Beratung kann nur Aufgabe der jeweiligen Rechtsvertreter sein. Mediation durch einen Rechtsanwalt kann meiner Meinung nach nur funktionieren, wenn er nicht gleichzeitig auch der Vertreter eines der Betroffenen ist bzw. es ihm gelingt, für die Dauer der Mediation seinen angestammten Beruf quasi zu vergessen.

Das Ergebnis

Drei Monate nach der ersten Mediationssitzung waren bereits alle Verträge unterschrieben und eine gänzlich neue Situation geschaffen, mit der jeder Beteiligte zufrieden war: Die Laufzeit des Vertrags wurde verlängert, es gab keinerlei Nutzungsbeschränkungen mehr, der Ertrag der Liegenschaft für die Grundeigentümer wurde erhöht, der Pachtschilling wurde teilweise an den Umsatz gekoppelt und entsprach nunmehr dem ortsüblichen Preisniveau. Das Dreiecksverhältnis wurde aufgelöst und ein ganz gewöhnliches Bestandsverhältnis geschaffen (Grundeigentümer: Erbe B, Bestandnehmer: Firma C).

Die Schlichtung des Konflikts mit Hilfe von Mediatoren hatte sich in diesem Fall bestens bewährt. Allein die kurze Dauer des Verfahrens war beispielhaft. Dadurch war es auch nicht so kostenaufwendig, wie ein Gerichtsverfahren vermutlich gewesen wäre. Die Geschäftsbeziehungen wurden neu gestaltet und haben sich sogar verbessert. Gerade die professionelle Leitung des Verhandlungsablaufs durch die Mediatoren – mit geschickten, kaum merklichen Interventionen zum richtigen Zeitpunkt – hat diese Lösung ermöglicht.

„Es war eine gute Idee von Ihnen, diesen Weg vorzuschlagen", bedankte sich ein Geschäftspartner nach Abschluß des Verfahrens bei mir.

Literatur

Berkel, K. (1997): Konflikttraining. 5. Aufl. Heidelberg
Fisher, R. & Ury, W. & Patton, B. (1996): Das Harvard-Konzept. Sachgerecht verhandeln – erfolgreich verhandeln. Frankfurt a.M./New York
Glasl, F. (1997): Konfliktmanagement. Ein Handbuch für Führungskräfte, Beraterinnen und Berater. 5. Aufl. Stuttgart/Bern
Schulz von Thun, F. (1981): Miteinander reden: Störungen und Klärungen, Psychologie der zwischenmenschlichen Kommunikation. Bd. I. Reinbek bei Hamburg

Max Josef Allmayer-Beck & Michael Auer

Wirtschaftsmediation im Wohnungseigentum

„Der Mut, über Zusammenhänge zu reden, die man nicht vollständig kennt, über Tatsachen zu berichten, die man nicht genau beobachtet hat, Vorgänge zu schildern, über die man nichts ganz Zuverlässiges wissen kann, kurz: Dinge zu sagen, von denen sich höchstens beweisen läßt, daß sie falsch sind, dieser Mut ist die Voraussetzung aller Produktivität, vor allem jener philosophischen und künstlerischen oder auch nur mit Kunst und Philosophie entfernt verwandten."

(Egon Friedell, Kulturgeschichte der Neuzeit, 49)

Dieser von Egon Friedell beschriebene Mut veranlaßt uns, die Auseinandersetzung mit dem Thema „Wirtschaftsmediation im Wohnungseigentum" zu wagen. Wir möchten einen Anstoß zur Produktivität geben, die Kunst der Mediation im Bereich Wohnungseigentum fördern (vgl. dazu Falk 1998, 305). Mediation im Wohnungseigentum als eine interessante Facette der Wirtschaftsmediation dürfte in Österreich derzeit noch keinen großen Stellenwert haben. Nun gehört das Wohnen aber zu den vitalsten Bedürfnissen jedes Menschen. Aus unserer langjährigen Praxis wissen wir, daß zur Durchsetzung dieses vitalen Bedürfnisses oft erbitterte Auseinandersetzungen, seien sie gerichtlich oder außergerichtlich, geführt werden. Gerade dieser Bereich ruft aber nach einem guten, bedürfnisorientierten Interessenausgleich, wie er durch Mediation bewirkt werden könnte. Der nachstehende Beitrag soll diesen zentralen Gedanken näher reflektieren.

Wohnungseigentum – eine Fülle von Rechtsbeziehungen

Wohnungseigentum ist eine moderne und gefragte Form des Wohnens. Es befähigt den Bewohner einer Eigentumswohnung, diese nicht wie ein Mieter, sondern wie ein „Haus"-Eigentümer zu benützen und darüber frei und alleine zu verfügen. Gleiches gilt für Büros und Geschäftslokale, die ebenso Wohnungseigentum sein können.

Wohnungseigentum bedingt in der Regel eine Gemeinschaft von Wohnungseigentümern mit unterschiedlichen Interessen, die zum Wohl der Gemeinschaft stets miteinander koordiniert und aufeinander abgestimmt werden müssen. Diese unterschiedliche Interessenlage ergibt sich bereits bei Begründung des Wohnungseigentums, aber auch in weiterer Folge etwa:

• bei Erwerb der Wohnung von einem Bauträger;
• bei Prüfung der Nutzwertfeststellung;
• beim Abschluß eines Wohnungseigentumsvertrags, bei dem die unterschiedlichen Interessen verschiedener Wohnungseigentümer vom eini-

genden Vertragsband umfaßt werden sollen; aber auch dann in der Folge

• beim Wohnen in der Eigentumswohnung (Arbeiten im Büro oder Geschäftslokal) und beim Leben im Verband der Wohnungseigentumsgemeinschaft oder

• beim Verwerten (Verkauf, Vermietung) des Wohnungseigentumsobjekts.

Diese unterschiedlichen Interessen können aus verschiedenen Wurzeln herrühren:

• Aus der Ausübung der Rechte, aber auch der Pflichten, die mit dem Wohnungseigentum verbunden sind (nachbarschaftliche Probleme wie z.b. übergroße Lärmeinwirkung von einer Wohnung auf die andere), aber auch gegenüber Dritten (ein Mieter einer Eigentumswohnung verletzt durch sein Verhalten die Interessen der übrigen Wohnungseigentümer).

• Sie ergeben sich aus verschiedenen Interessen der einzelnen Wohnungseigentümer hinsichtlich der Art und Weise, wie die Verwaltung des Hauses oder der Anlage, in der sich die einzelnen Wohnungseigentumsobjekte befinden, geführt werden soll.

• Schließlich und endlich entstehen unterschiedliche Interessen bei Beendigung des Wohnungseigentumsverhältnisses, etwa dann, wenn ein Wohnungseigentümer infolge seines für die übrigen Wohnungseigentümer nachteiligen Verhaltens aus der Wohnungseigentumsgemeinschaft ausgeschlossen werden soll.

Mögliche Konfliktfälle, konkret und abstrakt

Anlässe für Konflikte gibt es ungezählte, z.B.: In einem Haus, in dem an allen Objekten Wohnungseigentum begründet ist, kauft jemand eine Eigentumswohnung, nicht, um darin selbst zu wohnen, sondern um sie gut zu vermieten. Ein gut zahlender Mieter zieht in die Wohnung ein. Er ist ein Hundeliebhaber und lebt in dieser Wohnung mit mehreren Hunden. Offensichtlich möchte er sich das „lästige Gassigehen" ersparen. Die Eigentumswohnung verfügt über eine Terrasse. Diese wird vom Hundebesitzer kurzerhand umgebaut, die Fußbodenfliesen entfernt und auf dem Terrassenboden eine Blechwanne installiert. In diese verrichten die zahlreichen Hunde ihre Notdurft. Das Blech hält dem nicht lange stand, die Fäkalien der Hunde dringen durch Ritzen in die darunterliegende Wohnung eines anderen Eigentümers. Dieser fühlt sich begreiflicherweise dadurch gestört. Die Lärmentwicklung, die viele Hunde in einer relativ kleinen Wohnung bewirken, rufen auch andere Wohnungseigentümer auf den Plan. Der Konflikt ist programmiert. Der Wohnungseigentümer, der durch die Fäkalien in Mitleidenschaft gezogen wird, möchte den Mieter samt seinen Hunden so rasch als möglich aus der Wohnung entfernt wissen. Die Verwaltung sieht in der Umgestaltung der Terrasse einen unerlaubten Eingriff in die Gestaltung des Äußeren des gesamten Hauses. Der Eigentümer, der diese Wohnung vermietet hat, möchte den gut zahlenden Mieter nicht verlieren. Der Mieter selbst findet die Beschwerde der gestörten Wohnungseigentümer unbegründet.

Ein anderer Fall: Ein Wohnungseigentümer kauft eine Wohnung. Unmittelbar über der Wohnung befindet sich ein Flachdach. Im Kaufvertrag wird dem Mieter vom Verkäufer die alleinige Benützung des Flachdachs zugesichert. Die übrigen Wohnungseigentümer scheinen mit diesem Zustand einverstanden zu sein. Einige Jahre später erwirbt ein weiterer Käufer im selben Haus eine Eigentumswohnung. Von der Hausverwaltung bekommt er die unrichtige Auskunft, daß die Dachterrasse jedermann zur Benützung zusteht. Als der Eigentümer, dem die Benützung des Daches zugesagt ist, dieses durch eine interne Stiege mit seiner Wohnung verbinden möchte, kommt es zur Auseinandersetzung. Alle anderen Wohnungseigentümer erteilen die schriftliche Zustimmung für die baubehördliche Genehmigung zur Umgestaltung. Nur der später hinzugekommene Käufer verweigert diese und stellt die Berechtigung des Wohnungseigentümers zur ausschließlichen Benützung des Flachdachs in Frage. In diesem Zusammenhang stellt sich ein weiteres Problem: Das Flachdach ist dringend sanierungsbedürftig. Der alleinige Benützer des Flachdachs hat den übrigen Wohnungseigentümern im Haus die Erklärung abgegeben, für den Fall, daß die Verbindung des Flachdachs mit seiner Wohnung durch die Innenstiege gestattet wird, er selbstverständlich allein die Kosten für die Erhaltung des Flachdachs „jetzt und in alle Zukunft" tragen würde. Sollte der Streit aber zugunsten des einzelnen Wohnungseigentümers entschieden werden, der die Meinung vertritt, daß die Benützung der Dachterrasse allen Wohnungseigentümern zusteht, müßten natürlich auch die nicht unerheblichen Sanierungskosten auf alle Wohnungseigentümer aufgeteilt werden. Eine unterschiedliche Interessenlage ist auch in diesem Fall gegeben.

Aller guten Dinge sind drei. Ein weiteres Beispiel: Drei Miteigentümer besitzen zu höchst unterschiedlichen Miteigentumsanteilen ein Haus. Sie sind der Meinung, daß die Umwandlung ihrer schlichten Miteigentumsanteile in Wohnungseigentum für alle Beteiligten günstiger wäre und im Hinblick auf die Besonderheit des Wohnungseigentums die Anteile, die sie derzeit am Haus haben, aufwerten würde. Die vorhandenen Wohnungen, Büros und Geschäftslokale können jedoch nicht 1:1 auf die Anteile der drei Miteigentümer zugeordnet werden, und außerdem haben die einzelnen Bestandobjekte höchst unterschiedlichen Wert. Ein altes Geschäftslokal im Parterre hat nicht denselben Wert wie die lichtdurchflutete Wohnung im obersten Stock. Die einzelnen Wohnungseigentümer haben daher unterschiedlichste Interessen bezüglich der „Aufteilung des Kuchens".

Diese drei Beispiele zeigen, daß die unterschiedlichen Interessenlagen im Wohnungseigentum immer wieder zu Konflikten führen können. Wie eingangs erwähnt, handelt es sich hier zunächst um Konflikte der Wohnungseigentümer untereinander und um Konflikte der Mehrheit der Wohnungseigentümer mit der Minderheit, besonders dann, wenn es gilt, die allgemeinen Teile eines Hauses, die vom Wohnungseigentum nicht umfaßt sind, entsprechend zu sanieren. Streitigkeiten der Wohnungseigentümer mit dem Verwalter, den man für säumig oder nicht einsatzfreudig hält, oder mit dem schlampigen Hausbesorger sind ebenso auf der Tagesordnung. Streitigkeiten können aber auch aus der unterschiedlichen Verwendung der Eigentumswohnungsobjekte entstehen. Der Eigentümer, der in seiner Eigentumswohnung auch tatsächlich wohnt, hat zu dieser und dem Haus oder der Anlage, in der sich diese Wohnung befindet, einen anderen Bezug als derjenige, der die Wohnung nur deshalb erworben hat, um sie ertragreich an Dritte zu vermieten. Während die im Haus wohnenden Wohnungseigentümer großen Wert auf die laufende Erhaltung ihres Objekts legen, sucht die andere Gruppe der Wohnungseigentümer die Erhaltungskosten möglichst zu minimieren, um die Erträge aus der Vermietung zu maximieren, jedenfalls aber nicht in Frage zu stellen.

Rechtliche Möglichkeiten der Konfliktregelung bei Wohnungseigentum

Der Gesetzgeber hat vorgesorgt, diese verschiedenen Konflikte durch Einschaltung des Zivilgerichts zu regeln. Im Wohnungseigentumsgesetz findet man darüber einen langen Katalog (§ 26 WEG). In der Regel werden diese Konflikte im sogenannten „Verfahren außer Streitsachen" geregelt. Zu den wesentlichen Merkmalen dieses Verfahrens gehört unter anderem, daß die damit verbundenen Kosten von den Verfahrensparteien selbst zu tragen sind, unabhängig davon, ob sie mit ihren Anträgen Erfolg haben oder nicht (§ 26 Abs 2 WEG im Zusammenhang mit § 37 (3) Z 19 MRG). Natürlich gibt es auch Fälle, wo die Entscheidung im sogenannten „streitigen Verfahren" durch Urteil gefällt wird und dann Kostenersatzpflicht durch die unterliegende Partei besteht. Diese Fälle sind aber eher in der Minderheit.

Mediation, ein neuer Weg zur Konfliktbewältigung

Was Mediation ist und was sie bedeutet, wird an anderer Stelle dieses Buches aus berufener Feder dargestellt. Jeder, der sich einerseits mit Mediation auseinandersetzt und andererseits – aus welchem Grund immer – mit dem Wohnungseigentum befaßt ist, spürt sofort, daß die Einführung der Mediation in das reichhaltige Beziehungsgeflecht, dem Menschen als Wohnungseigentümer in einer Wohnungseigentumsgemeinschaft zwangsläufig verhaftet sind, im wahrsten Sinn des Wortes lohnend und vor allem interessenausgleichend sein könnte.

Es lohnt sich also, wie in der Einleitung erwähnt, „den Mut aufzubringen, über Zusammenhänge zu reden, die man nicht vollständig kennt, über Tatsachen zu berichten, die man nicht genau beobachtet hat, und Vorgänge zu schildern, über die man (noch) nichts ganz Zuverlässiges wissen kann". „Mediation bietet den Konfliktbeteiligten die Chance", schreibt Tilman Metzger, „ihre streitigen Angelegenheiten informell, einvernehmlich und zum beiderseitigen Vorteil beizulegen – und in doppelter Weise konfliktnah: Die Streitbearbeitung kann praktisch sofort beginnen, nachdem die Beteiligten den Mediator angerufen haben. Die Streitbeteiligten, die den Konflikt am besten kennen, haben optimalen Einfluß auf den Ausgang des Verfahrens" (Metzger 1997, 191).

Die Vorteile von Mediation bei Wohnungseigentumskonflikten

Nehmen wir den eingangs erwähnten Dachterrassenfall. Hier prallen verschiedene Interessen aufeinander: Der Bewohner der Eigentumswohnung mit dem ausschließlichen Benützungsrecht des Flachdachs möchte sich durch die Errichtung einer Innenstiege aus seiner Eigentumswohnung auf dieses Dach die ihm zugesicherte alleinige Benützung erleichtern (bis jetzt war der Zugang nur über das Stiegenhaus möglich). Der Neuankömmling ist verärgert darüber, daß er von der Hausverwaltung offensichtlich falsch informiert wurde, also seine Wohnung unter falschen Voraussetzungen gekauft hat, und kämpft für sein Mitbenützungsrecht dieses Flachdachs. Um dies zu erwirken, verweigert er die Unterschrift bei der Baupolizei zu den vorliegenden Umgestaltungsplänen des anderen Wohnungseigentümers. Die übrige Wohnungseigentümergemeinschaft unterstützt die Pläne zum Ausbau der Innenstiege, da dadurch erhebliche Erhaltungs- und Sanierungskosten für das Flachdach von der Wohnungseigentümergemeinschaft auf den alleinigen Benützer überwälzt würden. Die Hausverwaltung fürchtet, unter Umständen infolge der Fehlinformation in Anspruch genommen zu werden oder das Mandat ganz zu verlieren.

Um die Standpunkte der einzelnen an diesem Konflikt Beteiligten durchzusetzen, sind verschiedene Gerichtsverfahren notwendig. Würde in diesem Fall Mediation in Anspruch genommen werden, könnte der Mediator als ersten Schritt alle Beteiligten an einem runden Tisch vereinigen, um ein gemeinsames Gespräch zu ermöglichen. Er würde dafür sorgen, daß unter den Beteiligten am Konflikt zunächst einmal eine Gesprächskultur aufgebaut würde.

• Jeder legt durch Offenheit rückhaltlos nicht nur seinen Standpunkt, sondern, unter Anleitung des Mediators, auch seine dahinterstehenden Interessen dar.

• Die notwendige Atmosphäre der Vertraulichkeit wird durch die absolute Verschwiegenheit des Mediators gewährleistet.

• Durch das Agieren des Mediators, der durch seine Allparteilichkeit allen das gleiche Interesse an ihren „Nöten" entgegenbringt, wird verhindert, daß die eine oder andere Konfliktpartei begünstigt wird.

Dadurch könnte die zweifelsohne vergiftete Atmosphäre langsam entkrampft werden. Dies könnte vor allem dadurch geschehen, daß der Mediator durch seinen Einsatz – etwa durch sein „aktives Zuhören" – bewirkt, daß

Emotionen kanalisiert werden, weil bei den Betroffenen der Eindruck entsteht, daß der Mediator nicht nur in der Lage ist zuzuhören, sondern die einzelnen Interessen der Betroffenen auch zu verstehen. Durch diese „Übersetzungstechnik" (vgl. dazu Haft 1992, 191) entsteht Freude: die Freude des Angenommen- und Verstandenwerdens. Dadurch treten an die Stelle der negativen Emotionen positive, wodurch das Klima zu ausgewogenen Lösungen entsprechend vorbereitet wird.

Ein weiterer Vorteil liegt im Zeitelement. Gerichtliche Verfahren dauern in Österreich lange (mehrere Monate, manchmal Jahre), überhaupt dann, wenn sie über mehrere Gerichtsinstanzen geführt werden. Durch Mediation kann Zeit gewonnen werden. Da sie zügiger als jedes Gerichtsverfahren durchgeführt wird, können Probleme rasch gelöst werden. Diese Überlegung ist vor allem dort wichtig, wo es darum geht, Schäden zu beheben oder Lärmeinwirkungen zu beseitigen. Der eingangs erwähnte Hundefall würde eine rasche Lösung erfordern.

Ein weiterer Vorteil sind die verhältnismäßig geringeren Kosten einer Mediation. Diese könnten gleichmäßig auf alle Betroffenen verteilt werden oder, wenn es die ganze Gemeinschaft betrifft, durch entsprechende Vereinbarungen unter Umständen aus der vorhandenen Reparaturrücklage bezahlt werden. Dazu kommt die Erhaltung langfristiger persönlicher Beziehungen durch einen gelungenen Interessenausgleich. Wohnungseigentumsgemeinschaften sind langfristig ausgelegt. Es ist daher wichtig, daß alle Betroffenen auf Dauer gut miteinander auskommen. Ein Interessenausgleich aller Betroffenen gewährleistet das gedeihliche zukünftige Zusammenleben eher als ein gerichtlich ausgetragenes Verfahren zwischen Wohnungseigentümern. Es ist eine Erfahrungstatsache, daß selbst regulierte Lösungen besser sind als solche, die den vom Konflikt Betroffenen von dritter Seite (Gericht) aufgedrängt werden.

Grenzen der Mediation bei Wohnungseigentumskonflikten

Die Mediation stößt zunächst dort an Grenzen, wo es starke Machtgefälle gibt. Etwa wenn Interessen des Wohnungseigentumsanwärters auf eine Wohnung, die er vielleicht dringend benötigt, einem „starken" Bauträger gegenüberstehen oder wenn es darum gehen sollte, die Einzelinteressen eines Wohnungseigentümers mit den anders gelagerten Interessen der übrigen Wohnungseigentümergemeinschaft in Harmonie zu bringen. Aber auch in solchen Fällen ist Mediation nicht ausgeschlossen. Vornehmliches Ziel der Mediation wäre es dann, die Voraussetzungen dafür zu schaffen, daß möglichst gleich starke und gleich gut informierte Streitbeteiligte ihren Konflikt gleichberechtigt bearbeiten können (vgl. dazu Metzger 1997, 190).

Eine weitere Grenze besteht darin, daß individuelle Lösungen nur dort auf weite Sicht möglich sind, wo die gesetzlichen Strukturen stimmig bleiben. Sind diese nicht gegeben, ist durch dieses Manko ein Nährboden für weitere Auseinandersetzungen zwischen den Betroffen geschaffen (vgl. dazu Metzger 1997, 184). Ein Beispiel: Es ist heutzutage äußerst schwer, einem Hausbesorger, der in einer Hausbesorgerwohnung im Wohnungseigentumshaus lebt, dank des für solche Fälle im Hausbesorgergesetz verankerten Kündigungsschutzes das Dienstverhältnis aufzukündigen, wenn die im Haus lebenden Wohnungseigentümer der Meinung sind, daß besagter Hausbesorger seine Pflichten mangelhaft erfüllt. Eine wirkungsvolle Kündigung ist zunächst nur gerichtlich und weiters nur dann möglich, wenn schwere Pflichtverletzungen vorliegen. Hier könnte eine erfolgreiche Mediation unter Umständen Lösungen bringen. Die gesetzliche Struktur, nämlich der starke Kündigungsschutz, könnte aber weitere Konflikte dann provozieren, wenn der Hausbesorger im Vertrauen auf seine starke rechtliche Position nach geraumer Zeit in den alten Schlendrian zurückfällt.

Besonderheiten der Mediation bei Wohnungseigentumskonflikten

Es wird nicht immer leicht sein, bei gegensätzlichen Interessen im Bereich des Wohnungseigentums den Weg zur und in die Mediation zu finden. Anders als in der Familienmediation gilt es im Wohnungseigentum oft nicht ein Paar, sondern, wie die eingangs erwähnten Fälle aufzeigen, eine ganze Personengruppe an den runden Mediationstisch zu bekommen. Eine derartige Gruppe ist oft nicht in der Lage, ohne Hilfe zu einem Konsens darüber zu kommen, ob Mediation überhaupt in Anspruch genommen werden soll oder nicht. Es empfiehlt sich daher als erster Schritt in Richtung Mediation, eine Mediationsstelle einzurichten, die in der Lage ist, einem Wohnungseigentümer oder einer Gruppe von Wohnungseigentümern oder aber jedem anderen, der mit einem Problem aus der Sphäre des Wohnungseigentums konfrontiert ist, zur Mediation zu führen. Dies wird im Ausland bereits praktiziert (vgl. dazu Metzger 1997, 188).

Eine derartige Stelle baut den Kontakt zu den anderen vom Konflikt betroffenen Personen auf und sorgt für einen geeigneten Mediator. Durch diese Vorgangsweise wird vor allem die Neutralität des Mediators in der Phase der Anbahnung zur Mediation gewahrt. Eine eigene Stelle kümmert sich im Vorfeld der Mediation um die Fallentwicklung und um die Herstellung des Konsenses zwischen den Betroffenen darüber, daß Mediation eine gute Methode wäre, den an die Mediationsstelle herangetragenen Fall zu lösen.

Bei Konflikten, die eine größere Gruppe von Wohnungseigentümern betreffen, wird zu überlegen sein, ein Mediatorenteam einzusetzen. Ein Mediatorenteam kann besser auf die Bedürfnisse einzelner in der Gruppe eingehen. Bei Konflikten in und zwischen Gruppen hat sich ein derartiges Mediatorenteam – etwa in der Umweltmediation, aber auch in großen Wirtschaftsmediationsfällen – bereits bewährt. Damit ist natürlich eine Kostenfrage verbunden (zum Thema Co-Mediation siehe Falk 1998, 297).

Eine wichtige Technik in diesen speziellen Fällen ist, die Mediation zunächst mit Einzelgesprächen des Mediators mit den Betroffenen zu beginnen. Dadurch hat der Mediator die Chance, die Beteiligten besser kennenzulernen. Bei einer Mediation innerhalb einer Gruppe ist es für den einzelnen unter Umständen leichter, seine Interessen zuerst allein vor dem Mediator zu artikulieren. Ist ein Mediatorenteam tätig, kann diese Aufgabe im Team aufgeteilt werden. Die zur Verschwiegenheit verpflichteten Mediatoren können die Ergebnisse dieser Einzelgespräche anschließend im Team besprechen und analysieren und somit besser eine Strategie für ihre künftige Moderation festlegen. Das Einzelgespräch könnte auch dazu dienen, ein Machtgefälle in der Mediation auszugleichen und abzubauen. Schließlich empfiehlt es sich für den Mediator, sich gerade im Wohnungseigentum mit den örtlichen Gegebenheiten der Mediation durch einen Lokalaugenschein vertraut zu machen.

Wie in jeder Art von Wirtschaftsmediation spielt auch das Recht eine wichtige Rolle. Es dient als Leitschiene dafür, daß Lösungen erarbeitet werden, die keine negativen Folgen wie etwa die Nichtigkeit einer Mediationsvereinbarung oder deren Anfechtbarkeit mit sich bringen. Ein Mediator in Wohnungseigentumsfällen sollte daher in der Lage sein, wenn erforderlich, über das Wohnungseigentum und die damit zusammenhängenden Nebengesetze richtig und ausreichend zu informieren.

Anforderungen an den Mediator

Es gibt verschiedene Ansichten zur Kompetenz des Mediators. Eine Richtung meint, daß der Mediator „als Experte des Nichtwissens" nur auf die Kommunikationsstruktur Bedacht zu nehmen habe. Die andere, der wir uns ausdrücklich anschließen möchten, vertritt die These, daß einschlägiges Wissen die Kompetenz des Mediators erhöhe (siehe dazu Falk 1998, 304). Wir meinen, daß das Wissen um die rechtlichen, wirtschaftlichen aber auch sozialen Zusammenhänge das besondere Anforderungsprofil des Mediators ausmachen.

Da Auseinandersetzungen zwischen Wohnungseigentümern oft sehr emotional geführt werden, empfiehlt es sich, Mediatoren zu wählen, die in der Lage sind, Konflikte zu neutralisieren, Emotionen aufzufangen und richtig zu kanalisieren. Sie sollten auch über gruppendynamische Kenntnisse verfügen. In diesem Zusammenhang stellt sich für den Mediator die Frage, wer berechtigt ist, mit am Tisch zu sitzen. Der Mediator muß in der Lage sein, die Entscheidungsträger und Sprecher einer Gruppe herauszufiltern und um den Mediationstisch zu versammeln. Zudem muß er mit dem Umgang mit Gruppen vertraut sein, die Gesetze, die jeder Gruppe eigen sind, kennen, sich mit ihren Problemen und Bezugspunkten auseinandersetzen können. Die Entwicklung von Strategien und die Planung des Mediationsablaufs sind wichtig (vgl. dazu Falk 1998, 304).

Gefragt ist schließlich ein Mediator, der jeden Mediationsschritt immer wieder von neuem vorbereitet: „Prepare, prepare, prepare ...", betont auch William Ury (vgl. Ury 1993, 15 ff.). Auf diesem schwierigen Terrain ist nicht nur Intuition, sondern vor allem auch Technik und sachliche Kompetenz gefragt.

Literatur

Falk, G. (1998): Kompetenzen. In: Falk, G. & Heintel, P. & Pelikan, C. (Hg.): Die Welt der Mediation. Entwicklung und Anwendungsgebiete eines interdisziplinären Konfliktregelungsverfahrens. Klagenfurt, 288–308

Friedell, E. (1988): Kulturgeschichte der Neuzeit. Die Krise der europäischen Seele von der schwarzen Pest bis zum 1. Weltkrieg. Sonderausgabe. München

Haft, F. (1992): Verhandeln, die Alternative zum Rechtsstreit. München

Metzger, T. (1997): Mediation im Nachbar-, Miet- und Verbraucherrecht. In: Breidenbach, St. & Henssler, M. (Hg.): Mediation für Juristen. Köln, 183–194

Ury, W. (1993): Getting Past No. Negotiating Your Way from Confrontation to Cooperation. New York u.a.

5. Strafrecht

Entschuldigung

Hallo, Schaf. Ich muß
mal mit dir reden.

Äh?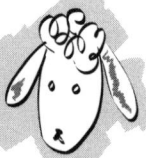

Du, das mit deiner Mutter tut mir echt leid,
aber du weißt ja, wie das ist, wenn man
plötzlich so einen richtigen Heißhunger kriegt.

Äh?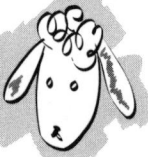

Ich geb's ja zu, es war auch nicht richtig, deinem
Vater die Kehle durchzubeißen, aber das verstehst
du doch, wenn man schon mal dabei ist.

Äh?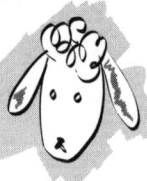

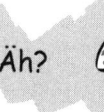

Tut mir echt leid, daß ich dann auch noch
deine Geschwister gefressen habe,
das glaubst du mir doch, daß es mir leid tut?

Äh?

Nix für ungut, oder?

Äh?

Schön, daß man mit dir so gut reden kann.
Dann wäre ja alles bereinigt.

...?

 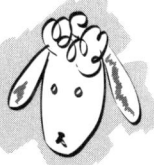

KAI

Martina Mössmer

Konfliktregelung als Alternative zum richterlichen Schuldspruch
Das Angebot des Außergerichtlichen Tatausgleichs

Jeder von uns kennt wahrscheinlich das Unbehagen, das einen überfällt, wenn die Auseinandersetzung mit einem anderen Menschen unumgänglich scheint, ein Konflikt sich zugespitzt hat und ausgetragen werden muß. Flucht, Leugnung, Delegation oder andere Konfliktlösungsmuster greifen nicht mehr, es kommt zum Kampf, Emotionen verselbständigen sich, wie auf einer Woge tragen sie uns in unsere eigene Unterwelt, und manchmal sind wir dann zu Taten fähig, die wir uns vorher nie zugetraut hätten.

Den meisten Konflikten gehen wir daher schon vorsichtshalber aus dem Weg, viele können über einen verbalen Streit ausgetragen werden, aber immer schwingt etwas von dieser Angst mit, der Angst, daß es einmal schlimmer kommen könnte, daß wir oder der andere im Sog der Eskalation mitgerissen werden könnten.

So können wir auch Straftaten als heftig eskalierte Konflikte bzw. als untaugliche Mittel zur Konfliktaustragung sehen. Zumindest für einen Beteiligten entsteht eine Situation, der er sich nicht mehr gewachsen fühlt, Angst vor einer weiteren Zuspitzung der Lage oder sogar Angst ums eigene Leben bringen ihn dazu, Hilfe zu holen bzw. die Polizei einzuschalten.

Im herkömmlichen Strafverfahren soll der Richter klären, ob das Verhalten des Täters zu einem Deliktsbegriff paßt. Durch den Schuldspruch wird dann quasi eine gesellschaftliche Verurteilung dieses Verhaltens ausgesprochen. Wie es zu der Eskalation gekommen ist und was sich seither zwischen den Konfliktbeteiligten zugetragen hat, hat naturgemäß in diesem Verfahren wenig Relevanz. Dieses statische Modell entspricht oft nicht den Lebenswelten der Beteiligten, wird als befremdend erlebt und bietet keinen Raum, sich mit den Emotionen oder besseren Bewältigungsstrategien zu befassen.

Seit mehreren Jahren haben sowohl Staatsanwalt als auch Richter die Möglichkeit, Straftaten, hinter denen ein Konflikt zwischen zwei oder mehreren Personen steht, dem Außergerichtlichen Tatausgleich zuzuweisen. In diesem alternativen Verfahren wird der Konflikt wieder an die Beteiligten zurückgegeben, Konfliktregler begleiten den Prozeß allparteilich, informieren und unterstützen bei einer konstruktiven Bewältigung und bei der Wiederherstellung des „sozialen Friedens".

Konfliktbearbeitung

Abhängig vom Ausmaß der Eskalation können die unterschiedlichsten Verfahren zur Bearbeitung der Fälle herangezogen werden. Die Palette reicht

von reiner Moderation, wenn sich die Konfliktbeteiligten in der Zwischenzeit bereits ausgesprochen und geeinigt haben, über verschiedene Formen
der Prozeßbegleitung mit vielen Interventionsvarianten, bis zur Vermittlung, die rein auf den Vorfall bezogen ist und auch direktiveres Vorgehen
zuläßt.

Die Breite des Spektrums hat sich bewährt, da auch die Dynamik der
Konflikte sehr vielfältig ist und für jeden Fall die geeignete Herangehens-
weise gefunden werden muß. So ist ein Streit zwischen Jugendgruppen anders zu behandeln als eine Auseinandersetzung um einen Grenzstein, der
Bauern schon seit mehreren Generationen beschäftigt, ein Raufhandel zwischen einander Unbekannten anders als ein Konflikt in einer 30jährigen
Ehe.

Das Spektrum der Konflikttypen, die sich beim ATA wiederfinden, umfaßt situative Konflikte (Auseinandersetzungen im Straßenverkehr, in Dis-
kotheken usw.) und Konflikte aus dem sozialen Nahbereich (Schule, Arbeitsplatz, Nachbarschaft, Familie, Paarbeziehung).

Methoden der Konfliktregelung nach Friedrich Glasl

Friedrich Glasls Buch „Konfliktmanagement" dient uns immer wieder als
Grundlage zur Reflexion und Weiterentwicklung unserer Arbeit. Ich möchte nun einen kurzen Überblick über die unterschiedlichen Methoden der
Konfliktregelung geben, die je nach Stufe der Eskalation nach diesem Modell angezeigt sein können.

Moderation

Der Moderator steuert das Gespräch zwischen den Beteiligten und unterstützt Begriffsklärungen. Die Parteien setzen sich direkt miteinander auseinander. Auch „Selbstheilungseingriff" genannt.

Prozeßbegleitung

Der Prozeßbegleiter braucht das Vertrauen beider Parteien, er muß an länger fixierten Rollen und Beziehungen arbeiten. Erst soll getrennt eine
selbstkritische Haltung und Empathie aufgebaut werden (Einzelgespräche), dann findet ein Wechselspiel zwischen Konfrontation und Zu-
sammenführung statt. Die Konfliktparteien brauchen zur Bewältigung
eine hohe Motivation, der Prozeßbegleiter muß unparteiisch Lösungen
einfordern.

Soziotherapeutische Prozeßbegleitung

Sie wird dann notwendig, wenn die Feindbilder noch stärker fixiert sind, es
angstbesetzte Momente, stereotype Verhaltensweisen und einen Verlust der
Ich-Kontrolle gibt. Daher muß vorerst getrennt wieder Selbstbewußtsein
und -kontrolle aufgebaut werden, Feindbilder und Angst müssen abgebaut

werden – das dauert seine Zeit. Der Konfliktregler achtet auf das Einhalten der Spielregeln, muß in seiner Fachkompetenz anerkannt werden und greift am Beginn auch inhaltlich ins Geschehen ein. Humor und paradoxe Interventionen helfen Stereotypien aufzubrechen. Pausen zwischen den Gesprächssequenzen sind notwendig, um das viele Neue verarbeiten zu können.

Vermittlung

Der Vermittler arbeitet an den Vorfällen, nicht an der Beziehung. Er fungiert als selektiver Informationsfilter, macht selber Vorschläge, setzt Druckmittel ein, bezieht auch die „Hintermannschaft" (d.h. peripher am Konflikt Beteiligte) ein. Die Streitpunkte werden nach Emotionsgehalt geordnet, die wenig emotional aufgeladenen werden zuerst behandelt. Kleine Teilerfolge werden festgehalten, Vereinbarungen überprüft; es soll keine „Sieger" geben.

Schiedsverfahren

Neutrale Verhaltensregulierung, Verhaltenskontrolle. Auseinandersetzung über Werte und Emotionen wird in Streit über Fakten und Normen transformiert. Der Schiedsrichter entscheidet nach anerkannten Normen, Verhalten wird reguliert, Sanktionen müssen vorhanden sein. Diese Methode ist eine akute Regelung, die bei großem Zeitdruck geboten scheint.

Machteingriff

Maßnahmen werden gesetzt und auch gegen den Willen der Betroffenen durchgesetzt. Beim Schiedsverfahren und beim Machteingriff zeigen sich die Grenzen des Außergerichtlichen Tatausgleichs, denn diese Verfahren können nur bei Gericht angewandt werden.

Der Kontex der Konfliktregelung durch den ATA

Ein wichtiges Merkmal der Konfliktregelung beim Außergerichtlichen Tatausgleich ist die ungleiche Rollenaufteilung der Beteiligten, die auch mit unterschiedlichen Erwartungen verknüpft ist: Der Verdächtige muß die Verantwortung für die Folgen seiner Tat übernehmen, bereit sein, sich mit dem Geschädigten auseinanderzusetzen, sich zu entschuldigen und den Schaden wiedergutzumachen.

Der Geschädigte hat Gelegenheit, über seine Emotionen zu sprechen, kann den Verdächtigen konfrontieren und Schadenersatz verlangen. Idealerweise nimmt er eine Entschuldigung an und erkennt auch seinen Anteil am Zustandekommen der Eskalation an. Weitere Beteiligte wie Erziehungsberechtigte oder Rechtsanwälte sind ebefalls anzuhören und in das Verfahren einzubeziehen.

Formaler Ablauf einer Konfliktregelung im ATA

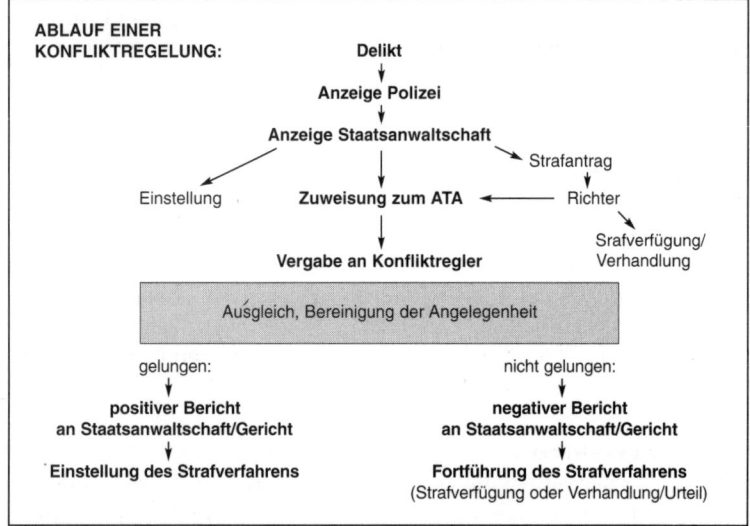

Der Konfliktregler wird vom Staatsanwalt oder Richter um die Vermittlung eines Außergerichtlichen Tatausgleichs ersucht. Er hat alle Beteiligten über die Möglichkeit einer Konfliktregelung zu informieren bzw. zu beraten und bei der praktischen Durchführung zu unterstützen. Er überprüft getroffene Vereinbarungen und deren Einhaltung und berichtet in der Folge dem Staatsanwalt oder Richter über das Ergebnis.

Ein erfolgreicher Tatausgleich führt in der Regel zur Einstellung des Strafverfahrens. Dadurch wird eine gerichtliche Verurteilung und Bestrafung samt Gerichtskosten und eine Vormerkung im Strafregister vermieden. In den meisten Fällen macht ein gelungener Außergerichtlicher Tatausgleich ein zeit- und kostenaufwendiges Zivilverfahren unnötig. Der Geschädigte erhält seine materiellen und immateriellen Ansprüche rasch und unbürokratisch ersetzt.

Spezielle Interventionsformen im ATA

Aus der Standardmethode des ATA, die bei der Bearbeitung der Jugendlichen-Fälle entstanden ist, hat sich im Laufe der Jahre aufgrund der Zuweisung von Erwachsenendelikten, die größtenteils eine andere Konfliktstruktur aufweisen, eine Vielzahl an modifizierten Bearbeitungsweisen entwickelt. Grundlegend unterscheiden sich alle Ansätze der methodischen ATA-Arbeit von der Arbeit in anderen Bereichen der Sozialarbeit. Die Konfliktregler verstehen sich nicht als Anwalt eines Klienten, sondern agieren als prozeßbegleitende neutrale Vermittler zwischen zwei oder mehreren Parteien. Wichtigstes Prinzip unserer Arbeit ist die Allparteilichkeit.

Standardmethode

Der Verdächtige wird zu einem Erstgespräch eingeladen. In diesem Gespräch wird abgeklärt, ob der Beschuldigte bereit ist, Verantwortung für sein Verhalten zu übernehmen. Weiters werden die soziale Situation und der persönliche Hintergrund besprochen. In der Folge werden Lösungsvorschläge erarbeitet, die sich sowohl auf den emotionalen als auch auf den finanziellen Aspekt beziehen.

Danach wird mit dem Geschädigten Kontakt aufgenommen und im Erstgespräch geklärt, ob dieser bereit ist, an einem Außergerichtlichen Tatausgleich mitzuwirken. Er hat die Möglichkeit, seine Betroffenheit und die durch die Tat entstandenen Verletzungen und Kränkungen zu besprechen und wird schließlich zu seinen Vorstellungen einer Wiedergutmachung und Genugtuung befragt.

Diese Einzelgespräche sind die Basis für das nun anschließende Ausgleichsgespräch. Geschädigter und Beschuldigter setzen sich an einen Tisch und versuchen unter Mithilfe des Konfliktreglers eine Lösung zu erarbeiten, mit der die ehemaligen Kontrahenten die Auseinandersetzung als bereinigt betrachten können. Im positiven Falle wird eine Vereinbarung zwischen den Konfliktbeteiligten darüber abgeschlossen, wie der verursachte Schaden finanziell wiedergutmacht, emotionale Probleme bereinigt und alle sonst damit zusammenhängenden Fragen erledigt werden können.

Gemischtes Doppel[1]

Im Hinblick auf die Bearbeitung von Konflikten im unmittelbaren sozialen Nahbereich (vor allem bei Partnerschaftskonflikten) wurde in Wien eine methodische Bearbeitungsweise entwickelt, bei der die konfliktbezogene Wiedergutmachung im Mittelpunkt steht, es aber den Konfliktparteien auch möglich gemacht wird, ihre Beziehung zueinander zu reflektieren und neu zu gestalten oder bei sich auflösender bzw. bereits geschiedener oder getrennter Paarbeziehung auf ein geregeltes Auseinander bzw. geregelte Besuchskontakte (bei gemeinsamen Kindern) hinzuarbeiten.

Der Unterschied zur ursprünglichen Praxis liegt in der Co-Mediation durch ein Konfliktreglerpaar, d.h., der Konfliktregler führt das Erstgespräch mit dem Mann, die Konfliktreglerin mit der Frau. Im unmittelbar anschließenden Ausgleichsgespräch reflektieren beide Konfliktregler die Inhalte der Vorgespräche. Die Widersprüche, die sich aus der Gegenüberstellung der beiden „Wahrheiten" ergeben, sind Diskussionsgrundlage für das Gespräch zwischen den Konfliktparteien.

Die beiden Konfliktregler befinden sich keinesfalls in einer anwaltlichen Stellung zum jeweiligen Gesprächspartner, sondern bieten eine Rückschau

---

[1] *Siehe dazu ausführlicher auch den Artikel „Das gemischte Doppel" von Ed Watzke in diesem Band.*

in die Beziehungsvergangenheit, pointieren die Konfliktthemen, moderieren gemeinsam die Diskussion, geben Anregungen zur konstruktiven Konfliktbearbeitung und fixieren die getroffenen Vereinbarungen zur gemeinsamen besseren Zukunft der Konfliktparteien. Sie stehen weiters als Informationsgeber für nachfolgende, an die Konfliktregelung anschließende Beratung und/oder Therapie zur Verfügung.

Tandem

Für die Bearbeitung von situativen Konflikten hat sich eine weitere Vorgangsweise entwickelt, deren wesentliches Merkmal die synchrone Bearbeitung durch den gesamten Prozeß ist. Das heißt, beide Konfliktparteien befinden sich von Anfang an in einem Raum, auch die Einzelgespräche werden voreinander geführt.

Dieses Setting geht davon aus, daß sich der Großteil der Kommunikation auf der nonverbalen Ebene abspielt. Es ermöglicht den Konfliktparteien eine schonende Kontaktaufnahme schon vor dem ersten miteinander gewechselten Wort. Außerdem liegt der Vorteil dieser Vorgangsweise in der offenen Kommunikation – alle Gesprächsinhalte sind allen Beteiligten in jeder Phase bekannt.

Staffelrad

Bei mehreren Verdächtigen oder Geschädigten wird demjenigen, der die „Gegenpartei" repräsentiert, nicht zugemutet, sich mit allen Personen auf einmal auseinanderzusetzen. Jedes einzelne Gruppenmitglied wird nacheinander für eine kurze Sequenz zu einem Gespräch geholt.

Opferlose Delikte

Wenn der Geschädigte z.B. eine Körperschaft ist (Gemeinde Wien, ÖBB etc.), ist für das Ausgleichsgespräch keine zweite Partei vorhanden. In diesem Fall hat es sich bewährt, daß ein Konfliktregler diese Körperschaft oder das Gesetz spielt und ein anderer Konfliktregler mit diesen beiden Personen ein Ausgleichsgespräch durchführt. So kann eine Normverdeutlichung stattfinden, ohne daß der Konfliktregler in die Position kommt, eine „Standpauke" halten zu müssen.

Rollen verhandeln

Bei Nachbarschafts- und bei manchen Familienkonflikten übersteigt die Aufarbeitung der konfliktbeladenen Vergangenheit oft die Möglichkeiten im Rahmen des Außergerichtlichen Tatausgleichs. In diesen Fällen liegt unser Schwerpunkt in einem Aushandeln konkreter Verhaltensänderungen für die Zukunft. Solche Vereinbarungen können in schriftlicher Form getroffen werden, wenn ein gemeinsames Gespräch der Konfliktbeteiligten als eher eskalationsfördernd eingeschätzt wird.

Einseitiges Friedensangebot

In besonders eskalierten Konflikten, bei denen vorerst nur die Mitarbeit eines Beteiligten erreicht werden kann, wird mit diesem ein Verhaltenskonzept erarbeitet. Er soll ein für den anderen erkennbares Signal zu einer positiven Veränderung setzen, auch wenn dieser die „Kriegshandlungen" fortsetzt. In der Folge wird ein weiteres Signal angekündigt und umgesetzt, so lange, bis der Gegner dem moralischen Druck nachgibt und seinerseits positiv einlenkt. Dieses Verfahren klingt zwar absurd, seine Wirksamkeit hat sich jedoch sogar in zwischenstaatlichen Konflikten bereits bewährt (etwa in der Beziehung USA–UdSSR).

Methodische „Kniffe", Gesprächstechniken

Im Laufe einer Konfliktregelung muß es gelingen:
• eine angenehme Atmosphäre zu schaffen;
• die eigentlichen Interessen der Konfliktparteien, die hinter den Standpunkten stehen, herauszuarbeiten;
• einen Schritt aus dem Konflikt heraus zu machen (Metaebene);
• Empathie mit den Gegnern aufzubauen;
• Streitmuster erkennbar zu machen;
• jedem Beteiligten das Gefühl zu geben, verstanden und akzeptiert zu werden.
Um diese Ziele zu erreichen, gibt es eine Vielzahl an Möglichkeiten. Hier eine kleine Sammlung dazu.

Begrüßung, Warming-up

„You never get a second chance to make the first impression" – angenehme Atmosphäre im Raum, freundliches, lockeres und korrektes Begrüßen der Beteiligten, Einbeziehen der momentanen Stimmung (Erwartungen, Anspannung usw.). Es geht um die Schaffung einer angenehmen Gesprächsatmosphäre, die jeden weiteren Schritt erleichtert.

Beobachten

Im Warteraum, während jeder weiteren Gesprächssequenz, bis zum Abschluß der Vereinbarung, sollte man die Körpersprache, den Tonfall und vor allem die Übereinstimmung der verbal geäußerten Inhalte mit Körpersprache und Tonfall im Auge haben. Falls es hier zu Unstimmigkeiten kommt, sind diese sofort anzusprechen, da sich das Gespräch sonst sehr schnell in die falsche Richtung entwickelt – wenn z.B. über die Höhe des Schmerzengeldes geredet wird, es aber eigentlich es darum geht, daß die Art der Entschuldigung weiteren Ärger ausgelöst hat.

Zirkuläres Fragen

Man stellt dem jeweils anderen die Frage, warum oder wie der andere dies tun, sagen, glauben oder fühlen würde. Solche Fragestellungen fördern die Empathie (das Einfühlungsvermögen) mit dem Konfliktgegner.

Humor, provokative Gesprächsführung

Wenn ein guter Gesprächskontakt hergestellt ist, kann ein humorvolles Überzeichnen der Standpunkte und Einstellungen die Beteiligten auf angenehme Weise dazu bringen, sich auf eine Metaebene zu begeben. Ein Gespräch über den Konflikt ist erst möglich, wenn es den Konfliktparteien gelingt, einen Schritt aus diesem heraus zu machen und aus einiger Distanz darüber zu sprechen. Wenn ein Standpunkt provokativ überzeichnet wird, absurde Lösungsvorschläge eingebracht werden, wird der Gesprächspartner dazu gebracht, dieses verzerrte Bild selber zu korrigieren.

Metaphern

Wenn das Muster einer Konfliktdynamik erkennbar wird, können Geschichten, die dieses Muster aus einer anderen Perspektive beleuchten, den Schritt auf die Metaebene bewirken. Die Beteiligten können das Muster dann besser erkennen und daran arbeiten, dieses zu verändern. Geschichten sprechen eine tiefere Bewußtseinsebene an und umgehen deswegen Widerstände, die bei einem direkten Ansprechen des Musters entstehen würden.

Reflecting Team

Zwei Konfliktregler erzählen einander ihre Gedanken, Gefühle, Interpretationen oder Phantasien zu dem laufenden Gespräch. Dies ist indirekte Kommunikation – die Beteiligten werden nicht direkt angesprochen, sie können sich aussuchen, ob und worauf sie reagieren wollen. Auch so werden Widerstände umgangen, können Standpunkte verändert, Muster erkennbar gemacht oder heikle Themen angesprochen werden.

Coaching

Wenn bei einem Konflikt ein Machtgefälle zwischen den Beteiligten erkennbar ist (z.B. Vater–Tochter, Lehrer–Schüler usw.), kann ein Konfliktregler den Schwächeren coachen, d.h., er übernimmt die Rolle, diesen zu stärken und seine Position besser auszudrücken.

Mikroanalyse

Mit dieser Technik können festgefahrene Kommunikationsstrukturen aufgezeigt und verändert werden. Dabei wird eine Konfliktsituation in ihre Einzelteile zerlegt (Verhalten, Gefühle, Intentionen). Beide Parteien unterziehen ihren Anteil am Geschehen dieser Analyse und vergleichen dies anschließend mit der Wahrnehmung des jeweils anderen.

U-Prozedur

Vom konkreten Verhalten ausgehend, wird untersucht, welche „Mottos" (ungeschriebene Regeln) dahinterstehen, wie diese verändert werden könnten, um ein gewünschtes Verhalten zu erreichen.

Fiktiver Abschluß

In festgefahrenen Situationen, wenn sich die Beteiligten aufgrund kleiner Differenzen nicht sicher sind, ob sie sich einigen wollen, kann ein positiver und ein negativer Ausgang der Konfliktregelung im Rollenspiel durchgespielt werden. – Die Beteiligten können dann wählen, welche Variante ihnen lieber ist.

Dimensionalisieren

Differenzieren von Aussagen und Standpunkten. Dabei werden Standpunkte in möglichst kleine Teilbereiche zerlegt und einzeln beurteilt – „Er ist ein unmöglicher Chef" wird zu „Er kann nicht gut delegieren".

Dekonditionieren

In einem Einzelgespräch werden Situationen untersucht, in denen die Konfliktpartei „ferngesteuert" reagiert, d.h., auf bestimmtes Verhalten ihres Kontrahenten mit einem ganz bestimmten Reaktionsmuster antwortet. Das Verhalten wird beschrieben und vorgezeigt, Verhaltensalternativen werden entwickelt und mit dem „Ersatzspieler" Konfliktregler durchgespielt.

Extreme Standpunkte

Hier geht es darum, provokativ verhärtete Standpunkte zu flexibilisieren. Jeder wird aufgefordert sich auszumalen, wie ein noch extremerer Standpunkt seines Gegners aussehen könnte. Daraufhin korrigieren die Konfliktparteien selbst die entstandenen Bilder und erklären dabei meist auch die Interessen, die hinter ihren Standpunkten stehen. Der Abstand zwischen den Positionen wird erst wie ein Gummiband gedehnt, um dann „zurückzuschnalzen".

Resümee

Dies ist ein grober Überblick über die Arbeitsweisen beim Außergerichtlichen Tatausgleich. Wieviel diese Herangehensweisen mit den Mitteln der „klassischen Mediation" zu tun haben, wird unterschiedlich bewertet. Es handelt sich um eine Mischung verschiedenster Konfliktregelungsmodelle und eigener Entwicklungen, die sich über die Jahre hinweg in der Praxis bewährt haben. Österreichweit werden etwa 10.000 Konfliktfälle pro Jahr im Rahmen des Außergerichtlichen Tatausgleichs bearbeitet.

Literatur
Berkel, K. (1997): Konflikttraining – Konflikte verstehen und bewältigen. 5. Aufl. Heidelberg
Fischer, R. & Ury, W. & Patton, B. (1996): Das Havard-Konzept. Sachgerecht verhandeln – erfolgreich verhandeln. Frankfurt a.M./New York
Glasl, F. (1997) Konfliktmanagement. Ein Handbuch für Führungskräfte, Beraterinnen und Berater. 5. Aufl. Stuttgart/Bern
Schwarz, G. (1995): Konfliktmanagement. Sechs Grundmodelle der Konfliktlösung. Wiesbaden
Ury, W. & Brett, J. & Goldberg, St. (1991): Konfliktmanagement. Wirksame Strategien für sachgerechten Interessensausgleich. Frankfurt a.M./New York
Watzke, E. (1997): Äquilibristischer Tanz zwischen Welten. Neue Methoden professioneller Konfliktmediation. Bonn

Ed Watzke

Das gemischte Doppel[1]

Ein Modell für Co-Mediation in Paar- und Beziehungskonflikten im Außergerichtlichen Tatausgleich

„I will always love you ..."
  (Whitney Houston)
„Die bürgerliche Liebesheirat ist eine perverse Obsession."
  (Georges Bataille)

Liebesgeschichten und Heiratssachen (Nestroy) geben seit jeher den Stoff für Dramen verschiedenster Art. Wer hätte nicht welche am eigenen Leib, an eigener Seele durchlebt, durchliebt, durchlitten?

Marcel Proust meint, wir verlieben uns nicht in Menschen – wie wir glauben mögen –, sondern in Situationen, in Szenarien und versuchen – meist vergeblich und verzweifelt – ein Leben lang bestimmte Menschen in diese Szene zu zwängen. Die Objektwahl ist bereits der Beginn eines Dramas, das sich aus der Differenz zwischen inneren, weitgehend unbewußten Bildern einer Beziehung und den realen Ausprägungen ergibt. „Die beiden größten Fehlerquellen in den Beziehungen zu einem anderen Wesen ergeben sich daraus, daß man (...) eben jenes andere Wesen liebt. Man liebt auf ein Lächeln, einen Blick, eine Schulter hin. Das genügt; dann, in den langen Stunden der Hoffnung und der Trauer, stellt man sich selbst eine Person her, man komponiert sich einen Charakter für sie. Später aber findet man immer wieder zu der geliebten Person zurück; man kann dann nicht mehr, welchen grausamen Wirklichkeiten man auch gegenübersteht, den guten Charakter, die Natur einer liebenden Frau einem Wesen wegnehmen, das jenen bestimmten Blick und jene bestimmte Schulter hat, ebensowenig wie wir von einer alternden Person, die wir von Jugend an kennen, diese Jugend jemals fortzudenken vermögen" (Marcel Proust: Auf der Suche nach der verlorenen Zeit, 3474).

An anderer Stelle äußert sich derselbe Erzähler über die Objektwahl aus der Sicht Außenstehender so: „Wenn Leute zudem, deren Herz nicht unmittelbar im Spiel ist, über die Liebesverbindungen, die man vermeiden sollte, oder schlechte Ehen so zu urteilen pflegen, als sei man frei, selbst auszuwählen, was man zu lieben gedenkt, stellen sie die köstliche Zauberprojektion der Liebe nicht in Rechnung, die so völlig und so ausschließlich die Person umwebt, in die man sich verliebt, daß die ,Dummheit', die ein Mann begeht, wenn er eine Köchin oder die Geliebte seines besten Freun-

[1] *Dieser Beitrag ist eine leicht veränderte Fassung eines Kapitels der Publikation „Äquilibristischer Tanz zwischen Welten. Neue Methoden professioneller Konfliktmediation" (Bonn 1997) und erscheint hier mit freundlicher Genehmigung des Forum Verlags Godesberg.*

des heiratet, im allgemeinen die einzige poetische Handlung darstellt, die er im Laufe seines Lebens begeht" (Proust, 3680).

Laut Freud verlieben sich Menschen hauptsächlich auf zweierlei Arten. Es gibt den narzißtischen Typus, der im Partner immer sich selbst oder Projektionen seiner selbst sucht, und es gibt den Anlehnungstyp, der immer wieder Ersatz für ein früheres Liebesobjekt – zumeist die Mutter – sucht. Es wird also „die Anwesenheit eines Abwesenden in einem gegenwärtigen Körper geliebt" (Theweleit 1990, 27).

Wieso sind immer wieder die Falschen als Paare zusammen? Und dies oft unter Leiden und Qualen? Geht es dabei um Selbstbestrafung? „Der Bereitschaft zur Selbstdestruktion und Selbstbestrafung liegen frühere Ereignisse zu Grunde, die im Körper gespeichert sind, nicht aber im Bewußtsein oder der Erinnerung; Traumata, die verlangen, ausagiert zu werden; die ihre Geschichte nicht anders erzählen können als in wiederholenden Akten; unbewußte Schuldgefühle sind der Speicher im Körper für das, was ein anderer ihm tat" (Theweleit 1990, 49).

Wie auch immer, in den ausgelebten Geschichten kommt es bisweilen zu Szenen, die, dramatisch zugespitzt, außer Kontrolle geraten, eskalieren, in denen Gewalt an Menschen, zumeist an den Frauen, an Sachen ausagiert wird, begleitet von Kränkungen, Verletzungen aller nur erdenklichen Arten. Die Beteiligten, die Nachbarn, Verwandte oder bloße Passanten rufen die Polizei, und wenige Monate später landet der Akt im ATA, im Außergerichtlichen Tatausgleich, und es geht los mit dem gemischten Doppel (GD), der Bearbeitung des Falls.

Das gemischte Doppel

Das GD entsprang nach intensiven und mühsamen Auseinandersetzungen mit Paar- und Beziehungskonflikten im April 1993 meinem Ideenlabor, stand von Anfang an bereits erstaunlich fest auf den Füßen; anfangs skeptisch beäugt, wurde es erprobt, freudig begrüßt, gepflegt, weiterentwickelt. Ursprünglich für Paarkonflikte vorgesehen, wenden wir das GD bei allen Formen von Beziehungskonflikten an, seien die Beteiligten nun Mitglieder einer Familie, Nachbarn o.ä. Mit Ende des Jahres 1996 waren bereits weit über tausend Fälle mit dem GD bearbeitet worden. Die wesentlichen Innovationen im Vergleich zur klassischen Dreischrittmethode waren der Wechsel von diachroner zu synchroner Bearbeitung, die Bearbeitung eines Falls durch zwei Konfliktregler (KR) und der dadurch möglich gewordene gezielte Einsatz indirekter Kommunikation.

Sie brauchen dazu also als KR einen Partner – bei Paarkonflikten tunlichst einen vom anderen Geschlecht –, mit dem Sie in der Tat ein eingespieltes Team abgeben, also gemeinsam an einem Stück Interaktion arbeiten können. Weiters benötigen sie einige Erfahrung – also nichts für Anfänger, schon gar nicht für zwei –, Sicherheit; etwas Spielfreude und Humor sind einem Gelingen sehr zuträglich.

Aufforderung zum Tanz

Eine Live-Demonstration dieses Settings in einem Workshop mit anschlie-
ßender Nachbesprechung und eigenen ersten Versuchen in einem Rollenspiel sind durch nichts zu ersetzen.

Ich versuche Ihnen den Prozeß in groben Zügen zu schildern. Als geeignete Metapher erscheint mir ein Tanz. Beim GD tanzen somit in meinem
choreographischen Bild vier Personen, zwei Paare – zwei Männer, zwei
Frauen –, einen Interaktionstanz, der mit der Begrüßung beginnt und mit
der Verabschiedung endet. Dazwischen tanzen die vier, mit bestimmten
Rollen, Erwartungen, Interessen, Einschränkungen sowie Routine versehen, in verschiedensten Zusammensetzungen verschiedene Figuren.

Figuren sind in sich geschlossene Bewegungsabläufe, bestimmte Schritt-
folgen, in unserem Fall Interaktionssequenzen, die, je nach Können, Repertoire, Problemlagen, jeweils spezifisch ausgeformten Gegebenheiten, im
konkreten Einzelfall in die Choreographie aufgenommen werden oder
nicht. Mit anderen Worten: Kein GD gleicht exakt dem anderen. Gewisse
Figuren jedoch sind für uns unverzichtbarer Bestandteil jedes GD. Das gilt
natürlich insbesondere für die Begrüßung. (Remember: You never get a second chance to make a first impression!)

In dieser kurzen, aber mitunter körpersprachlich bereits sehr informati-
ven Figur stehen sich also erstmals das Klientenpaar (KLP) und das Konfliktreglerpaar (KRP) gegenüber, um sich unmittelbar nach der Begrüßung
zu einem Männerpaar und einem Frauenpaar zu formieren. Sie ver-
schwinden in verschiedenen Räumen und führen jeweils ein Einzelgespräch.

Einzelgespräch

Bei diesem Abschnitt geht es u.a. darum, den Kontext des Gesprächs zu klären, zu informieren, die Bereitschaft zu und das Interesse an einem Außer-

gerichtlichen Tatausgleich (ATA) von seiten des Klienten abzuklären und Beziehung herzustellen (Warming-up).

Für die Bearbeitung des' Konflikts dient mir als Gesprächsleitfaden die sogenannte ATA-Kontext-Zwiebel (siehe Grafik links unten).

Im Kern steht das Ergebnis der polizeilichen Ermittlungsarbeit, die Tathandlung. Nach allen Regeln der Kunst klientenzentrierter Gesprächsführung geht es darum, vom Klienten (KL) möglichst authentisch seine Sicht der Dinge, sein Erleben, seine Wertungen etc. zu erfahren, also etwa folgende Fragen zu beantworten:

• Wie wurde das Delikt, die Tathandlung erlebt?

• Die Tat im Kontext der Beziehung: Wie häufig kommen ähnliche Szenen vor? Ursache? Folgen? Einschätzung und Dauer der Beziehung, Änderungswünsche, Alternativen etc.

• Die Beziehung und der Vorfall im Kontext des nahen sozialen Umfeldes: Eltern, Kinder, Freunde, Verwandte.

• Die Beziehung und der Vorfall im Kontext des weiteren' sozialen Umfeldes: Nachbarn, Schicht, Subkultur.

• Die Beziehung und der Vorfall im Kontext allgemeingültiger Normen: Staat, Gesetz, Recht.

Dies ist eine inversive Ermittlungsarbeit, in gewisser Weise eine Umkehrung der behördlichen Vorgangsweise. Dabei soll sich der KR jeglicher persönlicher Wertungen tunlichst enthalten. Sehr wohl jedoch kann und soll er Differenzen zwischen Normen und Werten des KL und jenen seines näheren und weiteren sozialen Umfelds bzw. des Gesetzes nachfragen und ansprechen.

Wie auch immer, am Ende dieses Erstgesprächs finden wir jeweils eine Geschichte vor, die sich um den angezeigten Vorfall rankt und die möglichst klar und verständlich das Erleben, die Sichtweise und den Standpunkt des Betroffenen wiedergeben sollte. Damit hat das Einzelgespräch (EG) von Frau zu Frau und Mann zu Mann ein Ende. Die KL werden jeweils noch im EG vom weiteren Fortgang des Prozesses informiert, etwa so:

„Wir wechseln nun, wie bereits bei der Begrüßung angekündigt, den Raum und setzen uns zu viert zusammen. Vorerst dürfen und müssen Sie ausschließlich zuhören. Ich werde nämlich meiner Kollegin Ihre Geschichte erzählen, und diese wird mir die Geschichte Ihrer Frau erzählen; danach haben Sie selbstverständlich ausreichend Gelegenheit, dazu Stellung zu nehmen. Auch wenn es Ihnen schwerfällt, unterbrechen Sie uns nicht, hören Sie vorerst nur zu."

In besonderen Fällen, wenn das GD nicht wie üblich fortgeführt werden kann, z.B. wenn die Frau unter besonderem Druck steht, keinen ATA will oder es notwendig erscheint, bestimmte Themen auszublenden, treffen sich beide KR zu einer Unterredung, um das weitere Procedere abzuwägen. Dies geschieht jedoch in der Praxis selten. Nun zur nächsten Figur, bereits im Geviert, dem Geschichtenspiegel.

Geschichtenspiegel

Dabei und für den weiteren Verlauf des GD hat sich folgende Sitzordnung bewährt:

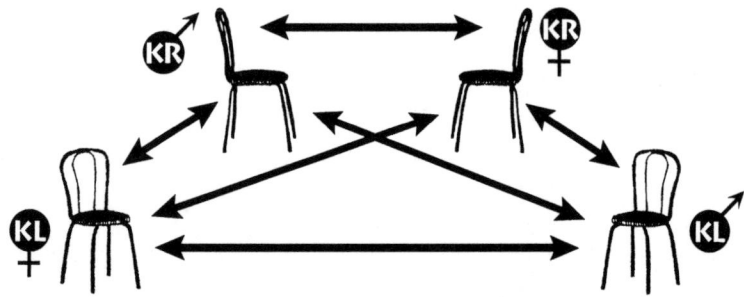

Die KR wenden sich nun demonstrativ von den KL ab und einander zu, um sich *face to face* abwechselnd das in den EG jeweils Gehörte, in einer Geschichte zusammengefaßt, zu erzählen. Dabei gibt es keinen Blickkontakt mit den KL, die KR verhalten sich so, als wären sie ohne die beiden KL im Raum. Bei den Geschichten enthalten sie sich strikt persönlichen Wertungen, Interpretationen und Stellungnahmen jeglicher Art. *Schnitt.* Das Konfliktreglerpaar (KRP) wendet sich demonstrativ voneinander ab – etwa 90-Grad-Drehung in der Sitzposition – und ebenso demonstrativ dem Klientenpaar (KLP) zu. Es folgt die Figur der Spiegelkorrektur.

Spiegelkorrektur

Nun erfolgt die Spiegelkorrektur, und zwar die der Coverversion der eben aus dem Munde des EG-Partners vernommenen eigenen Geschichte. Auf die Geschichte des jeweils anderen darf zu diesem Zeitpunkt nicht eingegangen werden. Die KL werden also nacheinander aufgefordert, Stellung zu nehmen; etwa so:

„Sie haben jetzt eben Ihre Geschichte aus meinem Mund bzw. dem Mund meiner Kollegin gehört. Was wurde vergessen, falsch wiedergegeben, überzeichnet, was möchten Sie ergänzen, streichen, was hervorheben etc.?"

Diese Figur dauert so lange an, bis beide KL sich in ihrer Geschichte wiederfinden und sich voll mit ihr identifizieren können.

Schnitt. Pause. An dieser Stelle ersuche ich Sie, liebe Leser, mit mir aus dem GD auszusteigen, um einen kurzen theoretischen Exkurs zu unternehmen. Wir werden danach wieder an derselben Stelle in den Prozeß des GD zurückkehren.

Exkurs zum binokularen Wandel

Vorbild für diese Interaktion ist die Theorie des binokularen Sehens von Gregory Bateson in seinem Buch „Geist und Natur" (Bateson 1990). Nach dieser entsteht unser plastisches Bild, die Wahrnehmung der dritten Dimension, durch die Überlagerung von zwei Abbildern, die sich geringfügig unterscheiden (müssen). Deshalb ist das Zwei-Augen-Modell evolutionsgeschichtlich über alle Maßen erfolgreich.

Werden nun in Übertragung dieser Theorie Bilder, Geschichten, Metaphern – als ganze Gestalt wahrnehmbare Einheiten – der jeweils eigenen Sichtweise, Struktur, dem Muster, inneren Bild des KL gegenübergestellt bzw. neben sie gestellt, ergibt sich aus der Differenz der beiden Bilder oft eine neue Sichtweise, die einen Wandel erst ermöglicht bzw. einleitet. Im GD setzen wir bewußt und gezielt an verschiedenen Stellen des Prozesses binokulare Interventionen. Die Coverversions im Geschichtenspiegel sind solche auf zweierlei Ebene: einerseits bezogen auf die Differenz zwischen Erzählung des KL im EG und deren Wiedergabe durch den KR, andererseits bezogen auf die Differenz der beiden korrigierten Geschichten. Ende des Exkurses. *Schnitt.*

Wir kehren wieder in unser Szenario zurück. Unsere Choreographie, die bis zu diesem Punkt in der Regel dem eben geschilderten Muster folgt, erlaubt nun eine ganze Bandbreite, einen Fächer von Figuren, Interaktionen, Interventionen, abhängig vom Repertoire der KR und der konkreten Situation.

Nun haben wir also die beiden Geschichten vor uns. Das KRP macht nun etwas ganz Wichtiges, den Fortgang der Choreographie bestimmendes, nämlich: Es übergibt das Wort und somit das Parkett zur freien Verfügung dem KLP, lehnt sich demonstrativ zurück und tut etwas möglichst konzentriert: beobachten.

Beobachten

Diese Figur kann in ihrer Bedeutung nicht hoch genug eingeschätzt werden. Die Ergebnisse des Beobachtens liefern den Input für die weiteren Interventionen. Was also macht das Paar nach der Aufforderung an das KLP, nun zu zweit einen Tanz – um die Geschichten – aufs ATA-Parkett zu legen?

Das Verhalten der KL, weniger, was sie kommunizieren, sondern eher, wie sie kommunizieren, gibt den KR wertvolle Hinweise zu Hypothesen über ihr Beziehungsmuster:

- Schweigen beide, stehen sie hilfesuchend, verloren auf dem Parkett herum?
- Oder setzt einer der beiden, tief Luft holend, zu einer Pirouette, zu einer Solo-Kür an, ohne auch nur seinen Partner als Mittänzer zuzulassen (komplementär)?
- Oder vollführen sie vor den Preisrichtern (KRP) eine tolle, jahrelang ein-

studierte Paar-Kür, mit Schwung und Elan, Hebefiguren und Todesspirale? Handelt es sich um eine Show-Einlage?

- Tanzen sie abwechselnd, mal der eine, mal der andere, eine Figur, während der jeweilige Nichttänzer sein Gegenüber aufmerksam betrachtet?

- Tanzt jeder von beiden allein für sich los, zwei Solisten, die aus Unachtsamkeit zusammenprallen?

- Oder – eine „beliebte" Figur symmetrischer Beziehungs- und Konfliktdynamik – begeben sich beide bei der Aufforderung zum Tanz sofort – Ring frei – in den Infight-Clinch, mühen sich ab, strengen sich an, blockieren sich gegenseitig, um den anderen am Tanzen zu hindern; auch um den Preis der eigenen Erstarrung?

- Oder – ein häufig auftretendes Muster bei massiven Kommunikationsstörungen – verweigert einer der beiden (komplementär) oder jeder (symmetrisch) den Tanz miteinander, fordert aber permanent den oder die KR zu einem Tänzchen auf?

Von besonderer Bedeutung ist die Beobachtung des Tempos und dessen Variation während des Tanzes. Bewegen sie sich im gleichen Tempo? Wer paßt sich wem an? Und natürlich die Dimension Nähe/Distanz. Eine häufige Figur des Nähe-Distanz-Spiels ist der Kreis-Lauf, wobei der Abstand zwischen beiden immer konstant bleibt, das Tempo der Fort- bzw. Nachbewegung variiert wird – ein zirkulärer Prozeß. *Schnitt. Stopp!* Ende der Beobachtungsphase. Was tun die geübten KR?

Als gelernte Choreographen und eingespieltes Team intervenieren sie, wenn sie meinen, aus der Vorinformation und der Beobachtung der aktuellen Szene ein für die Konfliktlösung relevantes Muster erkannt zu haben. Nach 10, 50, 100 GD schärft sich die Wahrnehmung. Wie wenn man aus grellem Tageslicht in ein verdunkeltes Zimmer kommt. Man ist vorerst von Dunkelheit umgeben, doch das Auge gewöhnt sich an diese, und nach und nach tauchen Konturen aus der Dunkelheit auf, werden Gegenstände sichtbar, Muster erkennbar.

Ich kann und will jetzt nicht detailliert auf die Bandbreite der Figuren, Interventionen und Techniken eingehen. Sie sind abhängig von Qualifikation und Ausbildung, Erfahrung und Kooperation. Es ist ein Repertoire, das man sich aneignet und immer wieder um das eine oder andere Stück erweitert. Ich verwende Elemente der klientenzentrierten Gesprächsführung, familientherapeutische Kleinodien wie zirkuläres Fragen, Reframing, Techniken der provokativen Therapie (F. Farrelly) wie das Eindringen in den inneren Monolog, den Advocatus Diaboli, setze gezielt Humor ein, Elemente des Focusing (G. Gendlin), paradoxes Intervenieren; besonders lieb und wert ist mir die Verwendung von Geschichten, Bildern, Metaphern als Mittel analoger, indirekter Kommunikation (siehe den Exkurs zum binokularen Wandel).

Das Reflecting Team

Diese Figur wird immer dann ins Spiel gebracht, wenn einer der beiden KR dies für notwendig bzw. wünschenswert hält. Sie wird dem KLP demonstrativ, verbal und/oder körpersprachlich angekündigt. Meist genügt ein Blickkontakt, das KRP wendet sich demonstrativ vom aktuellen Parkett ab – wiederum Drehung des Stuhls um etwa 90 Grad, Position wie beim Geschichtenspiegel – und sich gegenseitig zu und wartet, bis das Publikum, also das KLP, verstummt, bis ein möglichst hoher Grad an Aufmerksamkeit erreicht ist. Dann plaudern die beiden KR unter sich darüber – kein Blickkontakt mit den KL –, was ihnen während des Tanzes des KLP so aufgefallen ist, durch den Kopf geht, es fallen ihnen dazu Geschichten, Bilder, Metaphern ein, es werden Vermutungen geäußert, Witze erzählt, böse Unterstellungen als Advocatus Diaboli geäußert, provokative Vorschläge gemacht, etwa was die KL tun könnten, um ihre Lage noch zu verschlimmern, gewagte Interpretationen, absurde Lösungsvorschläge ausgetauscht, die jeweils eigene Befindlichkeit an- und ausgesprochen, allerlei Fragen gestellt, Beratungen über das weitere Vorgehen offengelegt, Vermutungen über den inneren Monolog oder die Gefühlslage der KL geäußert u.v.a.m.

Alle Variationen des Reflecting Teams müssen notwendigerweise mindestens zwei Bedingungen erfüllen:

- Es ist eine Figur, die ausschließlich vom KRP getanzt wird. Interaktionen von seiten der KL werden mit Hinweis auf diese Regel jäh unterbunden.
- Im Reflecting Team werden keine Tatsachen, Wahrheiten, Urteile, Schuldzuweisungen o.ä. ausgesprochen. Alle Aussagen, die die KL betreffen, kommen – dies wird deutlich signalisiert – im Gewande der bloßen Vermutung, der Phantasie, des Räsonierens, bleiben rein hypothetisch, weisen von vornherein jeglichen Anspruch auf Gültigkeit von sich.

Je mehr sie dies tun, desto eher können sie angenommen werden, Eingang finden in die Hirne und Herzen der KL, weil sie so weniger bedrohlich sind. Die Tatsache, daß die KL nicht direkt angesprochen, sondern Zeuge eines Gesprächs werden, in dem zwei andere Phantasien und Vermutungen über ihre Situation austauschen, ermöglicht eine vorsichtige Annäherung an heikle Bereiche, mobilisiert weniger Widerstand. Wenn das Ganze darüber hinaus noch in eine Geschichte verpackt ist, womöglich eine Fabel aus dem Tierreich, zudem humorvoll präsentiert, ja dann scheint jede Bombe entschärft. *Schnitt. Stopp.* Soviel zum Reflecting Team.

Was folgt nach dem Reflecting Team? Der aufmerksame Leser weiß es schon (siehe Redundanz, Musterwiederholung). Richtig! Gewonnen! Das KRP wendet sich demonstrativ voneinander ab – nun kennen Sie diese Figur schon, Sesseldrehung um ca. 90 Grad – und den aufmerksamen KL zu, überläßt ihnen das Parkett, beobachtet, fragt allenfalls nach, ob die KL mit den eben gehörten kühnen Phantasien, abstrusen Vermutungen etwas anfangen können. Damit beginnt ein neuer Abschnitt, hoffentlich dem Ziel ein Stück näher, eine für alle Beteiligten zufriedenstellende Konfliktlösung bzw. Verarbeitung oder Prophylaxe. Das Reflecting Team kann selbstverständlich mehrmals eingesetzt werden.

Die hypothetische Ebene des Reflecting Teams kann, einmal eingeführt, auf die gesamte Interaktion ausgeweitet werden. Das heißt, das KRP führt gewissermaßen das KLP auf ein Parkett für spielerisches Probetanzen, in eine fiktive Als-ob-Realität.

Als-ob-Realität

Hier ist vieles erlaubt, darf humorvoll nahezu alles angesprochen werden. In die Als-ob-Realität führen Sätze, die mit einer Vorbemerkung den Kontext, das Probe-Parkett umreißen und dann fragend, im Konjunktiv, fortfahren, z.B.: *„Ich schlage Ihnen jetzt ein Gedankenexperiment vor, darf ich Sie etwas fragen? Ja? (Kleine Pause, wichtig zur Erlangung der Aufmerksamkeit.) Stellen Sie sich vor, Ihr Mann würde ... Wie würde es Ihnen ergehen, wenn Sie erführen ... Was täten Sie, wenn ..."*

So ist es oft sehr zielführend, besonders bei erstarrten Beziehungs- und ritualisierten Interaktionsmustern, Bewegung und Lockerung, kleine Schrittübungen auf dem Parkett der Als-ob-Realität zu initiieren. Diese Figur ist in den verschiedensten Kombinationen möglich, wobei die Geschlechterdifferenz bei Paarkonflikten mitunter besonders wichtig ist. So ist ein Tänzchen in der Als-ob-Realität um das Rollenbild Mann bzw. Frau unter Gleichgeschlechtlichen ein anderer Diskurs. Ähnliches gilt für die nächste Figur, die ich erwähnen möchte, das Coaching.

Coaching

Ich meine damit „unterstützen", „hilfreich zur Seite stehen", um den KL durch einen für ihn schwierigen, angstbesetzten Prozeß zu begleiten. Hier geht es oft darum, Gefühle zu zeigen, Verletzungen und Kränkungen an- und auszusprechen, Ängste zu formulieren, Reue zu zeigen, um Verzeihung zu bitten und diese zu gewähren, emotionale Erlebnisinhalte auszutauschen. Das Coaching ist auf dem Weg von indirekter zu direkter Kommunikation eine wichtige Zwischenstation. Ich möchte diesen Prozeß schlaglichtartig beleuchten:

Frau M. und Herr M. leiden beide am nicht erfolgten emotionalen Ausgleich. Er liegt beiden im Magen, steigt immer wieder auf, bleibt aber spätestens im Hals stecken, findet keinen Weg nach außen. Deshalb wurde über den Vorfall einfach überhaupt nicht gesprochen, das Leben wurde wiederaufgenommen, als ob nichts gewesen wäre.

Erster Anklang des Themas im Reflecting Team: *„Ich finde die beiden eigentlich bewundernswert, das muß, denke ich mir, eine tolle Beziehung sein, die beiden verstehen sich offenbar so gut, daß sie einfach zur Tagesordnung übergehen und somit die Sache für erledigt betrachten können. Andere Paare müssen sich lange damit beschäftigen, ihre Gefühle und Kränkungen auszutauschen,*

Reue, Entschuldigung, Verzeihen ... Die beiden hier haben dies offensichtlich alles nicht nötig. Siehst du das auch so wie ich?" Schnitt.

Nach dem Reflecting Team frage ich nach (meist erübrigt sich dies, weil meine etwas provokative Thematisierung ohnehin Wirkung zeigt): *„Liege ich richtig mit meiner Vermutung von vorhin?"* Schnitt.

Auf dem Als-ob-Parkett:

An Herrn M.: *„Was glauben Sie, würde Ihre Frau dazu sagen, wie würde sie es aufnehmen, wenn Sie sich bei ihr entschuldigen würden?"*

Herr M.: *„Da bin ich mir nicht sicher ... – aber ich glaube, sie wäre überrascht."*

An Frau M.: *„Wie wäre das für Sie?"*

Frau. M.: *„Ich würde nie eine Entschuldigung fordern, aber wenn sie von Herzen kommt, würde ich mich sehr freuen."*

Zu Herrn M.: *„Sie haben eben gehört, wie Ihre Frau darüber denkt, wie ist das bei Ihnen? Können Sie sich vorstellen, sich bei Ihrer Frau zu entschuldigen? Wie geht es Ihnen bei dieser Vorstellung?"*

Zu Herrn M.: *„Sie haben uns nun schon mehrmals mitgeteilt, daß Sie sich bei Ihrer Frau entschuldigen wollen. Ich sehe, es fällt Ihnen nicht leicht, es wirklich zu tun. Männer fürchten oft, dabei Schwäche zu zeigen. Und doch sind es oft starke Männer, die sich erlauben können, Schwäche zu zeigen, während schwache Männer dazu neigen, zu glauben, unentwegt Stärke signalisieren zu müssen. Hier (mit einer Geste auf Frau M. weisend) sitzt Ihre Frau – starten Sie einen ersten Versuch. Kann ich Ihnen noch irgendwie helfen?"* Schnitt.

Zum Abschluß eine Figur einer paradoxen Intervention, in einer aussichtslosen Pattsituation spontan entstanden – die Klienten sind die größten Lehrmeister – und seitdem Bestandteil meines Figurenrepertoires.

Ein Ehepaar am Ende eines Scheidungskriegs – die Scheidung war bereits vollzogen –, eine heftige symmetrische Eskalationsdynamik. Im GD gingen sie sofort, wann immer möglich, in den Infight-Clinch. Keiner wich auch nur einen Millimeter von seiner Position ab. Gekämpft wurde für die Vernichtung des Gegners, nicht für den eigenen Vorteil. In zwei Stunden ergab sich nur ein einziges gemeinsames Interesse: Sie wollten beide keine Gerichtsverhandlung, verweigerten jedoch beharrlich, da beide Opfer, keiner Täter, jegliche symbolische, emotionale, materielle oder wie auch immer geartete Ausgleichshandlung.

Das reichte uns nicht für einen gelungenen ATA. Nach einem abschließenden Reflecting Team – wir hatten uns ausgiebig unser völliges Scheitern in diesem Fall eingestanden – unterbreitete ich dem Paar einen letzten Vorschlag:

„Ich habe nun letztendlich doch eingesehen, daß es unrecht war, von Ihnen etwas zu verlangen, was außerhalb Ihrer beider Möglichkeit liegt, nämlich irgendeine Versöhnungsgeste zu setzen, die sich ausschließlich auf diesen Vorfall bezieht, also auf ein kleines Scharmützel in einem viele Jahre geführten Ehekrieg. Ich habe lange gebraucht, nun aber begriffen: Sie sind beide überfordert. Mein

Vorschlag ist nun folgender: Nicht für Sie, nein, ausschließlich für uns KR sollten Sie sich, jeder für sich, ein Versöhnungsritual ausdenken – wir verlassen den Raum und kommen in zehn Minuten wieder – und uns dieses vorspielen. Sie tun so, als ob Sie sich bezüglich dieses Vorfalls ausgleichen, versöhnen würden. Wir alle wissen, daß dies nicht echt ist. Die Versöhnung gilt also nicht zwischen Ihnen, diese Darstellung erfüllt aber in Ihrem Fall die formalen Mindestanforderungen, damit wir ihn positiv abschließen können."

Gesagt, getan, wir gingen aus dem Raum, kehrten nach zehn Minuten zurück, nahmen Platz, lehnten uns zurück und forderten das Paar auf, mit der Vorstellung zu beginnen.

Nach einem Einverständnis bezeugenden Blickkontakt zwischen beiden sagte uns der Mann: *„Wir haben die Aufgabe gemeinsam besprochen und mehrere Versöhnungsrituale überlegt, sind aber sehr bald übereinstimmend zur Überzeugung gelangt, daß es uns nicht möglich ist, Ihnen solches vorzuspielen. Wir können es nicht, es geht einfach nicht. In dieser Situation haben wir beschlossen, uns wechselseitig wirklich, also ehrlich gemeint, zu entschuldigen, in dem wir uns die Hand reichen und die Entschuldigung aussprechen."*

Das taten sie dann auch, und ihre Körpersprache ließ keinen Zweifel an der Echtheit der Geste. *Schnitt.*

Soweit meine Ausführungen zum GD. Ich möchte diesen Abschnitt mit jenen drei Fragen abschließen, die wir am Ende des GD an die KL richten:

• Mit welcher Erwartung, in welcher Stimmungslage sind Sie heute hierhergekommen?

• Wie haben Sie diesen Prozeß erlebt, wie ist es Ihnen in den Gesprächen gegangen?

• Was hat sich für Sie verändert, in welchem Zustand gehen Sie nun wieder weg?

Bei Zustandekommen einer Vereinbarung wird diese schriftlich fixiert, Bestandteil des Akts, und den KL in Kopie mitgegeben. *Schnitt.* Verabschiedung.

Auf Wiedersehen!

Literatur

Bateson, G. (1990): Geist und Natur, eine notwendige Einheit. Frankfurt/M.
Farelly, F. (1986): Provokative Therapie. Berlin
Gendlin, G. (1981): Focusing. Salzburg
Höfner, E. & Schachtner, H. (1995): Das wäre doch gelacht. Reinbek bei Hamburg
Proust, M. (1989): Auf der Suche nach der verlorenen Zeit. Frankfurt/M.
Theweleit, K. (1990): Objektwahl. Über Paarbildungsstrategien & Bruchstück einer Freudbiographie. Basel/Frankfurt a.M.

Siegfried Suppan

Die Watschn
Ein strafrechtlich relevanter Vorfall als Ausgangspunkt für eine Familienmediation im Außergerichtlichen Tatausgleich

Anhand der folgenden Dokumentation einer konkreten Fallbearbeitung sollen allgemeine Prinzipien des Außergerichtlichen Tatausgleichs als Anwendungsgebiet mediativer Konfliktbehandlung sichtbar werden.

Peter Schubert[1] ist Gewerbetreibender und hat sein Geschäft, eine Blumenhandlung, mit beträchtlicher finanzieller Hilfe seiner Eltern Josef und Maria Schubert seit rund sechs Monaten in Betrieb (Bargeld in Höhe von 150.000, Hypothek auf das Elternhaus in Höhe von 700.000 und Bürgschaft für weitere 300.000 Schilling). Eine Bedingung für die Unterstützung der Eltern war, daß sie als Hilfskräfte im Freigelände bzw. „Hausbesorger" im Unternehmen mitarbeiten dürften.

Peter Schuberts Eltern, sein Bruder Martin, seine Lebensgefährtin Eva Schiller, deren Eltern und Geschwister haben bei der Adaptierung der Geschäftsräumlichkeiten vor der Eröffnung mitgeholfen, wobei es zu ersten Meinungsverschiedenheiten zwischen den beiden Familien gekommen ist, die schließlich darin mündeten, daß Peter Schubert seinen Vater nach einer lautstarken verbalen Auseinandersetzung mit den Eltern von Frau Schiller aus dem Geschäft verwies und ein Hausverbot gegen ihn aussprach.

Maria und Martin Schubert arbeiteten weiter als Hilfskräfte im Betrieb mit, ebenso wie Eva Schiller als Verkäuferin. Die Situation wurde aber zunehmend schwieriger, bis es zwischen den Brüdern Schubert zu einem Streit wegen eines falsch gepflegten Gartenbeets kam. Maria Schubert mischte sich in den Streit ein und ergriff Partei für ihren Sohn Martin, woraufhin ihr Peter Schubert im Affekt eine Ohrfeige versetzte. Nachdem sie sich mit ihrem Gatten besprochen hatte, brachte Frau Schubert den Vorfall zur Anzeige und kündigte, so wie Martin Schubert, schriftlich das Dienstverhältnis mit ihrem Sohn.

Nach Vorliegen der Erhebungsergebnisse der Gendarmerie wurde von der Staatsanwaltschaft in Person des zuständigen Bezirksanwalts ein Strafverfahren wegen Verdachts der Körperverletzung gegen Peter Schubert eingeleitet und die Angelegenheit mit dem Ersuchen um die Durchführung einer Konfliktregelung an den Außergerichtlichen Tatausgleich weitergeleitet.

---

[1] *Namen und sonstige Identifikationsmerkmale wurden geändert.*

Erstgespräch mit Peter Schubert

In der Regel wird bei der außergerichtlichen Bearbeitung von strafrechtlich relevanten Vorfällen zunächst mit dem Verdächtigen[2] Kontakt aufgenommen, um in einem ersten Gespräch abzuklären, inwieweit er die Verantwortung für das ihm zur Last gelegte Delikt übernimmt und ob er bereit ist, die weiteren an die Einstellung des Strafverfahrens geknüpften Voraussetzungen zu erfüllen – und zwar, weil die Akten an die Staatsanwaltschaft zurückmittelt werden und von der Verfolgungsbehörde ein Antrag auf Bestrafung gestellt wird, falls er eine gerichtliche Klärung wünscht oder nicht bereit ist, für seine Handlungen einzustehen, angemessene Schadenswiedergutmachung zu leisten und sich mit dem Geschädigten im direkten Gespräch auseinanderzusetzen. Bei erfolgreicher außergerichtlicher Konfliktregelung hingegen erfolgt regelmäßig die Einstellung des anhängigen Strafverfahrens.

Nachdem ihm Inhalt und Zweck des Außergerichtlichen Tatausgleichs sowie dessen Alternativen nahegebracht worden sind, zeigt sich Peter Schubert zunächst sehr ungehalten darüber, daß ein Strafverfahren gegen ihn anhängig ist, da er seine Eltern und vor allem seine Mutter als eigentliche „Schuldige" an der gegenständlichen Eskalation ansieht. Trotzdem ist er bereit zu versuchen, die Angelegenheit in diesem Rahmen zu bereinigen und die an ihn gestellten Anforderungen zu erfüllen.

Herr Schubert wird daher gebeten zu erzählen, den Vorfall aus seiner Sicht zu schildern und nach der Ursache bzw. dem auslösenden Moment zu suchen.[3]

Seine Darstellung der Problematik konzentriert sich in erster Linie auf das Verhältnis zwischen seiner Mutter und seiner Lebensgefährtin. Dieses war von Beginn an nicht besonders gut, was er darauf zurückführt, daß Frau Schiller wesentlich älter als er und Mutter von zwei Kindern ist und seine Mutter nicht nachvollziehen konnte, warum er eine Lebensgemeinschaft mit ihr einging. Trotzdem blieb der Kontakt zu seinen Eltern aufrecht, und Eva Schiller wurde von ihnen – nach seinen Worten – „hingenommen", aber nicht wirklich akzeptiert. Seine Mutter, sagt er, stehe seiner Lebensgefährtin mit großem Argwohn gegenüber. Diese Grundhaltung habe sich verfestigt, als er beschloß, einen Blumenhandel unter Mitarbeit von Frau Schiller zu eröffnen, und sei in der Folge zu einem zentralen Konfliktpunkt geworden.

Bei der Geschäftseröffnung war Peter Schubert nicht nur auf die finanzielle Unterstützung seiner Eltern angewiesen, sondern auch auf die Mithilfe seiner Familie und der Verwandtschaft von Frau Schiller. Bereits während der Adaptierungsarbeiten am und im Gebäude sah er sich immer wieder mit dem Vorwurf seiner Mutter konfrontiert, daß Frau Schiller bzw. ihre

---

[2] *Aus Gründen der besseren Lesbarkeit wird in der Folge bei allgemeinen Erläuterungen ausschließlich die männliche Form verwendet.*
[3] *Interventionen und Interpretationen des Mediators werden im Folgenden kursiv dargestellt.*

Familie darauf abzielten, den Betrieb an sich zu bringen und das Ehepaar Schubert aus dem Geschäft zu verdrängen – für ihn völlig absurd, da er der alleinige Inhaber des Betriebs war und auch die Buchhaltung selbst führte. Seine Eltern hatten diesbezüglich bereits einen Rechtsanwalt zu Rate gezogen, woraufhin auch ein von diesem intiiertes Gespräch zwischen Eltern und Sohn stattgefunden hatte, das aber ohne konkretes Ergebnis geblieben war. Die unmittelbare Konfrontation der Familien wurde beiderseits vermieden, da sich keine der involvierten Personen davon eine Verbesserung der Situation versprach. Peter Schubert erzählt auch, daß er seinen Vater des Hauses verwiesen habe, als dieser in betrunkenem Zustand Familie Schiller im Geschäftslokal unflätig beschimpft habe.

Da sich seine Darstellung bisher vornehmlich auf die Sachebene beschränkt hat, wird Herr Schubert nun angeregt, auch darüber zu sprechen, wie sich die offensichtlich problematische Situation auf ihn persönlich ausgewirkt hat.

Die Spannungen – insbesondere zwischen Frau Schubert und Frau Schiller – nahmen kontinuierlich zu, und er sah sich immer mehr in einen Loyalitätskonflikt verwickelt, der seinen Höhepunkt in seiner Tätlichkeit gegenüber seiner Mutter fand. Daß er soweit gehen konnte, seine Mutter zu schlagen, erklärt er sich vor allem damit, daß er der komplexen Problematik hilflos gegenüberstand und zu diesem Zeitpunkt keinen Ausweg mehr sah. Einerseits stand er in einem starken Abhängigkeitsverhältnis zu seinen Eltern, zum anderen war aber eine weitere Beschäftigung seiner Mutter im Betrieb für ihn nicht mehr vorstellbar. Genauso war er aber auch auf die Mithilfe seiner Lebensgefährtin angewiesen und wollte ihre Beziehung keinesfalls dadurch gefährden, daß er sie nicht mehr im Unternehmen beschäftigte.

Peter Schubert wird nach seiner ausführlichen Schilderung der Entstehungsgeschichte des Konflikts danach gefragt, was sich in der Zeit seit dem Vorfall ereignet hat und wie sich die familiären Beziehungen in Hinkunft gestalten sollen.

Nachdem seine Mutter und sein Bruder schriftlich gekündigt hatten, gab es keinerlei weiteren Kontakt zwischen ihm und seinen Eltern (es waren in der Zwischenzeit rund drei Monate vergangen). Er begründet dies zunächst damit, daß es ihm aufgrund der außergewöhnlich großen Arbeitsbelastung allein aus zeitlichen Gründen nicht möglich gewesen sei, seine Eltern aufzusuchen. Auf ein allfälliges Ausgleichsgespräch zwischen ihm und seiner Mutter reagiert er vorerst sehr skeptisch, da er sich in erster Linie eine Schadenersatzforderung von ihr und eine Vereinbarung über deren Begleichung erwartet, also zunächst weniger an eine Bearbeitung der Ursachen des Konflikts gedacht hat.

Daraufhin wird ihm nochmals detailliert dargelegt, daß gerade in dieser Konstellation einer der entscheidenden Vorteile des Außergerichtlichen Tatausgleichs gegenüber einer gerichtlichen Klärung darin bestehe, daß auch und vor allem der den Ereignissen zugrundeliegende Konflikt bearbeitet werden könne. Weiters, daß neben der materiellen Wiedergutmachung auch ein emotionaler Ausgleich zwi-

schen den Beteiligten angestrebt würde und die Möglichkeit bestehe, eine Regelung für ungelöste Fragen zu erarbeiten, die eine zukunftsorientierte Grundlage für den weiteren, möglichst friktionsfreien Umgang miteinander darstelle, aber auch dazu beitragen solle, ähnliche Vorfälle in Hinkunft zu vermeiden.

Peter Schubert zeigt sich nun dem vorgeschlagenen Prozedere wesentlich offener gegenüber und äußert den Wunsch, daß auch sein Vater in den Dialog miteingebunden werden solle, da er ihn für den bestimmenden Teil in der Ehe seiner Eltern ansieht und als in die Problematik genauso involviert. Eine Regelung ohne ihn hält er kaum für tragfähig. Darüber hinaus ist in etwa zwei Monaten die Unterschrift von Josef und Maria Schubert für eine Bankgarantie nötig, ohne die die Weiterführung des Unternehmens kaum möglich erscheint.

Da aus seiner Darstellung der Konfliktsituation hervorgeht, daß seine Lebensgefährtin ebenfalls eine bedeutende Rolle darin spielt, wird er gefragt, ob es außer seinem Vater noch weitere Personen gebe, deren Beteiligung an der Konfliktregelung von Vorteil wäre.

Er gibt an, daß er es begrüßen würde, wenn im weiteren Verlauf seiner Lebensgefährtin ebenfalls die Möglichkeit geboten würde, sich an den Gesprächen zu beteiligen, um die Meinungsverschiedenheiten zwischen ihr und seiner Mutter zu thematisieren und womöglich bereinigen zu können.

Dieses erste, relativ lange und intensive Gespräch endet mit der Vereinbarung, daß Peter Schubert sich überlegen wird, welche Inhalte das Gespräch mit seinen Eltern haben sollte, welche Wünsche an und welche Angebote für seine Eltern er hat und wie der Vorfall zwischen ihm und seiner Mutter ausgeglichen werden könnte. Nach der ersten Verhandlung mit seiner Mutter soll er schriftlich über die weitere Vorgehensweise verständigt werden.

Erstgespräch mit der Geschädigten Maria Schubert

Im Erstgespräch mit dem Geschädigten bei Konflikten im näheren sozialen Umfeld bzw. in der Familie geht es neben der Klärung der Ansprüche vor allem darum herauszufinden, ob auch bei ihm – nach eingehender Erörterung des möglichen Verlaufs und der Inhalte eines Außergerichtlichen Tatausgleichs – die Bereitschaft besteht, sich mit dem Vorfall und der dahinterliegenden Problematik sowie mit dem Verdächtigen unmittelbar auseinanderzusetzen.

Maria Schubert wird beim ersten Treffen zunächst der Kontext des Gesprächs erklärt und dann mitgeteilt, daß bereits eine Unterredung mit ihrem Sohn stattgefunden habe und er an einer außergerichtlichen Erledigung des Vorfalls großes Interesse habe. Ihre Bereitschaft, sich an der Konfliktregelung zu beteiligen, wird erfragt, wobei sie darauf hingewiesen wird, daß ihre Teilnahme freiwillig sei und sie jederzeit die Möglichkeit habe, diese zu beenden. Nach ihrer prinzipiellen Zustimmung wird sie dazu eingeladen, ihre Sichtweise der Ereignisse darzulegen.

Obwohl seit dem Vorfall einige Monate vergangen sind, ist sie noch immer sehr betroffen darüber, daß ihr Sohn tätlich gegen sie werden konnte.

Sie macht ihn dafür aber nur zum Teil selbst verantwortlich und meint, daß er nur durch die negative Beeinflussung seiner Lebensgefährtin so weit habe gehen können, seine Mutter zu schlagen – bestätigt also im wesentlichen die Einschätzung ihres Sohnes in puncto der Ursachen des Konflikts.

Sie habe, bekennt sie, von Anfang an Vorbehalte gegenüber Frau Schiller gehabt und ihr Mißtrauen spätestens dadurch bestätigt gefunden, daß sich Frau Schiller bzw. deren Familie bereits während der Sanierungsarbeiten im Geschäft „wie die Besitzer aufspielten", woraus sie schloß, daß es deren Bestreben sei, die Familie Schubert möglichst schnell aus dem Betrieb zu verdrängen und die finanzielle Gebarung zu verschleiern, um dann selbst von den Gewinnen zu profitieren.

Bis dahin bezieht sich die Erzählung von Frau Schubert in erster Linie auf Frau Schiller und deren Familie. Sie wird daher danach gefragt, wie sich diese Problematik auf die Beziehung zu ihrem Sohn ausgewirkt habe.

Besonders kränkend war für sie in diesem Zusammenhang das Verhalten ihres Sohnes. Er vermittelte ihrer Wahrnehmung nach den Mitgliedern der Familie Schiller seine Wertschätzung wegen ihrer Mithilfe, während er den Beitrag der eigenen Familie als selbstverständlich hinnahm. Sie – und nach ihrem Eindruck auch ihr Ehegatte – fühlte sich ungerecht behandelt, da sie wesentlich mehr dazu beigetragen hätten, daß ihr Sohn den Blumenhandel eröffnen konnte, als Familie Schiller. Zum jetzigen Zeitpunkt, sagt sie, fände sie es am besten, wenn Familie Schiller die Haftung übernehme und sie und ihr Gatte nichts mehr mit dem Unternehmen ihres Sohnes zu tun hätten. Sie begründet diesen Wunsch unter anderem auch mit der Befürchtung, daß die Bürgschaft aufgrund der Geschäftsgebarung von Frau Schiller schlagend werden könnte, weswegen sie und ihr Mann unter Umständen ihr Haus verlieren könnten. Andererseits ist ihr aber auch klar, daß es – allein aufgrund der Betragshöhe – ziemlich unrealistisch ist, daß Familie Schiller in die von ihr und ihrem Gatten übernommenen Haftungen eintritt.

Es wird nochmals ihre Ansicht festgehalten, daß ihr Wunsch, die finanzielle Verantwortung für den Betrieb an die Familie Schiller abzugeben, kaum zu erfüllen sein würde, und daran die Frage angeschlossen, welche alternativen Lösungen sie sehe.

Frau Schubert bekräftigt daraufhin, daß sie eine Klärung der Situation für dringend notwendig und ein gemeinsames Gespräch mit ihrem Sohn für unumgänglich halte und – wie Peter Schubert – die Beteiligung ihres Ehegatten an der Konfliktregelung für erforderlich. Unabdingbare Voraussetzung für ihre Bereitschaft mitzuarbeiten ist aber, daß ihr Sohn sie zuallererst um Verzeihung für sein Verhalten bittet. Erst dann kann sie sich vorstellen, mit ihm in konstruktiver Weise an eine Lösungsfindung heranzugehen.

Frau Schubert wird abschließend gefragt, was sie sich von einem Zusammentreffen mit ihrem Sohn erwarte und welches ihre wichtigsten Anliegen seien.

Sie stellt hier klar in den Vordergrund, daß auch ihr sehr daran gelegen sei, das Verhältnis zu ihrem Sohn wieder zu verbessern, da sie nicht daran denke, die Beziehung zu ihm, trotz der Vorkommnisse, dauerhaft abzubrechen. Sie möchte versuchen, zumindest wieder eine Gesprächsbasis zwischen ihnen herzustellen. Selbstverständlich müßten aber auch die finanziellen Angelegenheiten erörtert werden.

Nun wird ihr der Wunsch ihres Sohnes mitgeteilt, auch seine Lebensgefährtin in die in Aussicht genommenen Gespräche einzubinden, mit der Bitte, sich dazu zu äußern.

Ein Zusammentreffen mit Frau Schiller ist für Maria Schubert derzeit noch nicht vorstellbar. Ausschließen möchte sie diese Möglichkeit aber nicht, da sie zugesteht, daß auch Eva Schiller am Konflikt beteiligt ist.

Abschließend wird folgende Vorgehensweise vereinbart: Als nächster Schritt erfolgt ein Ausgleichsgespräch zwischen Mutter und Sohn, das vor allem dazu dienen soll, den konkreten Vorfall, die „Watschn", zu erörtern. Daran anschließend soll eine Unterredung zwischen Peter Schubert und seinen Eltern stattfinden. Sowohl Peter Schubert als auch seine Mutter werden schriftlich vom Termin des Ausgleichsgesprächs in Kenntnis gesetzt.

Ausgleichsgespräch zwischen Peter und Maria Schubert

Dieser Teil der Konfliktregelung dient gewöhnlich dazu, den Beteiligten die Möglichkeit zu bieten, ihrem Gegenüber ihre Sichtweise des Vorgefallenen in unmittelbarer Form darzulegen. Vor allem der Geschädigte hat Gelegenheit, dem Verdächtigen seine Betroffenheit, seine Gefühle (wie Angst, Ärger, Zorn, Gekränktsein etc.) nahezubringen. Dieser wiederum kann die gemeinsame Aussprache zum Anlaß dafür nehmen, sich beim Geschädigten zu entschuldigen und die Beweggründe für sein Verhalten zu schildern. Außerdem dient dieses gemeinsame Gespräch dazu, eine Übereinkunft bezüglich etwaiger Forderungen des Geschädigten zu erzielen und somit auch die Schadenswiedergutmachung zu vereinbaren bzw. durchzuführen, um den Konflikt möglichst umfassend zu bereinigen.

Wie in den beiden Erstgesprächen vereinbart – daran wird zu Beginn nochmals erinnert –, soll der Fokus bei dem Gespräch zwischen Peter Schubert und seiner Mutter möglichst auf den gegenständlichen Vorfall gelegt werden. Peter Schubert wird ersucht, seiner Mutter als ersten Schritt – nunmehr also im direkten Gespräch – seine Sichtweise des Vorfalls zu schildern.

Er versucht zunächst, seiner Mutter zu erklären, welchem Druck er zum Zeitpunkt der Ereignisse ausgesetzt war, und zwar nicht nur in puncto Arbeitsbelastung, sondern auch und vor allem wegen der stets spürbaren Spannung zwischen ihr und seiner Lebensgefährtin, die ihn in einen unlösbaren Loyalitätskonflikt gebracht habe. Heute aber glaube er, daß diese Situation, wer auch immer dafür verantwortlich sei, keine Rechtfertigung für seine Tätlichkeit sein könne. Er bittet seine Mutter daher um Entschuldigung für sein Verhalten, das er sehr bedauert.

Frau Schubert wird zunächst gefragt, ob sie ihrem Sohn verzeihen könne, und gebeten, anschließend ihre Sicht der Dinge zu schildern.

Sie nimmt die Entschuldigung ihres Sohnes an und weist ihn darauf hin, daß sie keine Anzeige erstattet hätte, wenn er nach dem Vorfall Kontakt zu ihr aufgenommen hätte. Da er das aber unterlassen und sie nicht gewollt habe, daß sein Verhalten ohne Konsequenzen bleibe, habe sie diese letzte Möglichkeit, ihn nicht aus seiner Verantwortung zu entlassen, gewählt. Sie schildert ihm auch, wie sehr sie seine Handlung verletzt hat und daß sich das durch sein Schweigen eigentlich noch verstärkt hat. Trotzdem will sie versuchen, ihr Verhältnis wieder zu normalisieren.

Mutter und Sohn werden darauf hingewiesen, daß in den Einzelgesprächen ihre Einschätzung des Hintergrunds der Problematik in weiten Teilen übereingestimmt hätte und sie offensichtlich beide wünschten, daß sich ihr persönliches Verhältnis wieder verbessere, und danach gefragt, ob dieser Eindruck richtig sei.

Beide bestätigen (allerdings, wie sie zugestehen, zum ersten Mal in einem direkten Gespräch), daß sie die Lebensgemeinschaft von Peter Schubert und Eva Schiller als Ausgangspunkt ihres schließlich in die Tätlichkeit des Sohnes gegenüber der Mutter eskalierten Konflikts ansehen. Im nachhinein betrachten es beide als Fehler, daß Mutter und zukünftige Schwiegertochter gemeinsam im Betrieb von Peter Schubert gearbeitet haben. Frau Schubert stellt fest, daß sie jedenfalls nicht mehr dort arbeiten werde. Diese Ankündigung wird von ihrem Sohn zustimmend zur Kenntnis genommen, denn auch er hält diese Form der Konfliktvermeidung für die im Moment praktikabelste.

Die Einbeziehung von Eva Schiller, die bis dahin von Frau Schubert möglichst ausgeklammert wurde, in die weiteren Gespräche wird nach Rückfrage von Frau Schubert nun doch als sinnvoll erachtet. Bevor es aber zu einem solchen Treffen kommt, soll nach Wunsch von Mutter und Sohn ein Gespräch zwischen Peter Schubert und seinen Eltern stattfinden.

Da sich der Außergerichtliche Tatausgleich auch mit der Schadenswiedergutmachung zu befassen hat, wird Maria Schubert abschließend ersucht darzulegen, welche Ausgleichsansprüche sie gegenüber ihrem Sohn geltend machen möchte.

Sie erklärt, daß ihr nicht an einer Schadenersatzleistung ihres Sohnes gelegen sei und sie dessen Entschuldigung und Bereitschaft zur Teilnahme an der Erarbeitung einer Lösung als ausreichenden Ausgleich ansehe.

Dies wird in Form einer schriftlichen Vereinbarung festgehalten, die von beiden Teilen unterschrieben wird und wovon jeder eine Ausfertigung erhält. Josef Schubert wird schriftlich zu einem Gespräch mit seiner Gattin und seinem Sohn eingeladen, wobei ihm die Möglichkeit einer kurzen Vorinformation in einem Einzelgespräch eingeräumt wird, was er auch annimmt. Dieses Gespräch findet unmittelbar vor der gemeinsamen Unterredung mit Peter und Maria Schubert statt. Es beschränkt sich auf die Erklärung der Prinzipien des Außergerichtlichen Tatausgleichs und die Begründung, warum auch er, als am Vorfall nicht unmittelbar Beteiligter, eingeladen wurde, an der Konfliktregelung teilzunehmen. Schließlich wird er nach seiner Bereitschaft gefragt, aktiv an einer Lösungsfindung mitzuarbeiten, was er bejaht.

Erstes Gespräch mit der Familie Schubert

Zu Beginn des ersten Gesprächs mit der Familie werden zwischen Konfliktregler und Beteiligten die Kommunikationsregeln (Leitung des Gesprächs durch den Konfliktregler, keine Unterstellungen, keine Unterbrechungen, korrekter Ton etc.) vereinbart.

Am Anfang steht eine Themensammlung und die Auswahl der für diesen Termin in Aussicht genommenen Gesprächsinhalte unter der Anwendung der Methode des Dimensionalisierens nach Glasl (Glasl 1998). Dabei werden pauschale Standpunkte in verschiedene „Dimensionen" aufgelöst, womit die vorhandene Erstarrung aufgeweicht und die eigentlichen Kernthemen herausgefunden werden sollen. Als erster und für alle vordringlichster Punkt wird ein Gespräch zwischen Vater und Sohn festgelegt; im Anschluß daran soll die finanzielle Unterstützung durch Josef und Maria Schubert besprochen werden. Am Gespräch zwischen Vater und Sohn möchte Frau Schubert nur als Zuhörerin teilnehmen, was sie mit ihrem Gatten bereits im Vorfeld vereinbart hat. Damit ist auch Peter Schubert einverstanden.

Die Unterredung zwischen Vater und Sohn verläuft zunächst in sehr hektischer Atmosphäre, vor allem, weil Josef Schubert seine Mißbilligung des Verhaltens von Peter Schubert oft mit Unterstellungen und mitunter recht lautstark äußert.

Hier erweisen sich die Gesprächsregeln als sehr hilfreich, da Josef Schubert mit Hinweis auf diese meist dazu bewegt werden kann, sich in korrektem Ton zu äußern – ohne daß ihm die Möglichkeit genommen wird, seinem Ärger Ausdruck zu verleihen (allerdings mit Rücksicht darauf, daß die Situation auch für Peter Schubert erträglich bleibt). Offensichtlich gründet die Enttäuschung des Vaters in dem Verhalten des Sohnes gegenüber seiner Mutter. Die Tatsache, daß er selbst von seinem Sohn aus dem Geschäft „geworfen" wurde, ist aber von mindestens ebenso großer Bedeutung.

Josef Schubert gibt seinen Eindruck wieder, daß sein Sohn die Unterstützung seiner Eltern bislang geringgeschätzt habe, und hält fest, daß er nicht daran denke, die für die Verlängerung der Bankgarantie erforderliche Unterschrift zu leisten. In dieser Haltung zeigt er sich sehr bestimmt und unnachgiebig. Er untermauert dies mit der Bekanntgabe, einen Rechtsanwalt damit beauftragt zu haben, eine Möglichkeit zu finden, aus der Haftung für das Unternehmen entlassen zu werden und seine Arbeitsleistungen von Peter Schubert angemessen honoriert zu bekommen. Er ist sehr enttäuscht darüber, daß sein Wunsch, an seinem Lebensabend als „Ausgleichsbeschäftigung" im Unternehmen seines Sohnes mitzuarbeiten (was, wie oben erwähnt, einer der Hauptgründe für seine finanzielle Unterstützung war), nunmehr unerfüllt ist. Außerdem beschreibt er seinen Sohn als völlig von dessen Lebensgefährtin beeinflußt und zu keiner eigenständigen Entscheidung fähig und führt die stetige Verschlechterung des Verhältnisses zwischen Eltern und Sohn zu einem großen Teil darauf zurück.

Augenfällig ist, daß Josef Schubert jeden Blickkontakt mit seinem Sohn vermeidet und nach Möglichkeit ausschließlich mit dem Konfliktregler spricht. Als er darum gebeten wird, kann (oder will) er die direkte Kommunikation nur für sehr kurze Zeit durchhalten, um dann wieder in seinen alten Stil zurückzufallen.

Auf die durch seinen Vater vorgebrachten Vorwürfe, insbesondere, daß er „das Werkzeug" von Frau Schiller sei, reagiert Peter Schubert in ebenso heftiger Form, und es bedarf einiger Interventionen, um die beiden Streitteile zur Einhaltung der vereinbarten Gesprächsregeln zu bewegen.

Peter Schubert kündigt sogar an, den Raum zu verlassen, und hat sich bereits von seinem Stuhl erhoben, kann dann aber mit dem Hinweis, daß er sich dadurch unter Umständen um die Möglichkeit bringe, eine Regelung zustande zu bringen, doch dazu motiviert werden, das Gespräch wiederaufzunehmen. Er wird gebeten, seinem Vater zu erklären, warum er ihn seinerzeit aus dem Geschäft verwiesen hat.

Peter Schubert kann seinem Vater das Dilemma seiner verschiedenen Abhängigkeiten darlegen und entschuldigt sich bei ihm dafür, daß er ihn aus dem Geschäftslokal gewiesen hat. Er begründet sein Verhalten damit, daß er keine Handlungsalternativen gesehen habe, um die Streitigkeiten zwischen den beiden Familien zu beenden, und daß er befürchtet habe, daß sich eine Wiederholung dieser Vorkommnisse negativ auf den Geschäftsgang auswirken könnte.

Da sein Vater sich dazu zunächst nicht äußert, wird er gefragt, ob er die Entschuldigung seines Sohnes annehmen könne.

Josef Schubert will diese Entschuldigung vorerst nicht annehmen und beharrt darauf, aus der finanziellen Verantwortung für den Betrieb entlassen zu werden und seine Arbeit honoriert zu bekommen. An diesem Punkt bringt sich Frau Schubert mit der Bemerkung wieder in die Diskussion ein, daß sie den Eindruck habe, daß ihr Gatte seinem Sohn zum jetzigen Zeitpunkt noch nicht verzeihen könne, da sein Stolz dies nicht zulasse.

Dem widerspricht Josef Schubert auf direkte Nachfrage nicht, weshalb nochmals seine grundsätzliche Gesprächsbereitschaft erfragt wird, was er allerdings bejaht.

Daraufhin wird Peter Schubert gebeten, seine Vorstellungen und Wünsche bezüglich der Weiterführung seines Betriebs und des zukünftigen Verhältnisses zwischen ihm und seinen Eltern darzustellen.

Er legt ein klares Bekenntnis ab, alles daran setzen zu wollen, daß die Blumenhandlung möglichst profitabel wird, und führt dazu nicht nur sein Interesse an einem möglichst großen Einkommen an, sondern betont auch, sein Elternhaus keinesfalls gefährden zu wollen. Seinen Eltern versucht er nochmals zu erklären, daß ihre Befürchtungen, Frau Schiller oder deren Familie könnten sich in irgendeiner Weise ungerechtfertigt bereichern, nicht begründet seien. Er stellt fest, daß die Angehörigen von Frau Schiller seit geraumer Zeit nicht mehr im Geschäft tätig seien und die Eltern seiner Lebensgefährtin lediglich manchmal zu Besuch kämen.

Als „vertrauensbildende Maßnahme" macht er den Vorschlag, seinen Eltern uneingeschränkten Zugang zur Buchhaltung zu gewähren, um ihnen die unmittelbare Kontrolle seiner Geschäftsgebarung zu ermöglichen. Darüber hinaus kann er sich nicht nur vorstellen, daß sein Vater wieder im Betrieb mitarbeitet, sondern würde es sogar begrüßen, wieder mit dessen Unterstützung rechnen zu können. Er möchte den Betrieb auf jeden Fall weiterführen, was aber nach seiner Einschätzung nur möglich sein wird, wenn sein Vater bereit ist, ihm dabei zu helfen.

Peter Schubert kann dazu motiviert werden, seinen Eltern trotz der zunächst strikten Weigerung seines Vaters, Entgegenkommen zu zeigen, wiederholt Kreditangebote zu machen und – im Sinne der „GRIT-Taktik", bei der durch „kleine Kreditangebote" einseitig eine Entspannung der Situation initiiert wird (Osgood 1966) – auf eine Abweisung mit einem weiteren Vorschlag seinerseits zu reagieren.

Als zumindest ebenso bedeutsamen Punkt streicht Peter Schubert heraus, wieder ein besseres Einverständnis mit seinen Eltern abseits aller geschäftlichen oder finanziellen Belange anzustreben, und er bittet sie daher, „ihm noch eine Chance zu geben".

Nachdem ihr Sohn seine Ideen vorgebracht hat, wird den Eltern nacheinander Gelegenheit geboten, sich dazu zu äußern, wie sie sich den künftigen Umgang mit ihrem Sohn vorstellen und ob und in welcher Form sie in die Führung des Unternehmens eingebunden werden wollen.

Josef Schubert, der seinem Sohn mittlerweile zuhören kann, ohne ihn zu unterbrechen, steht einem möglichen Entgegenkommen noch sehr ambivalent gegenüber. So wiederholt er den Wunsch, im Unternehmen mitzuarbeiten, kann aber das neuerliche diesbezügliche Angebot seines Sohnes zumindest jetzt noch nicht annehmen, jedoch ohne eine Änderung seines Standpunkts gänzlich auszuschließen. In bezug auf das Vater-Sohn-Verhältnis geht auch sein Bestreben dahin, daß der Kontakt wiederaufgenommen wird, und er zeigt Bereitschaft, erste Schritte in diese Richtung zu unternehmen.

Maria Schubert betont nochmals, daß sie nicht mehr im Betrieb von Peter Schubert arbeiten möchte. Ihr größtes Interesse in puncto Blumenhandel liegt darin, keine Sorgen haben zu müssen, daß die von ihr und ihrem Gatten geleisteten Sicherstellungen von den Gläubigern in Anspruch genommen werden könnten. Besonders wichtig ist für sie, eine Möglichkeit zu finden, ihr diesbezügliches Mißtrauen gegenüber Frau Schiller abzubauen. Sie hat aber noch keine Vorstellung davon, wie dies bewerkstelligt werden könnte, da sie glaubt, daß eine entsprechende Kontrolle durch sie oder ihren Gatten nur schwer möglich sein wird, da sie in buchhalterischen Angelegenheiten absolute Laien sind. Der Vorschlag ihres Sohns, ihnen Einsicht in die Bücher zu gewähren, wird von ihr zwar als Entgegenkommen akzeptiert, sie sieht darin für sich aber keinen Vorteil. Zum privaten Verhältnis zu ihrem Sohn stellt sie fest, daß „die Tür für ihn nach wie vor offensteht" und sie im gegenständlichen Vorfall kein unüberwindbares Hindernis für eine Wiederaufnahme des Kontakts mit ihm sehe.

Am Schluß des Gesprächs werden alle gefragt, ob sie an einer weiteren Unterredung interessiert seien und welche Themen sie in der nächsten Sitzung behandeln wollten.

Alle drei stimmen darin überein, zunächst die finanziellen Belange zu klären, zumal hier auch ein zeitlicher Druck besteht. Nachdem sich sowohl Peter Schubert als auch seine Eltern nochmals ausdrücklich dazu bekannt haben, weiterhin gemeinsam an der Problemlösung arbeiten zu wollen, wird die Behandlung dieses Themas für den nächsten Termin vereinbart. Josef Schubert ruft noch vor dem vereinbarten Termin für das zweite Gespräch an und gibt bekannt, daß Peter Schubert seine Eltern zu Hause besucht habe und sie ein kurzes und durchaus positives Gespräch führen konnten, was er für den weiteren Verlauf der Konfliktregelung als sehr produktiv einschätzt.

Zweites Gespräch mit der Familie Schubert

Beim zweiten Termin wird nach einer kurzen Zusammenfassung des bisher Geschehenen (und Erreichten) nochmals das Einverständnis dafür eingeholt, bei diesem Gespräch zuerst das Thema „Kontrolle der finanziellen Gebarung des Blumengeschäfts durch Josef und Maria Schubert" zu behandeln. Erinnert wird auch daran, daß die Beteiligten als Basis für die weiteren Verhandlungen darin übereinstimmen, daß die Blumenhandlung durch Peter Schubert nach Möglichkeit weitergeführt werden soll. Zuerst wird erörtert, nach welchen Kriterien bei der Entscheidungsfindung vorgegangen werden soll, wobei die jeweiligen Vorstellungen auf einem Flipchart schriftlich festgehalten werden.

Das Ehepaar Schubert macht den Vorschlag, dem bereits einmal damit befaßten Rechtsanwalt in regelmäßigen Abständen Einsicht in die Bücher zu gewähren und anschließend mit ihm seine Bewertung der Führung des Betriebs zu besprechen. Peter Schubert ist dagegen, da er aufgrund der ersten Besprechung mit dem Rechtsanwalt der Meinung ist, daß dieser ihm gegenüber voreingenommen ist. Er möchte seinen Steuerberater damit beauftragen, die Bücher quartalsweise einzusehen und mit diesem und seinen Eltern die daraus gezogenen Schlußfolgerungen über die finanzielle Lage des Unternehmens zu besprechen.

Dies lehnen wiederum Josef und Maria Schubert ab, da sie ihrerseits an der Objektivität eines Bekannten ihres Sohnes zweifeln. Einhelligkeit besteht aber darin, daß ein außenstehender Dritter für die Beurteilung der Geschäftsführung herangezogen werden soll, der in der Lage ist, dem Ehepaar Schubert in möglichst einfacher und trotzdem umfassender Form darzulegen, mit welchem finanziellen Erfolg Peter Schubert das Unternehmen bisher betreibt und welche Entwicklung zu erwarten ist.

Nun wird versucht, einen von beiden Seiten als unabhängig empfundenen Experten für die Aufgabenstellung zu finden. Es wird ausgemacht, daß

Peter Schubert sich mit der Wirtschaftskammer in Verbindung setzt und einen Termin für ein Gespräch mit seinen Eltern vereinbart. Dabei soll eine entsprechende Person gefunden werden. Bedingung für den Auftrag an den Fachmann ist, daß es mit diesem ein Vorgespräch gibt, bei dem seine Unparteilichkeit von allen drei Beteiligten festgestellt wird. Das Ergebnis von dessen Analyse der finanziellen Situation des Unternehmens soll dann von allen als objektive Beurteilung anerkannt und als Grundlage für die weiteren Vereinbarungen zwischen ihnen herangezogen werden.

Die Konfliktpartner werden nun ersucht, die sich aus den möglichen Schlußfolgerungen des Experten ergebenden Konsequenzen zu besprechen.

Folgende Varianten einer Übereinkunft werden bereits jetzt erarbeitet und wiederum schriftlich festgehalten:

1. Falls das Ergebnis zeigt, daß Peter Schubert den Betrieb gewinnbringend führt, werden Josef und Maria Schubert umgehend die für die Bankgarantie erforderliche Unterschrift leisten und keine weiteren Schritte setzen, aus ihren darüber hinausgehenden Haftungsübernahmen, wie der Hypothek auf ihr gemeinsames Haus, entlassen zu werden.

2. Sollte die Beurteilung der finanziellen Lage des Betriebs anders ausfallen, ergeben sich daraus zwei weitere Möglichkeiten, nämlich:

a) Wenn nicht zu erwarten ist, daß es Peter Schubert in den nächsten zwei bis drei Jahren gelingen wird, diese Situation zu verbessern, wird er den Betrieb schließen.

b) Wenn die Lage auf „Anlaufschwierigkeiten" zurückzuführen ist, was bei Neueröffnungen von kleinen Gewerbebetrieben oft vorkommt, wird das Ehepaar Schubert seine Zustimmung zur weiteren Unterstützung ihres Sohnes auf ein Jahr befristen. Danach wird das Prozedere nochmals durchlaufen.

Zusätzlich soll im Fall der Weiterführung des Betriebs halbjährlich ein Treffen mit dem Wirtschaftsfachmann zur Erörterung der aktuellen finanziellen Situation stattfinden.

Das Thema „Kontrolle der finanziellen Gebarung" wird mit Zustimmung aller drei Beteiligten für diesen Termin als abgeschlossen erklärt. Anschließend wird erfragt, ob es weitere Themen gibt, über die noch in derselben Sitzung diskutiert werden soll.

Josef Schubert möchte seine eventuelle Mitarbeit im Geschäft seines Sohnes besprechen und gleich regeln, womit sich Peter Schubert einverstanden erklärt. Hierzu gibt es zwischen Vater und Sohn relativ schnell eine konkrete Übereinkunft. Peter Schubert drückt erneut seinen Wunsch aus, daß ihm sein Vater wieder behilflich sein möge, und nennt auch Arbeiten, die von diesem durchgeführt werden könnten. Josef Schubert kann nun Entgegenkommen zeigen und gesteht, gerne wieder im Unternehmen des Sohns tätig sein zu wollen. So wird festgehalten (wiederum in Form einer von beiden unterzeichneten schriftlichen Vereinbarung), daß Josef Schubert täglich zwei Stunden die vor dem Geschäftslokal angelegten Blumenbeete pflegen und für kleinere Reparaturen und Instandhaltungsarbeiten am und im Gebäude zuständig sein soll. Diese Abmachung soll ab sofort gelten.

Am Ende des Gesprächs steht die verbindliche Zusage von Peter Schubert, in der kommenden Woche die nötigen Schritte bei der Wirtschaftskammer zu unternehmen und dem Konfliktregler telefonisch den Termin des Treffens mit dem Fachmannn bekanntzugeben. Die nächste Unterredung im Rahmen des Außergerichtlichen Tatausgleichs soll in der darauffolgenden Woche stattfinden.

Peter Schubert ruft wie angekündigt an, teilt mit, daß die Besprechung bereits stattgefunden habe, und vereinbart einen neuerlichen Gesprächstermin, von dem er seine Eltern in Kenntnis setzen will.

Drittes Gespräch mit der Familie Schubert

Familie Schubert erscheint zum dritten Gespräch wiederum gemeinsam. Zu Beginn wird darum gebeten, daß ein Familienmitglied über den Verlauf und das Ergebnis der Unterredung mit dem Wirtschaftsfachmann berichtet.

Peter Schubert übernimmt diese Aufgabe. Es konnte ein für beide Teile akzeptabler Fachmann gefunden werden, und die wenige Tage später stattgefundene Aussprache mit ihm ist sehr positiv verlaufen. Sie hat zu der Erkenntnis geführt, daß die Blumenhandlung zwar zum jetzigen Zeitpunkt noch keine Gewinne abwirft, Peter Schubert aufgrund seiner bisherigen Unerfahrenheit auf dem Gebiet der Unternehmensführung durchaus auch einige Fehler begangen hat, unter Berücksichtigung aller relevanten Umstände aber trotzdem sehr bald damit zu rechnen ist, daß sich das Geschäft rentiert, und die Gefahr, daß die Eltern aufgrund ihrer Haftungserklärungen existientielle Sorgen haben müßten, de facto nicht besteht.

Da Josef und Maria Schubert aus diesem Gespräch sehr beruhigt herausgegangen waren, leisteten beide bereits wenige Tage später die erforderliche Unterschrift, womit der Betrieb weiter gesichert war. Ebenso klar bekannte sich Peter Schubert zu den im Vorfeld vereinbarten „Kontrollmechanismen". Der Wirtschaftsexperte hatte sich bereit erklärt, diese Bewertung halbjährlich durchzuführen.

Auf Nachfrage wird dieses Thema von den Beteiligten für ausreichend behandelt und die zugrundeliegende Problematik für geregelt erklärt. Vater und Sohn Schubert werden nun gebeten, Auskunft darüber zu geben, wie sich die Tätigkeit von Josef Schubert im Unternehmen seines Sohnes gestaltet.

Josef und Peter Schubert halten fest, daß die Mitarbeit des Vaters bislang friktionsfrei verläuft, die festgelegte Form dieser Hilfe zufriedenstellend und für beide Seiten mehrfach profitabel ist. So hat sich auch ihr persönliches Verhältnis dadurch wieder verbessert, Josef Schubert erhält Anerkennung und Wertschätzung von seinem Sohn, und Peter Schubert empfindet die von seinem Vater verrichteten Arbeiten als große Erleichterung.

Maria Schubert wird gefragt, ob die Verbesserung des Verhältnisses zwischen Vater und Sohn auch für sie spürbar sei und welche Folgen daraus für sie resultieren.

Aufgrund der zunächst unerwartet positiven Entwicklung der Beziehung zwischen Vater und Sohn entstand bei Maria Schubert zum einen das Bedürfnis, den Betrieb ihres Sohnes doch wieder zu besuchen, und zum anderen der Wunsch, auch mit Frau Schiller wieder in eine korrekte Form der Kommunikation zu treten. Sie möchte daher auch Frau Schiller zu einer gemeinsamen Sitzung einladen, was ja bereits im ersten Gespräch zwischen ihr und ihrem Sohn ins Auge gefaßt worden war. Der Wunsch von Frau Schubert findet auch die Zustimmung ihres Gatten, der aufgrund seiner Tätigkeit im Unternehmen bereits wieder – wenn auch vorerst nur spärlichen – Kontakt zur Lebensgefährtin seines Sohnes aufgenommen hat und diese Entwicklung als durchaus positiv bewertet.

Peter Schubert bekräftigt sein Interesse an einem gemeinsamen Gespräch, zumal er Frau Schiller über den Verlauf des bisherigen Dialogs – in beschränkter Form – informiert und sie selbst ihm gegenüber bereits geäußert hat, an einer Unterredung mit seinen Eltern gerne teilnehmen zu wollen.

Es erfolgt daher zunächst die schriftliche Kontaktaufnahme mit Eva Schiller mit der Bitte um Rückruf zwecks Vereinbarung eines Termins für das in Aussicht genommene Gespräch. Frau Schiller kommt diesem Ersuchen umgehend nach und gibt ihre Bereitschaft zu einem Treffen mit dem Ehepaar Schubert und ihrem Lebensgefährten bekannt.

Abschlußgespräch mit Peter, Josef und Maria Schubert und Eva Schiller

Zu Beginn der Sitzung wird Frau Schiller, nach Einholung der Zustimmung der anderen drei Beteiligten, vom Ergebnis der bisherigen Besprechungen und von Inhalt der schriftlichen Vereinbarungen in Kenntnis gesetzt. Dann wird auch sie gebeten, ihre Vorstellungen über die zukünftige Gestaltung der Beziehung zur Familie Schubert und die Weiterführung des Betriebs ihres Lebensgefährten darzulegen.

Eva Schiller bekundet ihr Interesse an der Weiterführung der Blumenhandlung und will auch ihren Beitrag dazu leisten. Sie möchte dieses Gespräch vor allem dazu nützen, Frau Schubert nahezubringen, daß sie keineswegs bestrebt sei, das Unternehmen bzw. die daraus erzielten Gewinne an sich oder ihre Familie zu bringen, was ihr immer wieder vorgeworfen wurde. Daß Maria Schubert dezidiert ausschließt, wieder für ihren Sohn zu arbeiten, begrüßt auch sie wegen des hohen Konfliktpotentials einer neuerlichen gemeinsamen Tätigkeit im Geschäft von Peter Schubert.

Maria Schubert wird nun eingeladen, auch ihre diesbezüglichen Überlegungen und Perspektiven darzustellen.

Frau Schubert sagt, daß sie aufgrund der bisherigen Übereinkünfte deutlich weniger Mißtrauen gegenüber Eva Schiller hege als noch vor wenigen Wochen. Vor allem die Ausführungen des Experten der Wirtschaftskammer haben ihr viel Sicherheit gebracht und gezeigt, daß wohl auch Frau Schiller einen nicht zu vernachlässigenden Anteil daran hat, daß die Führung des Unternehmens als gut bezeichnet werden kann.

Nachdem die sachliche, geschäftliche Ebene besprochen ist und von Josef und Peter Schubert das Einverständnis eingeholt wurde, daß sich die Unterredung zunächst weiterhin auf Frau Schubert und Frau Schiller konzentrieren soll, um dann auch die beiden Männer wieder einzubeziehen, wird das Gespräch, durch konkrete Fragen an die beiden Frauen, auf ihre persönliche Beziehung gelenkt.

Frau Schubert und Frau Schiller stimmen darin überein, daß sie sich nach wie vor nicht besonders schätzen, was aber von ihnen jetzt nicht mehr als Hindernis angesehen wird, sich korrekt zu begegnen. Maria Schubert äußert ihren Wunsch, das Geschäft hin und wieder zu besuchen, und schlägt Frau Schiller vor, daß sie sich dabei als ersten Schritt der Harmonisierung wieder grüßen sollten. Frau Schiller erklärt sich damit einverstanden. Einer weiteren Annäherung gegenüber zeigen sich beide offen, ohne jedoch konkrete Pläne dafür machen zu wollen.

Um ihnen Handlungsalternativen aufzuzeigen, werden sie nun angeregt, darauf zu achten, welche Verhaltensweisen der anderen in der Vergangenheit unmittelbare Reaktionen bei ihnen auslösten, die sie eigentlich in dieser Form nicht gewollt hatten (wo sie einfach „nicht anders konnten"), und darüber nachzudenken, welche Möglichkeiten es geben könnte, in solchen Situationen selbstbestimmt zu reagieren (Methode des De-Konditionierens nach Glasl 1997).

Nach diesem Teil des Gesprächs, der Frau Schubert und Frau Schiller vorbehalten war, bekommen Josef und Peter Schubert die Möglichkeit, sich zu diesem Thema zu äußern.

Vater und Sohn Schubert halten sich relativ kurz und zeigen sich erleichtert darüber, daß die beiden Frauen miteinander sprechen konnten. Das Verhältnis von Josef Schubert und Eva Schiller hat sich nach dem Eindruck beider durch die Tätigkeit von Herrn Schubert im Unternehmen und vor dem Hintergrund der laufenden Gespräche bereits wieder ein wenig normalisiert, und sie erwarten sich eine weitere Verbesserung.

Peter Schubert äußert angesichts des nahenden Abschlusses des Außergerichtlichen Tatausgleichs den Wunsch einer „Evaluierung" der Entwicklung nach etwa einem halben Jahr. Der Schwerpunkt soll dabei auf den familiären Verhältnissen liegen, da die finanziellen Angelegenheiten nun ohnehin regelmäßig erörtert würden. Die anderen schließen sich diesem Wunsch an.

Es wird ihnen geraten, nach Ablauf dieser Zeit mit einer unabhängigen Mittelsperson (nach Möglichkeit einem Mediator) Kontakt aufzunehmen, da die Behandlung der Angelegenheit im Rahmen des Außergerichtlichen Tatausgleichs mit dem Abschlußbericht an die Staatsanwaltschaft als abgeschlossen angesehen wird.

Abschluß des Außergerichtlichen Tatausgleichs

Der Außergerichtliche Tatausgleich wird mit einem Bericht über den Verlauf und das Ergebnis der Konfliktregelung an die zuweisende Behörde beendet, der auch die Einstellung des gegen Peter Schubert anhängigen Strafverfahrens anregt. Die Staatsanwaltschaft legt die Anzeige aufgrund der erfolgreichen außergerichtlichen Bereinigung des Vorfalls zurück. Das heißt, es wird kein Strafantrag gestellt, und somit findet auch keine Gerichtsverhandlung statt.

Resümee

Nicht immer beschäftigt sich die Konfliktregelung im Rahmen des Außergerichtlichen Tatausgleichs in dieser Ausführlichkeit mit den Ursachen eines Konflikts. Die zuweisenden Behörden sind jedoch darauf bedacht, gerade solche Delikte an die Konfliktregelung zu überantworten, bei denen neben dem strafrechtlich relevanten Vorfall weitere Probleme zwischen den Beteiligten offensichtlich mitschwingen, die im Zuge eines Gerichtsverfahrens nicht bearbeitet werden könnten. Dies zeigt sich unter anderem daran, daß in Österreich mehr als die Hälfte der Zuweisungen Konflikte im näheren sozialen Umfeld betreffen (Ehe, Partnerschaft, Familie, Verwandtschaft, Nachbarschaft, Arbeitsplatz).

In diesen umfangreicheren Konfliktlagen reicht die dreigliedrige „Grundform" des Außergerichtlichen Tatausgleichs (Gespräch mit dem Verdächtigen, Gespräch mit dem Geschädigten, Ausgleichsgespräch) gewöhnlich nicht aus. Mit Hilfe von verschiedenen in der Praxis entwickelten Methoden (vgl. z.B. Ed Watzke 1997) wird – mitunter ähnlich ausführlich wie im dargestellten Fall – eine über den Anlaß hinausgehende, präventive und zukunftsorientierte Bearbeitung des Konflikts angestrebt.

Es bleibt also oft nicht bei der Erörterung des Delikts, das zur Einleitung des Strafverfahrens durch die Staatsanwaltschaft geführt hat, sondern daneben und als zentralen Punkt befaßt man sich mit der zugrundeliegenden Beziehungsproblematik und erarbeitet im Idealfall eine Vereinbarung über den zukünftigen Umgang miteinander.

Mediation beruht auf dem Postulat der Freiwilligkeit, aber es ist nicht unumstritten, ob diese in einer „klassischen" Mediation auch wirklich gegeben ist. So sprechen einige Mediatoren von einer eingeschränkten Form der Freiwilligkeit insofern, als die Beteiligten sich oft auch deswegen für eine Mediation entscheiden, weil sonst nur noch eine gerichtliche Klärung denkbar wäre.

Im Außergerichtlichen Tatausgleich kann man davon ausgehen, daß der Verdächtige sich für das vorgeschlagene Prozedere zunächst auch unter dem Druck der drohenden Gerichtsverhandlung entscheidet. Auch ihm steht es aber grundsätzlich in jedem Stadium der Konfliktregelung frei, seine Beteiligung daran zu beenden und eine gerichtliche Klärung vorzuziehen. Beim Geschädigten ist die Freiwilligkeit aber in jedem Fall gegeben. Er hat die uneingeschränkte Möglichkeit, seine Teilnahme jederzeit zu beenden.

Die Rolle des Konfliktreglers ist klar als nichtparteilich definiert. Im Außergerichtlichen Tatausgleich ist die Unparteilichkeit allerdings insofern eingeschränkt, daß der Konfliktregler dafür Sorge trägt, daß der Verdächtige (als unabdingbare Voraussetzung) die Verantwortung übernimmt und die gesetzlichen Kriterien für einen positiven Abschlußbericht erfüllt werden. Alle anderen Schritte und Interventionen fußen aber auf dem Grundsatz der Allparteilichkeit. Dabei wird großes Augenmerk darauf gelegt, ein eventuelles Ungleichgewicht unter den Beteiligten auszugleichen. Die Verantwortung für den Inhalt und Ausgang der Konfliktregelung liegt – abgesehen von den formellen Erfordernissen – bei den Klienten. Der zeitliche und organisatorische Rahmen wird allerdings bereits zu Beginn definiert.

Der an die Zuweisungsbehörde ergehende Abschlußbericht muß von den Beteiligten akzeptiert werden, ansonsten ist der Konfliktregler zu Vertraulichkeit verpflichtet. Er kann sich in der Regel in einem etwaigen nachfolgenden Zivilgerichtsverfahren der Aussage über den Inhalt der stattgefundenen Gespräche entschlagen. Ob die Beteiligten sich an das Postulat der Vertraulichkeit halten, hängt auch im Rahmen des Außergerichtlichen Tatausgleichs von ihnen selbst ab.

Die Falldokumentation sowie die grundsätzlichen Überlegungen sollten veranschaulichen, daß man den Außergerichtlichen Tatausgleich als Mediation bei strafrechtlich relevanten Konflikten bezeichnen kann und er – das bestätigen die mehrjährigen positiven Erfahrungen mit diesem Instrumentarium – eine sinnvolle Alternative zu einem Strafverfahren sein kann. Das manifestiert sich unter anderem auch darin, daß der Außergerichtliche Tatausgleich – nachdem dies bei jugendlichen Verdächtigen seit 1988 der Fall ist (§§ 6 ff. Jugendgerichtsgesetz) – nach der Durchführung eines Modellversuches mit Inkrafttreten der Strafprozeßnovelle am 1.1.2000 (§§ 90a ff. Strafprozeßordnung, §§ 29 ff. Bewährungshilfegesetz) auch im Erwachsenenbereich auf eine gesetzliche Basis gestellt wird.

Literatur
Besemer, Ch. (1993): Mediation. Vermittlung in Konflikten. Königsfeld/Heidelberg/Freiburg
Fisher, R. & Ury, W. & Patton, B. (1996): Das Harvard-Konzept. Sachgerecht verhandeln – erfolgreich verhandeln. Frankfurt a.M./New York
Glasl, F. (1997): Konfliktmanagement. Ein Handbuch für Führungskräfte, Beraterinnen und Berater. 5. Aufl. Bern/Stuttgart
Glasl, F. (1998): Selbsthilfe in Konflikten. Bern/Stuttgart
Löschnig-Gspandl, M. (1996): Die Wiedergutmachung im Österreichischen Strafrecht. Wien
Osgood, C. E. (1966): Perspective in foreign policy. Palo Alto
Thomann, Ch. & Schulz von Thun, F. (1988): Klärungshilfe. Handbuch für Therapeuten, Gesprächshelfer und Moderatoren in schwierigen Gesprächen. Reinbek bei Hamburg
Ury, W. & Brett, J. & Goldberg, St. (1991): Konfliktmanagement. Wirksame Strategien für den sachgerechten Interessensausgleich. Frankfurt a.M./New York
Watzke, E. (1997): Äquilibristischer Tanz zwischen Welten. Neue Methoden professioneller Konfliktmediation. Bonn
Zwinger, G. (1999): Zur Methodik der Mediation bei strafrechtlich relevanten Konflikten. In: sub (Sozialarbeit und Bewährungshilfe), Jänner 1999, 4 ff.

6. Politik

Wie Hund und Katz

Hallo, Kater. (Mist, ich bin außerhalb meines Reviers. Jetzt bloß kein falsches Wort.)

Tag, Hund. (Wasmachichbloßwasmachichbloß?)

Du siehst ein wenig schwach aus, Kater. (Verdammt, wieso muß der ausgerechnet mir über den Weg laufen?)

Dafür bist du ziemlich fett geworden in letzter Zeit. (Was will der bloß, hab' ich ihm irgendwas getan?)

Ich hab's grad sehr eilig, sonst würde ich mir ein bißchen mehr Zeit für dich nehmen. (Muß aufpassen, bei Katzen weiß man nie, was sie als nächstes tun.)

Das ist gut, ich dachte schon, du suchst Ärger.
(Nur nicht provozieren, wenn die sich mal
aufregen, sind sie nicht mehr zu stoppen.)

Dann bis zum nächstenmal, Kater.
(Das ist ja gerade noch mal gutgegangen.)

Wir sehen uns wieder, Hund.
(Jetzt aber nichts wie weg.)

KAI

Andrea Jakober

Interactive Problem Solving
Eine mediative Methode interkultureller Konfliktregelung

Unter interkultureller Mediation, das sei gleich vorweg festgehalten, soll in diesem Artikel ausschließlich Konfliktregelung auf der politischen Ebene verstanden werden. Die Verwendung dieses Begriffs für Konflikte innerhalb von Nachbarschaften, in denen verschiedene Kulturen zusammenleben, halte ich für nicht förderlich, denn damit wird einem Nachbarschaftskonflikt die kulturelle Komponente als zentrales Konfliktpotential unterstellt, was aber auf der personalen Ebene meines Erachtens nicht ausschlaggebend ist.

In einer Auseinandersetzung zwischen Nachbarn, die unterschiedlichen Kulturen angehören, mag das ein Aspekt unter anderen sein – das Trennende voranzustellen unterstützt das Zustandekommen einer Konfliktlösung sicherlich nicht. Wenn in einer Wohnanlage ältere Menschen und Jugendliche zusammenleben und sich gegenseitig stören, ärgern u.ä., so spricht man in der Konfliktregelung ja auch nicht von „Inter-Generationen"-Mediation, sondern berücksichtigt den Generationenkonflikt als eines unter anderen Themen. Ähnliches gilt für Konflikte zwischen Angehörigen unterschiedlicher Kulturen, wo sicherlich kulturelle Aspekte und der Umgang mit dem „Fremden" eine Rolle spielen. Diese Problembereiche in dem Titel eines Mediationsverfahrens unterzubringen halte ich aber für kontraproduktiv. Mit dieser ersten Klarstellung komme ich zu meinem eigentlichen Thema.

Mit dem Ende des Kalten Krieges und der damit verbundenen Debatte über die Neugestaltung der Sicherheitspolitik ist die Suche nach neuen Formen und Strategien der internationalen Konfliktregelung und verstärkt auch die nach Modellen der Konfliktprävention virulent geworden. Vielen aktuellen Konflikten liegen ethnische oder religiöse Spannungen oder unterschiedliche ideologische Ausrichtungen zugrunde, die häufig innerstaatlich ausgetragen werden. Die Konfliktbearbeitung der internationalen Organisationen ist hauptsächlich auf zwischenstaatliche Auseinandersetzungen angelegt, wo sie Konflikt*management* betreiben, d.h., einen bestehenden Konflikt so weit im Zaum zu halten suchen, daß eine gewaltsame Austragung verhindert bzw. begrenzt werden kann.

Konfliktmanagement schließt sowohl militärische (Peace-Keeping) als auch politisch-diplomatische (Peace-Making) Mittel ein (vgl. Ropers 1994). Auf der gesellschaftlichen Ebene im weitesten Sinn setzt „Peace-Building" an, das sich in den Bereich der langfristigen Konfliktlösung (Conflict-Resolution) einreihen läßt, der vom Konfliktmanagement abzuheben ist. Kon-

fliktmanagement kann die Voraussetzungen für eine langfristige Konfliktlösung schaffen, kann sich aber auch in einer vorübergehenden Ruhigstel-
lung einer gewaltsamen Auseinandersetzung erschöpfen.

In der Konfliktprävention und im Bereich der ethnischen, religiösen
und ideologischen Auseinandersetzungen rücken nach und nach zivile
Konfliktbearbeitungsmodelle ins Zentrum des Interesses. Diese Modelle
orientieren sich an der *Lösung* des Konflikts, d.h., sie gehen über die Kontrolle eines bestehenden Konflikts hinaus, um destruktive Lösungsversuche
zu vermeiden. Ziel ist die Veränderung der Sichtweise des Konflikts selbst
durch die Konfliktparteien und die Suche nach einer langfristigen Lösung,
die die Interessen aller Seiten berücksichtigt. Im Gegensatz zum Konfliktmanagement, das durchaus auch militärische Mittel mit einschließt, geht
es bei der Lösung des Konflikts um zivile Methoden.

Aber gerade stark verwurzelte Konflikte unterliegen häufig einer Dynamik, die von den Konfliktparteien allein nicht mehr konstruktiv unterbrochen werden kann. Dadurch wird das Eingreifen einer dritten Partei erforderlich. Militärische und diplomatisch-politische Mittel allein können solche Konflikte nicht regeln. Hier sind Ansätze gefragt, die ein Umdenken
und eine Neubewertung der Situation auf der gesellschaftlichen Ebene
unterstützen.

Wir kennen mehrere Formen von Drittpartei-Interventionen auf gesellschaftlicher wie auf internationaler Ebene, wie z.B. Gerichtsverfahren,
Schlichtungs- und Schiedsverfahren, die Schaffung von Bedingungen für
direkte Verhandlungen und verschiedene Arten von Vermittlungs- und Be-
ratungsverfahren (vgl. Ropers 1994, 218 f.). Das Augenmerk soll in unserem
Zusammenhang aber auf den Vermittlungs- bzw. Mediationsverfahren liegen, in die auch „Interactive Problem Solving" einzureihen ist.

Politische Mediation

Vermittelnde Streitschlichtung ist als Mediation sowohl auf der gesellschaftlichen Ebene als auch in der internationalen Politik in den USA seit
Jahrzehnten bekannt und hält auch bei uns nach und nach Einzug. Im an-
gelsächsischen Sprachraum wird dieser Begriff auf der internationalen Ebene sehr weitläufig gebraucht und schließt auch Interventionen militäri-
scher Art mit ein.

Nach Jacob Bercovitch steht bei Mediation, wenn sie sich auf die internationale Politik bezieht, Engagement und nicht Neutralität im Zentrum
der Aufgaben der Vermittlerinnen und Vermittler. Engagement „ist der
Schlüssel zu erfolgreicher Drittparteien-Intervention. Wenn man diesen
Punkt übersieht, mißversteht man das Wesen von Mediation in internationalen Beziehungen (...). Mediationsverhalten in internationalen Beziehungen wird am besten aus dem Wesen des Konflikts sowie den Ressourcen
und Strategien des Vermittlers erklärt, nicht aber mit Konzepten wie Altru-
ismus und Neutralität" (Bercovitch 1997, 200). Bercovitch unterscheidet

drei Hauptstrategien in den Verhaltensweisen von Mediatorinnen und Mediatoren (vgl. Bercovitch 1997, 198):

- Kommunikationsfördernde Strategien: Die Mediatoren treten als Kommunikationsvermittler auf, bleiben aber sonst in einer eher passiven Rolle.
- Verfahrensstrategien: Die Mediatoren bestimmen die Umgebung, die Art und Anzahl der Treffen u.ä.
- Direktive Strategien: Die Mediatoren verstehen sich nicht nur als Hüterinnen und Hüter des Prozesses, sondern bringen auch inhaltliche Vorschläge ein. Mit Anreizen, Belohnungen und Strafen bestimmen die Mediatoren Inhalt und Prozeß der Mediation.

In bezug auf den Erfolg von Mediation stellt Bercovitch fest, daß direktive Strategien die höchsten Erfolgsquoten verzeichnen.

Seit dem Ende der sechziger Jahre entwickelte sich eine Richtung von mediativen Drittpartei-Interventionen, die sich bewußt direktiver Strategien und Lösungsvorschläge enthält. Sie knüpft an die Human-Relations-Trainingsbewegung der fünfziger Jahre an und schöpft aus der Sozial- und der humanistischen Psychologie. Nicht die Symptome eines Konflikts, sondern die grundlegenden Differenzen stehen im Zentrum des Interesses. Zum Einsatz kamen diese Methoden im Nahen Osten, in Afrika und Asien, aber auch auf Zypern. Diese Bemühungen, die noch keine einheitliche Terminologie besitzen, faßt Ropers als „Drittpartei-Konsultationen" zusammen. Ihre gemeinsame Grundannahme lautet: „Durch einen empathischen und rationalen Diskurs ist es prinzipiell möglich, die Grundbedürfnisse aller Konfliktpartner nach Sicherheit, Identität und Partizipation zu befriedigen" (Ropers 1994, 221).

Interactive Problem Solving

Interactive Problem Solving[1] ist ein mediativer Ansatz aus dem Bereich der Drittpartei-Konsultationen zur Lösung zwischenstaatlicher und ethnischer Konflikte, der auf der Ebene der *inoffiziellen* Diplomatie ansetzt. Aufbauend auf den Arbeiten von John Burton, wurde er von Herbert C. Kelman weiterentwickelt. Professor Kelman ist Leiter des Harvard Middle East Seminars und Direktor des ebenfalls in Harvard angesiedelten Programms für internationale Konfliktanalyse und Konfliktlösung. Von der Grundausbildung her ist er Sozialpsychologe und war in den frühen fünfziger Jahren Mitbegründer der Friedensforschung in den USA. Den Schwerpunkt seiner Arbeit legte er auf den möglichen Beitrag der Sozialpsychologie zur Erforschung von Krieg und Frieden. „Dabei habe ich nie an ein ausschließlich psychologisches Modell für die Erklärung von internationalen Beziehungen ge-

---

[1] *In meiner Darstellung stütze ich mich auf ein Gespräch mit Herbert C. Kelman am 21.10.1998, seinen Vortrag am IFK Wien am 10.11.1998 und einen Artikel aus „Literarität" 2/94, wo ein Vortrag von Kelman aus dem Jahre 1994 in Wien wiedergegeben wird.*

glaubt. (...) Der Beitrag der Psychologie muß immer in seinen gesellschaftlichen und zwischengesellschaftlichen Zusammenhang gestellt werden" (Kelman 1994, 36).

Seit den frühen siebziger Jahren engagiert sich Kelman im Nahostkonflikt, mit besonderer Konzentration auf den israelisch-palästinensischen Zwiespalt. Sein Problemlösungsansatz stützt sich auf Sozialwissenschaftlerinnen und Sozialwissenschaftler als dritte Partei, die den Konfliktparteien unparteiisch gegenüberstehen. Um von den Konfliktparteien bzw. Angehörigen der betroffenen Bevölkerungsgruppen ernst genommen zu werden, müssen die Angehörigen der dritten Partei mit dem Konflikt und der Region vertraut sein, ohne jedoch die Interessen der einen oder anderen Partei zu vertreten.

Interactive Problem Solving zielt auf eine Veränderung der Beziehung zwischen den Konfliktparteien; die Methode der Konfliktlösung muß den Weg dorthin aufbereiten. Kelman setzt damit auf die Förderung von Kommunikation und Verfahrensstrategien, die inhaltliche Lösung bleibt ausschließlich bei den Konfliktparteien. Er geht von vier Grundannahmen aus:

1. Bei der Lösung eines Konflikts geht es in erster Linie um die Erfüllung der Bedürfnisse der Parteien. „Die Erfüllung der Bedürfnisse beider Parteien – also der Bedürfnisse von einzelnen Menschen, repräsentiert durch ihre primären Identitätsgruppen – ist *das* Kriterium für eine zufriedenstellende Lösung. Unbefriedigte Bedürfnisse, vor allem nach Identität und Sicherheit, und existentielle Ängste treiben gewöhnlich den Konflikt an und verhindern oder erschweren seine Lösung" (Kelman 1994, 37).

2. Internationale Konflikte sind nicht ausschließlich Konflikte zwischen Hoheitsträgern, es sind Konflikte zwischen Gesellschaften. Gesellschaften sind aber in sich nicht homogen. Das Bewußtsein von Konflikten innerhalb der Gesellschaft des „Feindes" macht es möglich, vielschichtiger aufeinander zu reagieren.

3. Es ist wichtig, Konflikte als interaktive Vorgänge mit einer typischen Dynamik zu begreifen. Konfliktlösung muß daher andere Formen der Interaktion fördern.

4. Konfliktlösung muß nach einer Verbreiterung der möglichen Strategien trachten. Drohungen oder Belohnungen sind nicht ausreichend. „Lösungsprozesse, die die Bedürfnisse beider Seiten berücksichtigen, bieten für beide Seiten die Möglichkeit, Einfluß zu nehmen, dadurch, daß sich beide auf die Bedürfnisse der jeweils anderen Seite beziehen" (Kelman 1994, 38). Eine Schlüsselrolle spielen dabei die gegenseitige Absicherung und der Abbau von Angst.

Workshops zum Nahostkonflikt

Die Umsetzung dieser Vorstellungen erfolgt in den „Problem Solving Workshops", intensiven Klausuren, an denen politisch aktive Vertreter der beiden Konfliktparteien teilnehmen. Bis 1990 waren diese Workshops einmalige und selbständige Ereignisse. Einige der Teilnehmerinnen und Teilnehmer kamen zu mehreren Workshops. Die Auswahl der Teilnehmer erfolgt durch die dritte Partei. Sie ist ein zentrales Element für den Erfolg der Intervention. Die Teilnehmenden haben keine Verhandlungsmandate und kommen nicht aus der ersten politischen Reihe, verfügen aber in ihrer Gesellschaft über Einfluß. Darunter sind u.a. führende Köpfe der politischen Parteien, ehemalige hochrangige Militärs, Universitätsprofessoren, die als Berater fungieren, Verleger und Journalisten.

Die Klausuren finden in der Regel als Seminare des Harvard Centers for International Affairs, also in einem universitären Rahmen statt. Lange Zeit galt strengste Vertraulichkeit sowohl über den Ort als auch die Namen und den Inhalt der Seminare, da in den betroffenen Gesellschaften solche Zusammenkünfte verpönt bzw. in Israel sogar gesetzeswidrig waren. Bis in die 1990er Jahre wurden keinerlei Aufzeichnungen geführt, kein Publikum oder sonstige Öffentlichkeit zugelassen. Israelis und Palästinenser sollten gemeinsam nachdenken, die gegenseitigen Bedürfnisse erfassen und über Lösungen phantasieren können, ohne sich dadurch binden oder sich öffentlich auf eine Position festlegen zu müssen.

Um die Arbeitsweise deutlich zu machen, stelle ich kurz den Ablauf eines typischen Workshops dar. Er besteht aus je einem ca. vierstündigen Vorbereitungstreffen zwischen der dritten Partei und – getrennt – den Streitparteien, wo Sinn und Zweck, die gewünschten Themen, Setting und Regeln besprochen werden. Die zentralen Regeln sind:

- Absolute Vertraulichkeit, d.h., sowohl die Namen der Mitwirkenden als auch die besprochenen Inhalte werden nicht öffentlich gemacht. Diese Regel war für die physische Gesundheit und die politische Zukunft der Teilnehmer wichtig, sie ist aber vor allem für den Prozeß selbst unabdingbar.
- Im Gespräch wenden sich die Parteien einander zu. Es geht darum, einander zuzuhören und zu verstehen.
- Die Diskussion wird analytisch geführt, die Teilnehmer sollen sich weder gegenseitig angreifen noch ihre Position verteidigen.
- Es wird nicht nach Schuld bzw. nach den Anteilen von Schuld gesucht, sondern nach Lösungen.
- Gleichberechtigtes Setting: Durch die gegebene politische Situation sind Asymmetrien zwischen den Parteien häufig. Im Konflikt zwischen Israel und den Palästinensern besteht ein großes Machtgefälle zwischen den Parteien. Im Workshop jedoch hat jeder gleich viel Aufmerksamkeit und eine gleichberechtigte Stimme.

Die gemeinsame Klausur dauert zwischen zweieinhalb und vier Tagen. Kelman hält eine Teilnehmerzahl von vier Personen der jeweiligen Konfliktparteien und drei Mitgliedern der dritten Partei für optimal. Der Ablauf der Klausur gliedert sich in fünf Phasen:

1. Die Teilnehmerinnen und Teilnehmer tauschen Informationen aus, wer ist wer, wo stehe ich politisch etc.
2. „Need Analysis": Bedürfnisse und Ängste werden ausgesprochen, die dritte Partei sorgt dafür, daß diese von der Gegenseite verstanden werden. Verstehen, nicht aber diskutieren ist Ziel dieses Abschnitts.
3. „Joint Thinking": gemeinsames Nachdenken über Lösungsansätze bzw. den Weg zu möglichen Ansätzen, z.B. in Form von Brainstorming. „Was könnte für uns, die wir hier sitzen, passen?" Es geht darum zu phantasieren, die politische Realität steht nicht im Zentrum der Überlegungen. Die dritte Partei achtet darauf, daß jede Seite bei diesem Phantasieren die jeweils andere Seite mit bedenkt.
4. „Discussion of Constraints": Erst jetzt werden Hindernisse besprochen und Überwindungsmöglichkeiten überlegt.
5. Gemeinsames Nachdenken zur Überwindung von Hindernissen, d.h., was die Anwesenden tun können, um Hindernisse abzubauen.

Kelman betont die Bedeutung der Atmosphäre bei den Workshops. Wichtig sei jedoch auch, daß sie nicht zu angenehm würde. Es geht nicht um das persönliche Vertrauen zwischen den Teilnehmern, sondern ausschließlich darum, Arbeitsvertrauen herzustellen.

Aufgaben und Arbeitsweise der dritten Partei

Da Interactive Problem Solving von Sozialwissenschaftlern als dritter Partei ausgeht, bedarf es einer großen inhaltlichen Kompetenz in bezug auf den konkreten Konflikt. Denn nur so ist es möglich, eine geeignete Gruppe zusammenzustellen und für diese glaubhaft zu sein. Wie schon angesprochen, spielt die Auswahl der Teilnehmer eine zentrale Rolle. Kelman achtet darauf, daß die Beteiligten politisch gemäßigt sind, aber dennoch eine möglichst große Bandbreite des politischen Spektrums ihrer Gesellschaft repräsentieren. Die dritte Partei setzt sich aus zwei inhaltlichen Experten und einer dritten Person, die ausschließlich für die Prozeßbegleitung zuständig ist, zusammen.

In seinen Workshops zum Nahostkonflikt arbeitet Kelman häufig mit Nadim Rouhana, einem in den USA lebenden israelischen Araber, der Student bei Kelman in Harvard war und sich in seiner Forschungstätigkeit u.a. mit der Beziehung zwischen arabischen und jüdischen Bürgerinnen und Bürgern innerhalb Israels auseinandersetzt. Auf die Neutralität der dritten Partei angesprochen, meint Kelman, das sei eine äußerst schwierige Angelegenheit. Er sei als Jude von vornherein in der Gefahr, einer Seite zugerechnet zu werden, daher die Beiziehung von Rouhana, der quasi der anderen Seite angehöre. Hier sei aber nochmals darauf verwiesen, daß kein Mitglied der dritten Partei inhaltliche Vorschläge macht oder Bewertungen vornimmt.

Die Aufgaben der dritten Partei umfassen auch die Organisation und Finanzierung der Workshops sowie die Vorbereitung und Strukturierung des

Ablaufs. Die mitwirkenden Palästinenser und Israelis werden schon in den Vorbereitungstreffen mit den Grundregeln der Kommunikation und Interaktion, die für diese Zusammenkünfte gelten, bekannt gemacht. Die dritte Partei hat für deren Einhaltung Sorge zu tragen und interveniert auch, um den Teilnehmern die Konfliktdynamik deutlich zu machen und sie bei der konstruktiven Problemlösung zu unterstützen. Zu Anfang des Prozesses bewegen sich die Mitglieder der dritten Partei im Vordergrund, unterstützen das Aufwärmen und versuchen das Setting stimmig zu gestalten, in der Folge nehmen sie sich aber so weit wie nur irgend möglich zurück.

Kontinuierliche Arbeit in Klausuren und Arbeitsgruppen

Bis 1990 waren die Workshops Einzelereignisse. Danach wagte man sich erstmals an eine Klausurreihe, die ursprünglich mit drei Treffen innerhalb eines Jahres und einer gleichbleibenden Personengruppe konzipiert war, schließlich aber bis 1993 fortgesetzt wurde. Der Prozeß der Konfliktanalyse konnte über den Austausch von Sichtweisen hinaus zum gemeinsamen Erarbeiten von Ideen erweitert werden, die zwischen den Treffen in den jeweiligen Gemeinschaften diskutiert werden konnten. So entstanden neue Inputs für die Klausur.

Durch die offiziellen Friedensverhandlungen zwischen Israel und den Palästinensern ab 1991 sah sich die Gruppe vor neue Fragen gestellt. Zum einen waren vier der sechs Palästinenser, die an der Klausurreihe teilnahmen, zu offiziellen Verhandlern geworden, zum anderen brachten die Wahlen 1992 den israelischen Beteiligten, die der Arbeiterpartei nahestanden, mehr politischen Einfluß. Trotz der veränderten Situation und der Dilemmata, die aus der Überlappung der Rollen entstanden, entschloß sich die Gruppe zur Fortsetzung. Klar war, daß ein inoffizielles Forum weiterhin notwendig war, aber seine Aufgaben im Hinblick auf den Friedensprozeß neu zu definieren hatte.

Weiterhin waren die Mitglieder der Gruppe keine Verhandler, und der Prozeß in den Klausuren blieb unabhängig von den offiziellen Verhandlungen. Dennoch war es eine der Aufgaben, Hindernisse und Zwänge der offiziellen Schiene zu erörtern und Wege zu deren Überwindung herauszufinden. Nach dem Osloer Abkommen im Herbst 1993 kam man überein, die laufende Klausurreihe einzustellen. Es wurde statt dessen eine Arbeitsgruppe ins Leben gerufen, die sich mit den israelisch-palästinensischen Beziehungen auseinandersetzt. Die politisch schwierigen Themen, die zur Erreichung eines endgültigen Friedens noch ausständig sind, werden systematisch sondiert und in der Arbeitsgruppe besprochen.

Im Unterschied zu früher hat die Arbeitsgruppe, die im Kern aus jeweils drei hochrangigen Israelis und Palästinensern besteht, das Ziel, Lösungsvorschläge schriftlich zu erarbeiten und diese auch zu veröffentlichen. Bis 1998 wurden zwei Papiere veröffentlicht, eines zu allgemeinen Grundsätzen und eines zur Frage der palästinensischen Flüchtlinge. In Arbeit befinden sich Lösungsvorschläge zu den jüdischen Siedlungen in den palästinensischen Gebieten und den zukünftigen Beziehungen. Die großen Hoffnungen auf die kontinuierliche Weiterentwicklung des Friedensprozesses, die nach dem Durchbruch in Oslo 1993 entstanden waren, sind mittlerweile gedämpft. Umso wichtiger ist es, die Bemühungen auf allen Ebenen weiterzuführen.

Der Beitrag von Interactive Problem Solving für einen Frieden im Nahen Osten ist unbestritten. Zweifellos ist es gelungen, an einem politischen Klima mitzuwirken, das offizielle Verhandlungen ermöglicht hat. Die Klausuren haben zwei Ziele: „Erstens sollen sie eine Veränderung der Teilnehmer bewirken: Ihr Bild von der Gegenseite soll vielschichtiger werden. Die Teilnehmer sollen eine verbesserte Einsicht in die Dynamik des Konfliktes erhalten. Sie sollen die Klausur mit neuen Ideen zur Konfliktlösung und mit Ideen zur Überwindung der Hindernisse für Verhandlungen verlassen. Diese Änderungen des Einzelnen sind aber nicht Selbstzweck, sondern ein Mechanismus, der Änderungen auf der politischen Ebene auslöst. Das zweite Ziel der Klausur ist es deshalb, die Chancen, daß die Klausurergebnisse in die politische Diskussion und den Entscheidungsprozeß beider Gesellschaften einfließen, zu verbessern" (Kelman 1994, 40).

Zusammenfassend läßt sich sagen: Ziel und Zweck von Interactive Problem Solving ist es, den Rahmen für einen Mikroprozeß zur Verfügung zu stellen, in dem Teilnehmerinnen und Teilnehmer neue Einsichten gewinnen und Ideen entwickeln können, die aus einem Prozeß des gemeinsamen Nachdenkens von politisch einflußreichen Menschen entstehen. Diese neuen Einsichten sollen sie in die politische Debatte und den Entscheidungsprozeß ihrer Gesellschaften tragen. Darüber hinaus trägt Interactive Problem Solving zu einer veränderten Auffassung des Makroprozesses von Konfliktlösung auf der Ebene der internationalen Beziehungen bei. Im Zentrum stehen dabei das Verständnis von Konfliktlösung als der Versuch einer Veränderung der Beziehung der Konfliktparteien und die Verlagerung des Schwerpunkts – weg von Machtpolitik, Abschreckung und Zwang, hin zu gemeinsamen Lösungsansätzen und gegenseitiger Absicherung.

Offene Fragen

Gegen diese Form von Konfliktlösungsansätzen wird häufig u.a. eingewandt, daß ihre Bedeutung marginal sei – da keine Machtmittel eingesetzt werden – und daß der Mikroprozeß der Gruppengespräche nicht auf die gesellschaftliche Ebene übertragbar sei. Diese Einwände scheinen mir insofern nicht relevant, da Drittpartei-Konsultationen sehr wohl einen – wenn auch nicht den einzigen – Beitrag zur Konfliktlösung darstellen und Kelman dezidiert zwischen offizieller und inoffizieller Diplomatie unterscheidet.

Seinen Ansatz hält er in letzterem Bereich für relevant, der das Feld für offizielle Verhandlungen vorbereiten und diese unterstützend begleiten kann. Es ist und kann nicht Ziel von Interactive Problem Solving sein, Verträge zu schließen, die gültige Lösungen enthalten. Die Teilnehmer und Teilnehmerinnen haben kein Verhandlungsmandat, sondern finden einen Rahmen, in dem sie gemeinsam nachdenken können. Die schriftlichen Lösungsvorschläge, die in laufenden Arbeitsgruppen entworfen werden, können im Rahmen des Prozesses innerhalb der Arbeitsgruppen wohl mit einer Einigung in einer Mediation verglichen werden, da sich die Beteiligten mit den gemeinsam ausgearbeiteten Papieren öffentlich festlegen. Für die politische Umsetzung bleibt es aber ein Vorschlag, der allerdings durch die Art und Weise des Zustandekommens – hoffentlich – Gewicht hat.

Viel interessanter erscheinen mir daher Einwände, die die Motivation der selbsternannten „Mediatorinnen und Mediatoren" hinterfragen. Es ist sicherlich eine essentielle Notwendigkeit für das Engagement in einem Konflikt, als Vermittlerin und Vermittler in diesem Punkt zu größtmöglicher Klarheit zu gelangen.

Abschließend komme ich noch einmal auf das Betätigungsfeld zurück, in dem Interactive Problem Solving und vergleichbare mediative Methoden angesiedelt sind: dem der Konflikte zwischen Kulturen. Hier stellen sich einige grundlegende Fragen. Der Anspruch einer transkulturellen Anwendbarkeit einer bestimmten Form der Konfliktbearbeitung trägt den Anspruch der prinzipiellen Vergleichbarkeit, der Gestaltbarkeit und der Veränderbarkeit der Verhältnisse in sich. So stellt sich die Frage nach der universellen Gültigkeit bestimmter Werte, die als gemeinsame Grundlage einer konstruktiven Konfliktlösung gelten können, verbunden mit einer Vorstellung über eine Weiterentwicklung der Menschheit, die zunehmend imstande sein soll, friedliche Formen der Konfliktlösung zu leben. Die dargestellte Methode – wie die Methode der Mediation generell – entstammt dem westlichen Kulturkreis und ist daher naturgemäß von diesem geprägt. Ob und wie weit sie außerhalb dieses Kulturkreises zielführend angewendet werden kann, wird die Zukunft weisen.

Der Ansatz von Herbert C. Kelman trägt mit seinem erklärten Ziel – „Weg von Machtpolitik, hin zu gemeinsamen Lösungen" – die Wertschätzung und Achtung aller Konfliktparteien in sich, was mir für eine dauerhafte friedliche Lösung von Auseinandersetzungen unumgänglich erscheint. Die Weiterentwicklung dieses Ansatzes und die Suche nach gezielten Verschränkungsmöglichkeiten mit anderen Formen des Konfliktmanagements und von Konfliktlösungstrategien sind im Sinne von umfassendem Peace-Building sicherlich eine wichtige Herausforderung für die Friedensforschung der Zukunft.

Literatur

Ayres, W. R. (1997): Mediating International Conflicts: Is Image Change Necessary? In: Journal of Peace Research, Vol. 34, No 4, Nov. 1997, 431–447
Bar-Siman-Tov, Y. (1994): The Arab-Israeli Conflict: Learning Conflict Resolution. In: Journal of Peace Research, Vol. 31, No 1, Feb. 1994, 75–92
Bercovitch, J. (1997): Mediation in der Staatenwelt. Bedingungen für Erfolg oder Schei-

tern internationaler Vermittlungsbemühungen. In: Meyer, B. (Hg.): Formen der Konfliktregelung: eine Einführung mit Quellen. Opladen, 186–203

Besemer, C. (1997): Mediation – Vermittlung in Konflikten. 4. Aufl. Karlsruhe

Deshen, S. (1992): Applied Anthropology in International Conflict Resolution: The Case
of the Israeli Debate on Middle Eastern Settlement Proposals. In: Human Organisation,
Vol. 51, No 2, 1992, 180–184

Kelman, H. C. (1994): Inoffizielle Diplomatie im Nahen Osten. In: Literarität 2/94, 36–45

Löhmer, C. & Standhardt, R. (1992): Themenzentrierte Interaktion. Die Kunst, sich selbst
und eine Gruppe zu leiten. Mannheim

Matthies, V. (1998): Vom reaktiven Krisenmanagement zur präventiven Konfliktbearbeitung? In: Aus Politik und Zeitgeschichte, Beilage zur Wochenzeitung „Das Parlament", B
33/34–96, 9. August 1998, 19–28

Ropers, N. (1994): Ethno-soziale Konflikte und ihre Bearbeitung durch Drittpartei-Interventionen gesellschaftlicher Träger. In: Dialog. Beiträge zur Friedensforschung, Band 26,
Heft 1–2/1994, 213–229

Ropers, N. (1997): Interkulturelle Konfliktbearbeitung – Kultur als Barriere und als Brücke
für Friedenssicherung und Friedensstiftung. In: Meyer, B. (Hg.): Formen der Konfliktregle-
lung: eine Einführung mit Quellen. Opladen, 166–185

Senghaas-Knobloch, E. (1997): Subjektivität in der internationalen Politik. Über das Zu-
sammenspiel persönlicher und institutioneller Faktoren der Konfliktverarbeitung. In:
Meyer, B. (Hg.): Formen der Konfliktregelung: eine Einführung mit Quellen. Opladen,
134–143

Quellen
Mitschrift des Vortrags „Political Psychology and Conflict Resolution in the Middle East"
von Herbert Kelman im IFK Wien, 10.11.1998
Notizen eines Gesprächs mit Herbert Kelman, Wien, 21.10.1998

7. Berufspolitisches

Zukunftsvisionen

(Der Hase erblickt den Fuchs und versteckt sich.)

Hallo Hase, ich wünsche dir einen ganz außerordentlich schönen Morgen.

Hallo.

Ich will ja nicht aufdringlich erscheinen, aber wieso versteckst du dich an einem solch wundervollen Morgen in einem derart finsteren Loch?

Geh weg, ich will mit dir nichts zu tun haben.

Aber wieso denn?

Ich weiß doch ganz genau, daß du mich fressen willst.

Aber wer sagt denn so was, da ist wohl wieder die Phantasie mit jemandem durchgegangen.

Mich kriegst du jedenfalls nicht. Ich bleib' hier einfach sitzen und warte.

Und worauf wartest du, wenn ich fragen darf?

Ha, das kann ich dir erklären. Jetzt bin ich noch ein einzelnes Häschen, das du einfach auffressen kannst. Aber weißt du schon, daß jedes Häschen mindestens zehn Junge bekommen kann? Dann sind wir schon nicht mehr so alleine. (Kommt ein Stück hervor.) Freilich, du könntest uns dann immer noch fressen, aber wenn jedes von diesen zehn Häschen wieder zehn Häschen bekommt, dann sind wir schon über hundert. (Kommt noch weiter aus seiner Höhle.) Und jedes von diesen hundert bekommt wieder zehn Häschen, und das sind dann schon, also das sind dann schon eine ganze Menge. (Kommt noch ein Stück weiter hervor.) Und so geht das weiter und weiter, und irgendwann werden wir die ganze Welt beherrschen, und dann brauchen wir überhaupt keine Angst mehr vor dir zu haben. Na, was sagst du dazu? (Ist bereits ganz im Freien.)

Das beeindruckt mich jetzt aber wirklich. Auf diesen Schrecken hin brauch' ich einen Imbiß. (Frißt den Hasen.)

KAI

Harald Picker & Klaus Rückert

Überlegungen zur Ausbildung in Mediation

Bei jeder Art von Ausbildung gibt es drei Grundfragen, die zunächst geklärt sein sollten: die Frage nach dem Ziel, die Frage nach den zu erwerbenden Fähigkeiten und Fertigkeiten und die Frage, auf welchen bereits vorhandenen Ressourcen der Teilnehmerinnen und Teilnehmer die Ausbildung aufbaut. Die Methode der Mediation bietet sich für eine Vielfalt von höchst unterschiedlichen Anwendungsfeldern an: Scheidungsmediation, Wirtschaftsmediation, Schulmediation, Umweltmediation (Bürgerinitiativen), interkulturelle Mediation – und es werden immer mehr. Daneben entwickeln sich Angebote, bestimmte Gruppen für mediative Hilfe in Konfliktfällen zu sensibilisieren oder Peers auszubilden, die als Vermittler in Streitangelegenheiten intervenieren.

Was heißt also „in Mediation ausbilden"? Es gibt doch so viele Spezialfälle in unterschiedlichen Feldern. Soll es den „Allgemeinmediator" und dann den „Fachmediator", ähnlich dem Arzt für Allgemeinmedizin und dem Facharzt, geben? Soll der Allgemeinmediator einen „Turnus" während seiner Ausbildung machen, der Fachmediator aber seine Ausbildung vorwiegend in seinem Spezialgebiet? Oder soll jeder Fachmediator zuvor die Ausbildung des Allgemeinmediators durchlaufen, um dann „aufstocken" zu können? Alle diese Fragen beschäftigen die Ersteller von Curricula für Mediation, denn zusätzlich zur „inhaltlichen" Qualitätssicherung müssen die Dauer der Ausbildungszeit, die Finanzierung und die beruflichen Einkommensmöglichkeiten der zukünftigen Mediatoren in Relation gestellt werden.

Es kommt aber noch entscheidend dazu, daß die Ausbildung gesellschaftliche Akzeptanz aufweisen soll. Im allgemeinen wird eine Ausbildung eher akzeptiert, wenn sie länger andauert, „schwer" ist und Selektionshürden eingebaut hat, unabhängig davon, ob im Prozeß der Ausbildung selbst „Mediation" erlernt wird. Oder man schafft diese gesellschaftliche Akzeptanz einfach damit, daß man nur bereits gesellschaftlich gut akzeptierte Berufsgruppen als Zugangsberufe zuläßt, am besten Akademiker, Juristen, Psychotherapeuten, Psychologen, Sozialberufler. Im Grunde sind es diejenigen Berufe, deren Vertreterinnen und Vertreter eigentlich der Überzeugung sind, „schon immer" Mediation gemacht zu haben, und die von diesem Irrtum auch durch die Ausbildung oft nicht befreit werden. Sie fordern daher auch die „Kurzausbildung".

In der Argumentation für das eine oder andere finden sich immer wieder Rationalisierungen, denen schwer beizukommen ist, weil sie in Interessen und Vorteilen gründen, die sich – ob gerechtfertigterweise oder ungerechtfertigterweise – immer durchsetzen wollen. Es ist also ein Gutteil Berufspolitik, die in die Ausbildung hineinwirkt.

Die Frage nach der „reinen Mediation", nach dem Wesenskern des mediativen Handelns – ohne weitere Rücksicht auf Berufspolitik, Berufsrecht und andere pragmatische Gesichtspunkte –, ist deshalb sehr brisant, weil sie neuralgische Punkte des gesellschaftlichen Konflikt(regelungs)verständnisses, der gesellschaftlichen Tradition, des christlich-abendländischen Verständnisses von Schuld und Sühne, von Gerechtigkeit und Recht, letztlich sogar der „Wenn-dann-Logik" (kausal versus final) umordnet, aufhebt bzw. individuell neu konstruiert. So verstanden, bedarf Mediation neuer Denkweisen, Haltungen und professioneller Identitäten, um mutig auf neuen Wegen zu innovativen Konfliktlösungen für die Klienten zu kommen.

Das „Kernstück der Mediation" fordert vom Mediator die Fähigkeit, den Klienten fortwährend gut zuzuhören, die vielfältigen Kommunikationsaspekte im Auge zu behalten, „quer" zu den bisherigen Denkgewohnheiten zu denken, individuelle und kulturell erworbene Gefühlseinstellungen zu hinterfragen und in all diesen Kategorien Mobilität zu entwickeln. In Abwandlung des Buchtitels „Die Veränderung beginnt im Therapeuten"[1] gilt der Satz „Die Veränderung beginnt im Mediator". Gemeint ist natürlich die Veränderung des Verhaltens der Klienten. Aber trotz aller Abstinenz und Allparteilichkeit des Mediators entsteht ein Regelkreis des Mediationssystems, in das der Mediator wirksam miteinbezogen wird. Er ist nicht bloß Notar des Klientenwillens, sondern interaktive Person, auch wenn er jedes Agieren vermeidet. Die Veränderung beginnt im Mediator – diesmal wörtlich genommen.

Jede wirkliche und wirksame Ausbildung hat zum Ziel, einen neuen Qualitätsbrennpunkt zu erreichen: Wer als Mediator authentische Qualität entwickeln will, muß sich zunächst vorrangig um sich selbst kümmern, in (Selbst-)Erfahrung der professionellen Rolle, in neuen Dimensionen der Weltanschauung, des Menschenbilds, des Erlebens und Handhabens von Konflikten, deren Dynamik und Lösungspotentialen. Das ist der Kernpunkt der seminaristischen Ausbildung in Mediation.

Diesem zentralen Ausbildungsteil der „Selbsterfahrung und -entwicklung in der neuen Professionsidentität" sollte ein möglichst hoher Zeitanteil gewidmet sein, auch wenn dies schwierig erscheint und Widerstände auslöst. Um diesen Ausbildungskern gruppieren sich die anderen Ausbildungselemente, wie das Literaturstudium, Moderationsseminare, Gesprächsführungskurse, Konfliktanalyse, spezielle Methodikseminare und Erwerb von speziellem Wissen in den einzelnen Feldern der Mediation. Man wird also nicht umhinkönnen, an Ausbildungscurricula zu arbeiten, die diesem Zentralteil der Mediation zeitlich und inhaltlich Vorrang einräumen.

Eine mögliche Balance zwischen Qualität, Zeit und Geld könnte darin liegen, daß Ausbildung in Mediation in mehreren Ausbildungsmodulen über längere Zeiträume erfolgt. Diese Zeit braucht der Mediator für seine

---

[1] *Hg. von Franz Herberth & Jürgen Maurer, 1997.*

persönliche Entwicklung und sein Hineinwachsen in die neue Berufsidentität, die nicht in wenigen Monaten vollzogen werden kann. Menschliche Entwicklung läßt sich zeitlich nicht so einfach abkürzen. Möglicherweise wird es auch notwendig sein, bereits vor dem Abschluß einer Ausbildung Kompetenzen zur Ausübung des Mediationsberufs – etwa unter Supervision – oder für bestimmte Sachlagen und „Fallsituationen" zu vergeben, wobei die Erweiterung der Berufskompetenz durch fachspezifische Module fortgeführt wird.

Dieser berufsbegleitende Ausbildungsprozeß ist uns aus der Medizin und Psychotherapie ja gut bekannt. Die Berufsberechtigung und Ausbildung des Arztes bzw. Psychotherapeuten erfolgt in mehreren Schritten und ermöglicht auch verschiedene Spezialisierungen. Man kann aber auch einen ganz anderen Standpunkt vertreten: Das alles sei viel zu aufwendig, unpraktisch und undurchführbar, und es würden sich nur wenige finden, die das Mediationsgeschehen „so wahnsinnig wichtig" fänden, daß sich für sie dieser Aufwand lohne. Wenn das so ist, wird sich die Mediationslandschaft in ihrer Vielfalt bald beschränken und als eine „Form der Beratungstechnik", die man in zwei Wochenendseminaren erlernt, in Beratungsstellen, Bezirksgerichten und diversen Behörden sowie in den Sozialberufen einbetten.

Man könnte aber auch den Standpunkt vertreten, Mediation sei eine Kunst und als solche nicht wirklich erlernbar (obwohl es ja auch Hochschulen und Universitäten für Kunst gibt). Dann wird es einige wenige hochbegabte Mediationskünstler geben, die uns freudiges Staunen über ihre Fähigkeiten erlauben. Auch diese beiden Standpunkte sind möglich und achtbar. Es fällt nur schwer – nicht zuletzt angesichts von europäischen und globalen Konfliktsituationen mit Kriegsfolgen, aber auch der vielen Alltagskonflikte – sich mit diesen Ergebnissen einer aufgebrochenen Mediationsbewegung zufriedenzugeben.

Klaus Rückert

Ausbildung in Mediation – der Weg zum professionellen Vermittler
Zur Entwicklung und derzeitigen Situation der Ausbildung in Mediation in Österreich

Mediation kam Ende der achtziger, Anfang der neunziger Jahre nach Österreich und wurde zunächst in Form von Kurzseminaren bekannt gemacht. In weiterer Folge wurden Ausbildungsvereine gegründet, Ausbildungscurricula entwickelt und mit der Durchführung von Lehrgängen begonnen. Gleichzeitig etablierten sich Berufsverbände. Ein Prozeß der Professionalisierung von Ausbildung und Berufsbild begann, der bis heute andauert.

In der Plattform Mediation befinden sich derzeit aus ganz Österreich zehn Ausbildungsvereine, die eigene Lehrgänge anbieten.[1] Drei Ausbildungsträger planen die Durchführung von Lehrgängen. Die Schwerpunkte der Ausbildungen sind inhaltlich breitgestreut: von Trennungs- und Scheidungsmediation bis zu Wirtschaftsmediation oder Mediationsausbildung für Notare. Die Ausbildungsdauer variiert von zwei bis vier Semestern, die zu absolvierenden Stunden betragen von 80 Stunden bei beruflicher Vorqualifikation bis zu ca. 300 Stunden bei Vollausbildung. Zur Zeit befinden sich ca. 250 bis 300 Personen in Ausbildung.

Eine Ausbildung stellt sich vor: der Lehrgang für Mediation und Konfliktregelung der ARGE Sozialpädagogik

Die ARGE Sozialpädagogik begann 1994 mit der Durchführung von berufsbegleitenden Lehrgängen in Mediation. Bis Sommer 1999 hat sie sieben Lehrgänge durchgeführt. Geschätzte 75 Personen haben die Ausbildung bereits absolviert. Die aktuelle Lehrgangsdauer beträgt zur Zeit drei Semester und umfaßt 220 Unterrichtsstunden. Das Ausbildungskonzept ist generalistisch und besteht aus drei Teilen: den Vorseminaren (eigene Konflikte mit den Themen Trennung und Verlust, Querdenkerseminar), den Grundlagen (Theorie und Praxis der Mediation, Parteilichkeit, Neutralität) und den Anwendungsgebieten (u.a. Wirtschaftsmediation, Umweltmediation, Schulmediation, interkulturelle Mediation, politische Mediation, Mediation bei Mobbing etc.), zusätzlich einem Rechtsseminar, Workshops in Konfliktmanagement und Moderationstechniken sowie zeitlich hochdotierten Praxisseminaren zur Einübung in die Methode der Mediation.

Alle Seminare enthalten Theorie- und Übungsabschnitte und beinhalten u.a. folgende Lernziele: die Erarbeitung der neutralen Haltung des Media-

---

[1] *An vereinheitlichten und verbindlichen Ausbildungsstandards wird gearbeitet.*

tors und die Entwicklung einer beruflichen Identität als Mediator durch die praktische Anwendung von Kommunikationstechniken für professionelle Interventionen während des Mediationsprozesses. Im Querdenkerseminar werden neue und unübliche Sichtweisen von Konflikten und Lebenssituationen entdeckt und erprobt. Im dritten Teil der Ausbildung werden die Teilnehmer eingeladen, ihre Interessenschwerpunkte aus den Anwendungsfeldern der Mediation auszuwählen und sich zu spezialisieren. Im Praxisseminar werden sie bei ihren ersten beruflichen Erfahrungen in Mediation angeleitet und in der Praxissupervision durch die Seminarleiter begleitet. Mit einer Abschlußarbeit dokumentieren die Teilnehmer ihre professionelle Kompetenz in der Methode Mediation. Als Teilnahmebedingungen empfehlen wir Grundausbildungen in psychosozialen Berufen, im Wirtschaftsbereich und in Bereichen der Humanwissenschaften sowie juristische Ausbildungen. Alle Vortragenden haben langjährige Mediationspraxis und internationale Erfahrungen in Lehre und Forschung.

Die Ausbildung entspricht internationalen Standards. Das Abschlußzertifikat berechtigt zur Eintragung in die MediatorInnenliste des Österreichischen Bundesverbands für Mediation (ÖBM) und in die Liste der Co-MediatorInnen und ermöglicht die Erwerbung der Gewerbeberechtigung „Lebens- und Sozialberater, eingeschränkt auf Mediation".

Viele unserer Absolventen sind in den unterschiedlichen Anwendungsgebieten für Mediation praktisch tätig und haben sich zum Teil auch bereits erfolgreich selbständig gemacht.

Aktivitäten zur Qualitätssicherung der Mediationsausbildung

Ab 1990 entwickelte sich in Österreich eine starke Bewegung zur Etablierung von Konfliktregelung und Mediation, deren Meilensteine bis heute unter anderem folgende sind: Gründung der Österreichischen Gesellschaft für Mediation (ÖGM) im Jahre 1994; Gründung des Österreichischen Berufsverbands für Mediation im Jahre 1993, ab 1997 Österreichischer Bundesverband für Mediation (ÖBM) mit ca. 1500 Mitgliedern und Regionalgruppen in allen Bundesländern; Etablierung des Außergerichtlichen Tatausgleichs (ATA) für jugendliche Straftäter im Jahre 1989, Ausbau und Erweiterung auf Erwachsene ab 1999; Gründung der Plattform Mediation von Ausbildungsträgern und Berufsverbänden im Jahre 1997 mit dem Ziel, verbindliche Ausbildungsstandards zu entwickeln, ein Forum zur wissenschaftlichen Begegnung für Mediatorinnen und Mediatoren, Ausbildnerinnen und Ausbildner sowie Berufsvertreterinnen und Berufsvertreter zu schaffen und die Etablierung von Mediation in der Öffentlichkeit, bei Gesetzesvorhaben und in der Medienberichterstattung zu fördern.

Der Plattform für Mediation gehören neben den Ausbildungsträgern und Berufsvertretern nunmehr auch die Anwaltliche Vereinigung für Mediation (AVM), gegründet 1997, sowie der Österreichische Bundesverband für Psychotherapie (ÖBVP), gegründet 1991, an. Das Besondere an dieser Plattform ist also, daß in ihr die gesamte Bewegung der Mediation in Österreich zusammengeschlossen ist und gemeinsam agieren kann.

Claudia Kappacher

Der ÖBM – die Berufsvertretung der Mediatoren

Der Österreichische Bundesverband der MediatorInnen – Untertitel: Vermittler in allen Streitigkeiten –, im Folgenden kurz ÖBM genannt, ist eine Serviceeinrichtung für alle an Mediation Interessierten, also Mediatorinnen und Mediatoren, Klientinnen und Klienten. Mediatoren bietet der ÖBM fachliche Unterstützung und Öffentlichkeitsarbeit an, an Mediation Interessierten vor allem Informationen.

Die Pionierphase des ÖBM, die gleichzeitig auch die Pionierphase der Mediation in Österreich war, ist jetzt abgeschlossen. Der ÖBM umfaßt derzeit an die 250 Mitglieder in ganz Österreich, unterhält neun Landesgruppen in allen Bundesländern und hat es sich zum Ziel gesetzt, die Sache der Mediation in Österreich zu fördern und voranzutreiben. Er gibt die vierteljährlich erscheinende Zeitschrift „Mediator" und eine jährlich aktualisierte Liste der eingetragenen Mediatoren heraus und vertritt die Interessen der Mediation in allen Gremien (Bundesministerien, Wirtschaftskammer etc.), unter anderem in der Plattform Mediation, dem Zusammenschluß aller mit Mediation befaßten Ausbildungsanbieter und an Standards für Mediation Interessierten.

Jeder an Mediation Interessierte kann Mitglied im ÖBM werden. Auf die MediatorInnenliste eintragen lassen kann sich jeder, der:
• Älter als 28 Jahre ist,
• eine abgeschlossene Berufausbildung und
• eine abgeschlossene Mediationsausbildung im Ausmaß von 200 Stunden absolviert hat, über drei Jahre Berufspraxis in dem Feld, wo er oder sie Mediation anbieten möchte, verfügt und
• Mediation anbieten möchte.

Ziel des ÖBM ist es, einerseits die Qualität von Mediation zu sichern, also dafür zu garantieren, daß diejenigen, die Mediation anbieten, darin auch ausgebildet sind, und andererseits die Interdisziplinarität von Mediation zu wahren, sodaß Mediatoren aus verschiedenen Grundberufen vielfältige Herangehensweisen an Mediation ermöglichen und dies auch langfristig gewährleistet bleibt. Nähere Informationen erhalten Sie direkt beim Landesgruppensprecher oder der Bundessprecherin.

MediatorInnenliste anzufordern unter:
Österreichischer Bundesverband der MediatorInnen,
1060 Wien, Liniengasse 22/23, Tel. 0669/10 12 43 86
(Mo 15–17, Mi 10–12 Uhr).

Die Autoren:

Max Josef Allmayer-Beck,
Dr. iur., geb. 1934, seit 1966 eingetragener Rechtsanwalt in Wien, Senior-partner der Anwaltskanzleigemeinschaft Allmayer-Beck, Stockert & Scheuba. Seit 1997 Generalsekretär der Anwaltlichen Vereinigung für Mediation und kooperatives Verhandeln, Fachgebiete: Liegenschaftsrecht, insbesondere Wohnungseigentumsrecht, weiters Gesellschaftsrecht, insbesondere Stiftungsrecht, öffentliches Recht, insbesondere Denkmalschutz- und Staatsbürgerschaftsrecht, Erbrecht, Mediation.

Reinhard Artaker,
Dr. rer. oec., geb. 1944 in Wien, Studium der Wirtschaftswissenschaften in Wien und Saarbrücken, Promotion 1968, seit 1970 Geschäftsführender Gesellschafter der Artaker Firmengruppe in Wien.

Michael Auer,
Dr. iur., geb. 1954. Seit 1984 eingetragener Rechtsanwalt in Wien, Kanzleigemeinschaft mit RA Dr. Ingrid Auer. Fachgebiete: Miet- und Wohnrecht, Immobilien- und Liegenschaftsrecht, Wohnungseigentumsrecht, weitere Tätigkeitsbereiche u.a.: Erbrecht und Mediation, Familienrecht, Scheidungsrecht.

Elisabeth Bohun,
geb. 1963, Dipl.-Sozialarbeiterin und Mediatorin, als Sozialarbeiterin in einer Jugendabteilung in Niederösterreich tätig.

Barbara Breuss,
geb. 1960, AHS-Lehrerin, Mediatorin mit Schwerpunkt Schulmediation.

Günter Domian,
Dr. iur., geb. 1957, Studium der Rechtswissenschaften in Graz, Gerichtsjahr in Graz, Jurist bei GKK, Vorstandsassistent bei einer Bank, im Marketing eines multinationalen Mineralölkonzerns, seit 1994 Geschäftsführer einer kleineren österreichischen Tankstellenkette; seit 1997 mit Mediation beschäftigt, Ausbildung in Mediation und Konfliktregelung bei der ARGE Sozialpädagogik.

Katharina Eder,
geb. 1964, Dipl.-Sozialarbeiterin, Mediatorin, Mutter von drei Söhnen, zur Zeit hauptberuflich als Schulmediatorin tätig.

Beatrix Fekete,
geb. 1946, Dipl.-Sozialarbeiterin und Mediatorin; seit 1993 beim Amt für Jugend und Familie Wien als Sozialarbeiterin tätig. Schwerpunkte: Arbeit

mit von Trennung bzw. Scheidung betroffenen Familien, Besuchsbegleiterin des Besuchscafés Freiraum.

Gerhart C. Fürst,

Mag. rer. soc. oec., geb. 1957, Unternehmensberater, seit 1980 nebenberufliche Trainertätigkeit, 1982 Wirtschaftsuniversität Wien, 1984–1995 Stabs- und Führungstätigkeit in der Industrie in Österreich, Asien und Osteuropa, seit 1995 Organisationsberater und Coach, Mediationsausbildung (ARGE für lösungsorientiertes Konfliktmanagement). Mediationsschwerpunkt: Konflikte in und um Organisationen.

Manuela Hausegger,

geb. 1963, Dipl.-Sozialarbeiterin und Mediatorin, Absolventin des Fachkurses Familienarbeit, Zusatzausbildung in Sozialmanagement, Vortragstätigkeit. Tätig als stellvertretende Leitende Sozialarbeiterin in einem Amt für Jugend und Familie in Wien

Sabrina Hofer,

geb. 1974, Sozialpädagogin, Mediatorin, Schulmediatorin, hauptberuflich im NÖ Landeskinderheim Schwedenstift beschäftigt.

Helga Hörndler,

geb. am 1971 in Steyr/OÖ, Studium der Soziologie und Pädagogik an der Universität Wien. Hauptschullehrerin in Wien seit 1995. Seit 1998 Mediatorin. Koreferentin für Seminare zur gewaltfreien Konfliktlösung am Pädagogischen Institut der Stadt Wien.

Andrea Jakober,

geb. 1961, dzt. Studium der Politikwissenschaften und Judaistik, Bildungsreferentin beim Wiener Integrationsfonds, Mediatorin.

Claudia Kappacher,

Mag. phil., geb. 1964, verheiratet, Mutter von drei Kindern, Politologin, Kommunikationswissenschaftlerin und Mediatorin, als Mediatorin tätig seit 1995, Vorstandsmitglied des ÖBM (Öffentlichkeitsarbeit). Sie arbeitet in Wiener Schulen und im Freizeitbereich mit Kindern und Jugendlichen als Mediatorin, Trainerin und „Schülerin".

Doris Kaufmann,

geb. 1973 in Vöcklabruck, ledig, ein Kind, Dipl.-Sozialarbeiterin mit Schwerpunkt Familienarbeit, Mediatorin in der Praxisgemeinschaft LOOP (Mediation in den Bereichen Scheidung, Familie und Schule).

Ruth Krumböck,
Mag. phil., geb. 1962, Psychologin seit 1989, Psychotherapeutin in eigener Praxis für systemische Familien-, Paar- und Einzeltherapie seit 1996, wissenschaftliche Arbeiten im Rahmen der angewandten Psychologie und in der Wirtschaft, Supervisorin, systemische Unternehmensberatung; Marketing und Werbung seit 1984, Mitglied des Vereins Co-Mediation, Mediation seit 1997. Mediationsschwerpunkt: Konflikte in und um Organisationen.

Martina Mössmer,
geb. 1958, spätberufene Dipl.-Sozialarbeiterin, Arbeit mit geistig Behinderten, psychisch Kranken, in einem arbeitsmarktpolitischen Projekt und seit 1994 als Konfliktreglerin beim Außergerichtlichen Tatausgleich (VBSA). Seit September 1998 Leiterin der Wiener Außenstelle Hollandstraße.

Christa Pelikan,
Dr. phil., geb. 1942, Studium der Sozialgeschichte an der Universität Wien; seit seiner Gründung 1973 wissenschaftliche Mitarbeiterin des Instituts für Rechts- und Kriminalsoziologie; Vorsitzende des Expertenkomitees „Mediation in Strafrechtsangelegenheiten" beim Europarat. Arbeiten zur Geschichte des Familienrechts, zum Ehegatten- und Kindesunterhalt; Forschungsberichte und Publikationen zu Mediation und Außergerichtlichem Tatausgleich.

Harald Picker,
geb. 1939, Psychotherapeut, Psychoanalytiker, Supervisor. Lehrtätigkeit in div. Ausbildungen, u.a. in Psychoanalyse, Mediation und Supervision. Leiter des Wiener Psychoanalytischen Seminars (WPS) seit seiner Gründung 1988.

Maria Resch,
geb. 1966, Dipl.-Sozialarbeiterin und Mediatorin; seit 1993 beim Amt für Jugend und Familie Wien als Sozialarbeiterin tätig. Schwerpunkte: Arbeit mit von Trennung bzw. Scheidung betroffenen Familien, Mitbegründerin und Besuchsbegleiterin des Besuchscafés Freiraum.

Eva Ribarits,
Dr. phil., Mediatorin und Sozialwissenschaftlerin, Lektorin und Herausgeberin wissenschaftlicher Publikationen.

Eveline Rosenstiel,
geb. 1966, Dipl.-Sozialarbeiterin und Mediatorin, Sozialarbeiterin in einem Amt für Jugend und Familie in Wien, Mediatorin in der Praxisgemeinschaft LOOP.

Klaus Rückert,
Dr. phil., geb. 1947, Psychotherapeut, Psychoanalytiker, Klinischer Psychologe, Lehranalytiker. Leiter der ARGE Sozialpädagogik/Akademie für Psychoanalyse, seit deren Gründung 1988, Leiter der Ausbildungslehrgänge Mediation.

Brigitte Stren-Ladner,
geb. 1963, Dipl.-Sozialarbeiterin, Ausbildung in Familien- und Systemberatung, systemische Interaktionsanalyse und Mediation; beschäftigt bei der Stadt Wien, Familienintensivbetreuung.

Siegfried Suppan,
Mag. iur., geb. 1967, Konfliktregler beim Außergerichtlichen Tatausgleich in Bruck/Mur, Verein für Bewährungshilfe und Soziale Arbeit (VBSA); Mediator, Mitglied des Vereins Co-Mediation.

Ed Watzke,
geb. 1951, Soziologe, Sozialarbeiter und Psychotherapeut. Seit 20 Jahren in verschiedenen Funktionen beim Verein Bewährungshilfe und Soziale Arbeit tätig, als Sozionaut bereist er verschiedenste Randgebiete der Gesellschaft, Studien zur Verbindung von Poesie und Wissenschaft, seit 1991 Mitarbeiter des Außergerichtlichen Tatausgleichs mit dem Schwerpunkt Methodenentwicklung.

Michael Zumtobel,
Dr. iur., geb. in Dornbirn/ Vbg., Jurist und Mediator, Gesellschafter der Hill Communications GmbH Wien.

KAI,
Geschichtenerzähler und – fast – ein Dichter; im bürgerlichen Leben Reinhard Likar, Mag. iur., geb. 1967, Jurist und Mediator; die Vorspanne zu den Kapiteln entstammen dem – bislang unveröffentlichten – Theaterstück „Bestiarium Austriacum" bzw. wurden eigens für dieses Buch verfaßt.

Die Herausgeber:

Gerda Klammer,
Dr. phil., geb. 1955, Studium der Psychologie und Psychopathologie in Salzburg und Memphis, Tennessee. Seit 1979 angestellt beim Amt für Jugend und Familie, Wien. Systemische Familientherapeutin und Lehrtherapeutin bei der Österreichischen Arbeitsgemeinschaft für systemische Studien und systemische Therapie, Mediatorin und Ausbildnerin für Mediation bei der ARGE Sozialpädagogik.

Peter Geißler,
Dr. med., Dr. phil., geb. 1953, Studium der Medizin, Psychologie und Pädagogik in Wien, ausgebildet in Körperpsychotherapie (Bioenergetische Analyse) und psychoanalytisch orientierter Psychotherapie. Psychoanalytiker (Wiener Psychoanalytisches Seminar), Mitbegründer und Obmann des Arbeitskreises für analytische körperbezogene Psychotherapie, Psychotherapeut in freier Praxis, wissenschaftliche Publikationen.

Psychotherapie im Falter Verlag

Herausgeber: Stumm/Brandl-Nebehay/Fehlinger

HANDBUCH FÜR PSYCHOTHERAPIE UND PSYCHOSOZIALE EINRICHTUNGEN

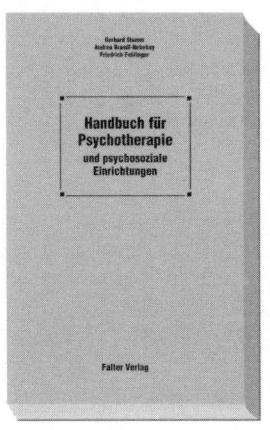

Dieses Handbuch liefert praktische Hinweise für an Psychotherapie Interessierte. Es enthält ein Verzeichnis aller in Österreich anerkannten Psychotherapeutinnen und Psychotherapeuten, nach Bundesländern, nach Methoden und nach Spezialisierung gegliedert. Weiters beinhaltet es ein nach Arbeitsschwerpunkten geordnetes Verzeichnis von psychosozialen Einrichtungen. Kurzdarstellungen der psychotherapeutischen Methoden und Ausbildungen, der Gesetzeslage sowie Informationen über Kosten und über die Suche nach einem psychotherapeutischen Angebot ergänzen den Verzeichnisteil.

608 Seiten, Broschur
öS 490,–/DM 68,–

**Erhältlich in Ihrer Buchhandlung.
Bestelltelefon: 01/536 60-28,
Fax: 01/536 60-35
E-Mail: service10@falter.co.at**

Herausgeber: Stumm/Deimann/Jandl-Jager/Weber

PSYCHOTHERAPIE

**Beratung, Supervision, Klinische Psychologie
Ausbildung in Österreich**

Die Publikation gibt einen umfassenden Überblick über alle Ausbildungsmöglichkeiten für Psychotherapie und angrenzende Bereiche. Die Ausbildungseinrichtungen werden unter anderem hinsichtlich Aufnahmebedingungen, Dauer, Kosten, Ausbildungsinhalten und Besonderheiten des Ausbildungsangebots beschrieben. Überblickstabellen ermöglichen rasche Orientierung und Vergleiche. Der Anhang bietet ein komplettes Adressverzeichnis aller Aus- und Weiterbildungsanbieter sowie ein Stichwortregister, das die Suche nach entsprechenden Angeboten erleichtert.

632 Seiten, Broschur
öS 490,–/DM 68,–

Herausgeber: Stumm/Wirth

PSYCHOTHERAPIE
SCHULEN UND METHODEN
Eine Orientierungshilfe für Theorie und Praxis

Das Buch versteht sich als Einführung in die Vielfalt der psychotherapeutischen Ansätze und Verfahren, die in der Praxis zur Anwendung kommen. Die Beiträge stammen von namhaften Vertretern der einzelnen Strömungen. Die Herausgeber haben in der Einleitung und in übergeordneten Passagen grundlegende Charakteristika der psychotherapeutischen Schulen herausgearbeitet. Aufgrund der systematischen Darstellung kann sich der Leser rasch ein Bild von den jeweiligen Methoden machen und diese miteinander vergleichen.

2., überarbeitete und erweiterte Auflage
392 Seiten, Broschur
öS 348,–/DM 48,–